北京市社会科学基金特别委托项目
北京市社会科学理论著作出版基金重点资助项目
辽宁省攀登学者资助项目
中国特色社会主义经济建设协同创新中心

中国经济学发展报告

（2016）

黄泰岩　等著

中国财经出版传媒集团
经济科学出版社
Economic Science Press

图书在版编目（CIP）数据

中国经济学发展报告.2016/黄泰岩等著.
—北京：经济科学出版社，2016.12
ISBN 978 – 7 – 5141 – 7619 – 3

Ⅰ.①中… Ⅱ.①黄… Ⅲ.①中国经济 – 经济发展 – 研究报告 – 中国 – 2016 Ⅳ.①F124

中国版本图书馆 CIP 数据核字（2016）第 319660 号

责任编辑：于海汛
责任校对：靳玉环
责任印制：潘泽新

中国经济学发展报告（2016）
黄泰岩 等著

经济科学出版社出版、发行 新华书店经销
社址：北京市海淀区阜成路甲 28 号 邮编：100142
总编部电话：010 – 88191217 发行部电话：010 – 88191522
网址：www.esp.com.cn
电子邮件：esp@esp.com.cn
天猫网店：经济科学出版社旗舰店
网址：http://jjkxcbs.tmall.com
北京季蜂印刷有限公司印装
710×1000 16 开 16.5 印张 280000 字
2016 年 12 月第 1 版 2016 年 12 月第 1 次印刷
ISBN 978 – 7 – 5141 – 7619 – 3 定价：39.00 元
（图书出现印装问题，本社负责调换。电话：010 – 88191510）
（版权所有 侵权必究 举报电话：010 – 88191586
电子邮箱：dbts@esp.com.cn）

前　言

从 2016 年开始，已经连续多年出版的《中国经济学发展报告——中国经济热点前沿》一书拆分为《中国经济学发展报告》和《中国经济热点前沿》两本。《中国经济学发展报告》专门阐述经济学各学科的发展，展示中国经济学学科体系的进展。《中国经济热点前沿》重回中国经济研究前十大热点问题的阐述，展示中国经济学的学术体系。当然，两本书从不同侧面都展示了中国经济学的话语体系。这样做的目的：一是贯彻落实习近平总书记提出的创建中国特色社会主义经济学的学科体系、学术体系和话语体系的创新任务；二是倾听读者的呼声，满足读者的个性化需要，突出本书的专业化、精准化。

习近平总书记在中共中央政治局 2015 年 11 月 23 日下午就马克思主义政治经济学基本原理和方法论进行第二十八次集体学习时强调，要立足我国国情和我国发展实践，揭示新特点新规律，提炼和总结我国经济发展实践的规律性成果，把实践经验上升为系统化的经济学说，不断开拓当代中国马克思主义政治经济学新境界。之后，在全国经济工作会议上，习近平总书记再次明确指出，在"十三五"时期，我国经济改革与发展需要遵循政治经济学的重大原则。2016 年 5 月 17 日在哲学社会科学工作座谈会上的讲话中习近平总书记又进一步提出：只有以我国实际为研究起点，提出具有主体性、原创性的理论观点，构建具有自身特质的学科体系、学术体系、话语体系，我国哲学社会科学才能形成自己的特色和优势。

习总书记为什么在当下提出开拓当代中国马克思主义政治经济学新境界，构建具有自身特质的学科体系、学术体系、话语体系，应从以下三个方面理解：

第一，具备了构建中国特色社会主义经济理论新体系的基本理论元素。构建新的理论学说和体系，首先需要在长期的实践中，面对问题、解释问题、解决问题，从实践经验中总结、提炼出新的概念、范畴、理论，并揭示出不同概念和范畴之间的逻辑关系、因果关系。然后在此基础上，将这些概念、范畴、理论系统化为理论学说和体系。

在长期的中国特色社会主义道路探索、经济建设、制度创新进程中，特别是改革开放以来，我们党在丰富的中国经验基础上已经总结提炼出了一些中国特色社会主义经济理论的新理论、新观点，如社会主义初级阶段理论、社会主义的基本矛盾、社会主义基本经济制度、社会主义基本分配制度、社会主义市场经济理论、改革开放理论、转变经济发展方式理论、创新驱动发展理论、新型工业化理论、新型城镇化理论，等等。这些理论的形成和不断完善发展，就为构建中国特色社会主义经济理论新体系奠定了基础和前提。社会主义初级阶段理论揭示了中国特色社会主义经济建设的长期性和艰巨性；社会主义基本矛盾要求中国特色社会主义经济建设的核心任务是解放和发展生产力，确定了中国特色社会主义经济理论体系的研究对象和研究主线；社会主义基本经济制度奠定了中国特色社会主义经济理论体系的制度基础和本质规定；社会主义基本分配制度明确了把增进人民福祉、促进人的全面发展作为发展的出发点和落脚点；社会主义市场经济理论设计了中国特色社会主义经济理论体系的运行体制机制；改革开放和创新驱动则是中国特色社会主义经济建设的强大动力；新型工业化和新型城镇化理论指出了中国特色社会主义经济建设的正确道路。可见,今天我们已经具备了将这些理论和观点系统化为理论体系或学说的条件,从而可以将当代中国马克思主义政治经济学推上新的境界。

第二,中国经济发展实践验证了中国特色社会主义的理论科学性、制度优越性和道路正确性。回顾中国经济近200多年的发展史可以发现,中华民族经历了一个由强变弱又由弱变强的"V"字型发展进程。在1800年左右,中国GDP占世界GDP总量的比重超过30%,是名副其实的世界第一经济大国。肯尼迪估算了1750~1900年世界工业生产的相对份额,中国在1800年所占比重高达33.3%,超过整个欧洲,到1830年还为29.8%,远高于英国的9.5%、美国的2.4%、日本的2.8%和法国的5.2%。[①]麦迪森按照1990年的美元价值计算,1820年,中国GDP占世界总量的28.7%,高居世界首位,而同年,英国、日本和美国的GDP分别占世界GDP总量的5.2%、3.1%和1.8%。[②]但1840年鸦片战争的爆发,使中国遭受了百年屈辱,中国经济也随之进入下降通道。1820~1870年的50年间年均下降0.37%,1913~1949年的36年间年均下降0.02%,中国GDP占世界GDP的总量到1949年也迅速下降到5%左右。新中国成立后,特别是改革开放以来,我国实现了30多年年均近10%的高速增长,到2010年GDP总量超过日本,成为世界第二大经济体。2014年中国GDP总量进入10万亿美元俱乐部,是日本的2倍。中国GDP总额占世界GDP的比重2015年达到14%以上。在世界经济发展史上,没有一个国家能够做到在如此之长的时间中实现如此之快的发展速度,从而创造了"中国奇迹"。这一方面充分证明了中国特色社会主义经济制度和社会主义市场经济体制能够创造出比其他制度和体制更高的生产力和发展速度,使我们具有了中国特色社会主义的道路自信、理论自信、制度自信和

---

① 肯尼迪:《大国的兴衰》,中国经济出版社1989年版,第186页。
② 麦迪森:《世界经济二百年回顾》,改革出版社1997年版,第11页。

文化自信；另一方面充分说明了世界上还没有一个理论学说和体系能够解释中国的发展经验，能够指导中国未来的发展，从而为构建中国特色、中国风格、中国气派的经济理论新体系注入了坚定信念和理论勇气。

第三，中国经济的成功发展理应孕育着与之相匹配的中国特色社会主义经济理论学说和体系。美国作为世界最发达的国家，有与之相匹配的西方主流经济学，有众多的诺贝尔经济学奖获得者；日本作为后发达国家，有与之相匹配的产业经济学。中国作为一个成功发展的世界上最大的发展中国家，理应孕育着指导发展中国家推进工业化、现代化的中国经济学。西方学者运用西方经济学的理论思维和范式，针对发展中国家面临的发展难题，提出了许多有价值的理论和学说，但毕竟他们身处发达国家，缺少发展中国家的亲身体验和感受，提出的理论难免会不适应发展中国家的实际，这也是近些年来西方发展经济学不景气的一个重要原因。中国经济学人具有难得的历史机遇，亲身经历和参与了中国经济改革与发展的大潮，积累了丰富的经验和教训，又有对马克思主义经济学的继承和发展，以及对西方经济学的借鉴和吸收，理应创造出与中国经济成功发展相匹配的中国特色社会主义经济理论学说和体系，对经济学的发展做出中国贡献，显示中国经济学的软实力。

经过30多年的快速发展，我国经济总量已经稳居世界第二，成为全球第一货物贸易大国和主要对外投资大国，中国增长对世界经济的贡献达到30%左右，成为名副其实的世界经济增长第一引擎。按照"十三五"规划设定的发展目标，未来五年我国经济将保持年均6.5%以上的增长速度，到2020年GDP总量将从2015年的67.7万亿元增加到93万亿元左右，达到美国目前的发展水平。如果再保持同样的速度发展5年左右，我国就将超越美国成为世界第一大经济体。同时我国人均GDP到2020年将会从目前的8000美元上升到12000美元左右，达到目前高收入经济体的发展水平。中国经济的成功发展，归根结底是因为我们找到了中国特色社会主义道路、理论和制度。虽然中国特色社会主义经济理论还需要在未来的经济发展中得到进一步的验证和完善，但它已经成为解释中国经验、解决中国难题最科学的理论。有了这一科学的理论，我们就可以在此基础上界定范畴，规范概念，创新方法，优化表达，构建体系，形成中国特色和得到国际认可的话语体系，获取经济学世界的中国话语权。

参加本书写作的有（按章顺序）：黄泰岩（第一章）；卫兴华、聂大海（第二章）；卫兴华、何召鹏（第三章）；韩毅、金悦（第四章）；张培丽、李栋（第五章）；林木西（第六章）；张欣、臧旭恒（第七章）；岳希明、王庶（第八章）；罗琦、郑超愚（第九章）；陈秀山、刘玮、金铉洙（第十章）；丁守海、杨璐嘉（第十一章）；叶卫平、吴智慧（第十一章）。他们分别是来自中央民族大学、中国人民大学、山东大学、辽宁大学、中央财经大学的教授、副教授、讲师和博士生等。全书最后由我修改和定稿。

本书的出版，得到了北京市社科基金特别委托项目、北京市社会科学理论著作出版基金重点资助项目、辽宁省攀登学者资助项目和中国特色社会主义经济建设协同创新中心的资助。正是有了他们的资助，我国的理论之树才更加根深叶茂。经济科学出版社的吕萍社长兼总编辑、财经分社的于海汛社长，及其同事们为本书又好又快地出版给予了超乎寻常的鼎力支持，在此一并表示衷心的感谢！

黄泰岩

2016 年 11 月于中央民族大学

目 录

总 论

中国经济学学科体系研究新进展 …………………………… (3)
- 一、基本方向 ……………………………………………………… (3)
- 二、基本理念 ……………………………………………………… (5)
- 三、基本框架 ……………………………………………………… (7)
- 四、进一步研究需要讨论的几个重要问题 ……………………… (8)

上篇 理论经济学研究新进展

第一章
政治经济学研究新进展 ……………………………………… (23)
- 一、政治经济学的发展与创新 ………………………………… (23)
- 二、正确认识和适应经济新常态 ……………………………… (27)
- 三、社会主义市场经济的内涵界定 …………………………… (31)
- 四、混合所有制改革 …………………………………………… (34)
- 五、收入分配体制改革 ………………………………………… (38)
- 六、跨越"中等收入陷阱" …………………………………… (40)
- 七、《21世纪资本论》评述 …………………………………… (43)

第二章
国际经济学研究新进展 ……………………………………… (49)
- 一、全球经济缓慢复苏 ………………………………………… (49)
- 二、"一带一路"战略意义与实施举措 ……………………… (51)

三、亚洲基础设施投资银行的战略意义及面临的挑战 …………（53）
四、人民币国际化 ……………………………………………（55）
五、跨太平洋伙伴关系协定（TPP）的影响 ………………（56）
六、中国对外直接投资的新变化 ……………………………（59）
七、美联储加息与人民币汇率问题 …………………………（60）

第三章
经济史学研究新进展 ………………………………………（63）
一、经济史理论与方法 ………………………………………（63）
二、历史上的"三农"问题 …………………………………（67）
三、工业、企业史 ……………………………………………（70）
四、商业、对外贸易史 ………………………………………（72）
五、财政、金融史 ……………………………………………（76）
六、生态环境与灾害救济史 …………………………………（80）

第四章
人口资源环境经济学研究新进展 …………………………（83）
一、人口经济学 ………………………………………………（83）
二、资源经济学 ………………………………………………（91）
三、环境经济学 ……………………………………………（101）
四、人口资源环境的相互影响 ……………………………（103）

下篇　应用经济学研究新进展

第五章
国民经济学研究新进展 …………………………………（109）
一、国民经济学学科建设 …………………………………（109）
二、中国经济发展 …………………………………………（110）
三、宏观经济调控 …………………………………………（122）
四、微观规制改革 …………………………………………（128）

第六章
产业经济学研究新进展 ·· (**131**)
  一、产业组织理论 ··· (**131**)
  二、反垄断与规制 ··· (**134**)
  三、产业升级与产业转移 ······································· (**144**)
  四、产业集聚与产业关联 ······································· (**151**)
  五、产业发展 ·· (**156**)
  六、研发创新 ·· (**162**)

第七章
财政学研究新进展 ·· (**170**)
  一、财政学的学科属性与发展方向 ····························· (**170**)
  二、财政分权 ·· (**171**)
  三、税制改革 ·· (**182**)
  四、财政政策效果 ··· (**185**)
  五、社会保障 ·· (**188**)

第八章
金融学研究新进展 ·· (**190**)
  一、货币理论与货币政策 ······································· (**190**)
  二、金融发展与金融改革 ······································· (**192**)
  三、金融风险、金融稳定和金融监管 ·························· (**195**)
  四、金融市场 ·· (**198**)
  五、商业银行经营与管理 ······································· (**202**)
  六、汇率与资本流动 ··· (**205**)
  七、金融计量模型与方法 ······································· (**208**)

第九章
区域经济学研究新进展 ·· (**210**)
  一、区域经济学的基础理论研究 ································ (**210**)
  二、区域经济学理论研究的拓展 ································ (**214**)

三、空间计量方法的应用研究……………………………………（217）

第十章
劳动经济学研究新进展……………………………………（221）
  一、中国特色劳动力资源配置规律………………………………（221）
  二、制度经济学范式下中国特色的工资生成机制………………（226）
  三、人力资本问题…………………………………………………（231）
  四、劳动收入份额下降问题的新探索……………………………（236）

第十一章
国防经济学研究新进展……………………………………（239）
  一、军民融合………………………………………………………（239）
  二、国防费…………………………………………………………（244）
  三、国防经济动员…………………………………………………（247）
  四、国防经济安全…………………………………………………（249）

总　论

中国经济学学科体系研究新进展

构建科学系统的中国特色社会主义经济学，既是中国发展成为世界第二大经济体理应担当的时代责任和义务，也是实现中华民族伟大复兴中国梦迫切需要的重要理论指导。习近平总书记在 2015 年对此发表了系列重要讲话，提出了构建中国特色社会主义经济学学科体系的基本方向、新发展理念和基本方法，学界也进行了认真学习和研究。

一、基本方向

习近平总书记在中共中央政治局 2015 年 11 月 23 日下午就马克思主义政治经济学基本原理和方法论进行第二十八次集体学习时就发展马克思主义政治经济学发表了重要讲话。[①] 实际上，这篇重要讲话，不仅仅是就发展当代中国马克思主义政治经济学讲的，而且对发展中国特色社会主义经济学学科体系也具有重要的指导意义。这主要体现在：

第一，要立足我国国情和我国发展实践，揭示新特点新规律。不论是理论经济学，还是应用经济学，以及两个一级学科下属的任何一个二级学科的学科体系构建，都要体现中国特色。这具体体现在以下三个方面：一是中国问题导向，研究中国经济发展和改革的重大理论与实践问题。可以依据这些重大理论和实践问题确定学科体系，完善我国目前的理论经济学和应用经济学的二级学科体系，如依据我国体制转型和经济转型的需要设立和完善"转型经济学"；依据我国经济发展的需要，大力发展创新"发展经济学"等等。二是中国国情特征，揭示中国经济发展的新阶段、新特

---

① 习近平：《立足我国国情和我国发展实践，发展当代中国马克思主义政治经济学》，新华网 2015 年 11 月 24 日。

征,比如中国经济发展进入新常态,就不仅需要推进政治经济学的理论创新,而且其他经济学学科也都需要依据新常态揭示各自学科的新特征,创新新理论。三是中国解决方案,提出新阶段的新战略、新措施,推进中国的经济发展和改革。只有这样,才能赋予我国的经济学学科体系以"中国特色"。刘伟认为,中国特色社会主义经济学就要坚持服务国家,立足民族,立足解决中国的问题。把中国的问题解释清楚了,中国的实践在世界上立得住了,这一套学说和理论,就会得到世界的认可和欣赏。①

第二,提炼和总结我国经济发展实践的规律性成果。改革开放以来,我国实现了30多年的高速增长,迅速发展成为世界第二大经济体,创造了世界经济发展的"中国奇迹"。洪银兴认为,伟大的实践推动了理论创新,尤其是推动了马克思主义经济学的中国化。② 因此,经济学的各个学科都可以从这个伟大的实践中总结和提炼出科学的理论成果,创新和完善各个学科的学科体系,如新型工业化、信息化、城镇化和农业现代化互动就丰富了产业经济学的理论体系;中国特色城镇化丰富了区域经济学的理论体系;我国的宏观调控经验丰富了国民经济学的理论体系;财政体制改革和财政政策的成功运用丰富了财政学的理论体系;金融体制改革和货币政策的成功运用丰富了金融学的理论体系;等等。正如习近平总书记指出:"实践是理论的源泉。我国经济发展进程波澜壮阔、成就举世瞩目,蕴藏着理论创造的巨大动力、活力、潜力,要深入研究世界经济和我国经济面临的新情况新问题,为马克思主义政治经济学创新发展贡献中国智慧。"③

第三,把实践经验上升为系统化的经济学说。我国在30多年的成功发展和改革进程中,已经总结出了许多成功的经验和个别理论,如就马克思主义政治经济学而言,"党的十一届三中全会以来,我们党把马克思主义政治经济学基本原理同改革开放新的实践结合起来,不断丰富和发展马克思主义政治经济学,形成了当代中国马克思主义政治经济学的许多重要理论成果,这些理论成果,是适应当代中国国情和时代特点的政治经济学,不仅有力指导了我国经济发展实践,而且开拓了马克思主义政治经济

---

① 刘伟:《发展当代中国马克思主义政治经济学》,载《光明日报》2015年12月2日。
② 洪银兴:《发展当代中国马克思主义政治经济学》,载《光明日报》2015年12月2日。
③ 习近平:《立足我国国情和我国发展实践,发展当代中国马克思主义政治经济学》,新华网2015年11月24日。

学新境界。"① 我们目前的任务，就是努力把这些成果系统化为各个学科的系统学说。黄泰岩提出，要用中国经验丰富和发展马克思主义政治经济学，用中国经验检验西方经济学，最终把中国经验上升为系统的经济学说。林岗认为，将我国的实践经验上升为系统化的经济学说是一个长期过程，需要保持理论研究的一贯性、系统性、科学性。②

第四，汲取经济学的一切世界文明成果。构建中国特色社会主义经济学理论体系，不仅要立足中国大地，而且还要有世界胸襟，借鉴其他经济学的优秀成果。林岗认为，将西方主流经济学的教学引入我国经济学教育的初衷，是在批判的基础上借鉴其中反映现代市场经济运行一般规律的科学因素，获取有关现代市场经济的实际知识，了解西方经济运行和学术研究的问题，从而丰富和发展马克思主义经济学。③ 张宇认为，要坚持洋为中用，正确借鉴国外经济理论和实践发展的新的有用成果，去粗取精、去伪存真，经过科学的扬弃后使之为我所用。④

二、基本理念

理念是行动的先导。构建中国特色社会主义经济学理论体系，并用以指导我国实现"两个一百年"奋斗目标的伟大实践，就必须确立新的发展理念。在十八届五中全会上，适应我国经济发展新常态下的新形势、新特点和新任务，习近平总书记提出了创新、协调、绿色、开放、共享的发展理念。唐洲雁认为，习近平总书记提出的新发展理念具有战略性、纲领性、引领性，是发展行动的先导，是发展思路、发展方向、发展着力点的集中体现，不仅管全局、管根本，而且管方向、管长远。在未来5年里，要如期实现全面小康，开启我国现代化建设新征程，最根本的就是牢固树立和始终坚持"创新、协调、绿色、开放、共享"五大发展理念，以新理念引领和指导新实践，以新理念推动和实现新发展。⑤ 李鸿忠认为，新发展理念立足于中国特色社会主义实践和全面建成小康社会新的目标要求，

---

① 习近平：《立足我国国情和我国发展实践，发展当代中国马克思主义政治经济学》，新华网2015年11月24日。
② 于春晖：《致力于中国化、当代化》，载《人民日报》2015年12月6日。
③ 林岗：《发展当代中国马克思主义政治经济学》，载《光明日报》2015年12月2日。
④ 张宇：《发展当代中国马克思主义政治经济学》，载《光明日报》2015年12月2日。
⑤ 唐洲雁：《以新的理念引领新的发展》，载《光明日报》2015年12月15日。

科学回答了关系我国长远发展的许多重大理论和实践问题，集中体现了习近平总书记系列重要讲话对中国特色社会主义发展理论的创新，开拓了中国特色社会主义发展理论的新境界。① 新发展理念对构建中国特色社会主义经济学理论体系的指导作用主要在于：

第一，确立了以人民为中心的发展思想。卫兴华认为，马克思把政治经济学区分为劳动的政治经济学和资本的政治经济学。马克思主义的政治经济学是为劳动人民求解放和谋福祉的劳动的政治经济学；而资本的政治经济学是为资本主义和资产阶级利益服务的政治经济学。正因如此，习近平总书记提出要坚持以人民为中心的发展思路，要坚持把增进人民福祉、促进人的全面发展、朝着共同富裕方向稳步前进作为经济发展的出发点和落脚点。② 洪银兴也认为，马克思在150年以前创立的马克思主义政治经济学在今天的社会主义经济实践中仍然具有强盛的生命力，继续作为指导思想的理论基础指导中国的经济改革和经济发展，而且保持着在经济学科中的主流经济学地位，一个根本原因就是坚持以人民为中心，服从于人民的福祉，这同马克思主义政治经济学的阶级性是一致的。③ 何自力认为，以人民为中心是进行经济学理论创新必须坚持的基本立场，为此，要紧紧围绕人民主体地位树立和落实创新、协调、绿色、开放、共享的发展理念。④

第二，提出了系统整体的发展理念。郝立新认为，社会实践的丰富性、整体性、复杂性，对马克思主义理论发展特别是中国特色社会主义理论发展提出了新的时代课题和创新发展要求，现实比以往更需要用整体性思维破解发展难题，更需要用全面的发展思维分析和对待现代化进程中的各种错综复杂的矛盾关系。⑤ 蔡昉认为，国际经验和我国现实都表明，在从中等偏上收入向高收入跨越的阶段上，各种社会矛盾和社会风险，往往因区域、城乡、经济和社会、物质文明和精神文明、经济建设与国防建设等方面的不协调而产生和加深，一些国家也正是因此而落入"中等收入陷阱"。⑥ 因此，必须用系统整体的发展理念解决我国发展中的不平衡、不

---

① 李鸿忠：《五大发展理念是马克思主义发展观的重大创新》，载《光明日报》2015年12月3日。
② 卫兴华：《发展当代中国马克思主义政治经济学》，载《光明日报》2015年12月2日。
③ 洪银兴：《发展当代中国马克思主义政治经济学》，载《光明日报》2015年12月2日。
④ 何自力：《发展当代中国马克思主义政治经济学》，载《光明日报》2015年12月2日。
⑤ 郝立新：《从"四个全面"到"五大发展理念"》，载《光明日报》2015年12月7日。
⑥ 蔡昉：《践行五大发展理念 全面建成小康社会》，载《光明日报》2015年11月5日。

协调和不可持续。

第三，丰富和发展了经济学各个学科的理论体系。《中共中央关于制定国民经济和社会发展第十三个五年规划的建议》指出，"坚持创新发展、协调发展、绿色发展、开放发展、共享发展，是关系我国发展全局的一场深刻变革。"这种深刻的全局性变革必然带来相关经济学学科的理论创新和实践创新。如创新发展，不仅仅丰富和发展了创新理论，而且对理论经济学和应用经济学都有创新发展；协调发展对政治经济学、人口资源环境经济学、产业经济学、区域经济学等学科具有丰富和发展。

三、基本框架

厘清经济学各个学科之间的关系，以及各个学科内部各理论要素之间的关系，是构建中国特色社会主义经济学学科体系的重要任务，也是确保经济学学科体系具有"中国特色"的关键。

从经济学各个学科之间的关系来看，主要有以下观点：一是把政治经济学作为各个经济学科的基础学科。顾海良认为，高校加强马克思主义政治经济学"必修课"建设，要落实到经济学学科的培养方案和课程设置中，要努力实现马克思主义政治经济学基本理论课程成为经济学学科建设的基础课程。① 逄锦聚也认为，应把政治经济学作为经济管理类大学生和研究生的必修课，课时要保证。②

二是处理好马克思主义政治经济学与西方经济学的关系。林岗认为，要明确马克思主义经济学在经济学教育中的主导和主体地位，明确西方经济学的从属和辅助地位。③ 陈享光也认为，要注重吸收西方对马克思主义的研究成果，不断增强政治经济学在应用经济学领域的基础和指导地位。④

从中国特色社会主义政治经济学学科体系的构建来看，习近平总书记在中共中央政治局 2015 年 11 月 23 日下午就马克思主义政治经济学基本原理和方法论进行第二十八次集体学习时就中国特色社会主义政治经济学的理论体系进行了原则新的阐述，即坚持以人民为中心的发展思想，坚持

---

① 顾海良：《发展当代中国马克思主义政治经济学》，载《光明日报》2015 年 12 月 2 日。
② 逄锦聚：《发展当代中国马克思主义政治经济学》，载《光明日报》2015 年 12 月 2 日。
③ 林岗：《发展当代中国马克思主义政治经济学》，载《光明日报》2015 年 12 月 2 日。
④ 于春晖：《致力于中国化、当代化》，载《人民日报》2015 年 12 月 6 日。

创新、协调、绿色、开放、共享的发展理念,坚持和完善社会主义基本经济制度,坚持和完善社会主义基本分配制度,坚持社会主义市场经济改革方向,坚持对外开放基本国策,坚持马克思主义经济学的基本原理和方法论同我国经济发展实际相结合,坚持深入研究世界经济和我国经济面临的新情况新问题,为马克思主义政治经济学创新发展贡献中国智慧。①

就中国特色社会主义政治经济学理论体系的具体构建来看,刘伟认为,西方人最怕中国人没有在西方理论的指导下取得实践上的成功,但中国做到了。比如,中国的成功没有按照"华盛顿共识"或是标准的微观理论或者凯恩斯主义等西方理论,但在实践中取得了有效的成就,这是我们建立当代中国马克思主义经济学说最主要的基础和最深刻的根据。② 黄泰岩提出了构建的主要思路,认为构建中国特色社会主义经济学的系统化学说,应关注中国发展经验的世界普遍性意义。无论从理论还是从实践看,发展都应成为构建中国经济学理论体系的核心概念,并且应包括以下内容:一是发展的理念。要用创新、协调、绿色、开放、共享的发展理念破解我国发展难题,开创经济发展新局面。二是发展的目的。就是增进人民福祉,促进人的全面发展,实现共同富裕。三是发展的道路。推动新型工业化、信息化、城镇化、农业现代化相互协调。四是发展的动力。以创新驱动我国经济发展,创新包括观念创新、制度创新和技术创新。五是发展的资源。利用好国际国内两种资源,发展更高层次的开放经济,通过技术创新提高资源的利用效率。六是发展的制度。在以公有制为主体、多种所有制经济共同发展的基本经济制度上发展社会主义市场经济。七是发展的文化。我国经济的快速增长是在继承和弘扬中国传统文化的基础上实现的,突破了只有在西方文化的背景下才能实现工业化、现代化的理论假定。③

四、进一步研究需要讨论的几个重要问题

构建中国特色社会主义经济学学科体系,当前迫切需要解决中国特色

---

① 习近平:《立足我国国情和我国发展实践,发展当代中国马克思主义政治经济学》,新华网,2015年11月24日。
② 刘伟:《发展当代中国马克思主义政治经济学》,载《光明日报》2015年12月2日。
③ 黄泰岩:《发展当代中国马克思主义政治经济学》,载《光明日报》2015年12月2日。

社会主义经济学的研究对象、研究主线和理论体系。对此，我想提出一点看法，供讨论。

（一）研究对象

关于社会主义经济学的研究对象，长期以来一直存在较大的分歧，争论的焦点主要集中在是否包含研究生产力。构建中国特色社会主义经济学，首先必须对此作出科学界定。

中国特色社会主义经济学就其基本性质而言，是当代中国化的马克思主义经济学。因此，要科学界定中国特色社会主义经济学的研究对象，就需要继承和发展马克思对政治经济学研究对象的界定。

马克思把政治经济学的研究对象界定为研究社会生产关系及其发展规律。由于生产关系与生产力存在着辩证统一关系，所以研究生产关系必须联系生产力，揭示由生产力决定的生产关系的变动规律。中国特色社会主义经济学必须继承马克思的这一科学界定，坚持研究社会主义生产关系及其变动规律。这是因为，一是马克思揭示的生产力决定生产关系的规律是超越一切经济时代的经济学的一般规律和原理，社会主义自然必须遵循这一规律。二是形成适应生产力发展的社会主义生产关系，对社会主义初级阶段的生产力大发展具有巨大的促进作用。改革开放以来，我国生产力获得高速发展，就是对束缚生产力发展的生产关系进行成功改革的结果。因此，不研究作为社会主义生产关系的基本经济制度，以及作为基本经济制度实现形式的经济体制、运行机制，我国进行的全面深化改革开放，就会迷失构建社会主义市场经济体制的正确方向，就会不利于甚至阻碍我国生产力的发展。

马克思主义经济学的强大生命力在于它能够依据经济发展的新阶段、新形势和新任务不断创新发展自己的理论，这就决定了马克思主义经济学的研究对象也要不断与时俱进，这也是中国特色社会主义经济学之所以能够成为科学的理论，以及具有生命力和解释力的重要原因。新中国成立前，毛泽东就要求："使马克思主义在中国具体化，使之在其每一表现中带着必须有的中国特性"，① 提出了"实事求是"的原则。在社会主义经济建设中，针对苏联暴露出来的问题，毛泽东提出不要走他们的弯路，要

---

① 《毛泽东选集》第2卷，人民出版社1991年版，第534页。

探求"中国工业化道路",正确处理十大关系。邓小平坚持"实事求是"的思想路线,并把解放思想与实事求是统一起来,联系中国改革发展的实际,创立了中国特色社会主义理论。习近平总书记在主持中共中央政治局第二十八次集体学习时明确指出:"学习马克思主义政治经济学,是为了更好指导我国经济发展实践,既要坚持其基本原理和方法论,更要同我国经济发展实际相结合,不断形成新的理论成果,开创中国当代马克思主义政治经济学的新境界。"①

马克思对政治经济学研究对象的界定,是由马克思揭示资本主义经济制度产生、发展、灭亡的运动规律这一时代任务所决定的。随着我国进入社会主义社会,我们党面临的历史任务就转变为建设什么样的社会主义?如何建设社会主义?中国特色社会主义经济学要解决好建设什么样的社会主义和如何建设社会主义的问题,虽然首先必须要研究生产关系及其变动规律,揭示社会主义的本质特征,但如果仅仅联系生产力研究生产关系就不够了,因为建设什么样的社会主义和如何建设社会主义,不仅仅涉及生产关系,更重要的还要发展生产力,因为社会主义制度的巨大优越性就在于能够创造出比其他一切制度更高的生产力,这就要求社会主义社会的根本任务就是要大力发展生产力,特别是在我国这样一个仍处于社会主义初级阶段的发展中大国建设社会主义,实现中华民族伟大复兴的"中国梦",发展生产力的任务就更加艰巨和繁重。对此,邓小平同志明确指出:"社会主义的本质,是解放生产力,发展生产力,消灭剥削,消除两极分化,最终达到共同富裕。"② 在这里,解放生产力和发展生产力是生产手段,共同富裕是生产目的。

因此,中国特色社会主义经济学必须依据新的历史使命与时俱进地把生产力纳入研究对象。习近平总书记在全国哲学社会科学座谈会上的讲话中指出:"只有聆听时代的声音,回应时代的呼唤,认真研究解决重大而紧迫的问题,才能真正把握住历史脉络、找到发展规律,推动理论创新。"③ 适应我国改革发展的需要,中国特色社会主义经济学对生产关系和生产力的研究就具体体现为以下两方面的内容:

(1) 解放生产力。要解放生产力,就必须联系生产力研究生产关系,科学阐明中国特色社会主义的基本经济制度,特别是社会主义初级阶段的

---

① 习近平:《立足我国国情和我国发展实践,发展当代中国马克思主义政治经济学》,新华网,2015年11月24日。
② 《邓小平文选》第3卷,人民出版社2001年版,第373页。
③ 习近平:《在哲学社会科学工作座谈会上的讲话》,新华网,2016年5月18日。

基本经济制度,社会主义市场经济体制及其运行机制,构建与社会主义初级阶段生产力发展水平相适应的基本经济制度、经济体制和运行机制。在现阶段,研究生产关系的重点就是通过坚持和完善社会主义初级阶段的基本经济制度,坚持社会主义市场经济体制改革的基本方向,全面深化改革,从根本上破除一切束缚生产力发展的思想障碍、体制机制障碍。

(2) 发展生产力。为了发展生产力,就需要遵循生产力发展的客观规律,实现资源的优化配置。在我国现阶段,就是坚持创新、协调、绿色、开放、共享的新发展理念,揭示创新驱动经济发展、转变经济发展方式、优化经济结构、加快自主技术创新、坚持绿色发展、实行全方位开放、共享发展成果的方式和途径,实现质量好、效率高、可持续的中高速发展。

中国特色社会主义经济学把生产关系和生产力作为自己的研究对象,推进了中国特色社会主义经济学的理论创新,形成了以下新的特征:

(1) 继承性。中国特色社会主义经济学继承了马克思主义经济学的基本原理和方法论,坚持研究生产关系,强调通过坚持和完善社会主义基本经济制度,改革和完善经济体制和运行机制,破除制约生产力发展的思想障碍、体制机制障碍,解放生产力。这样,我们就可以运用中国30多年来改革开放的成功经验,一方面验证马克思主义经济学基本原理和方法论的科学性、先进性,及其现代生命力;另一方面把当代中国马克思主义经济学推向新的境界,为坚持马克思主义经济学的基本原理和方法论提供强有力的理论和经验支撑。

(2) 创新性。中国特色社会主义经济学依据我国社会主义发展的新阶段、新特点、新任务、新要求,扩展了自己的研究对象,从而可以把在我国改革开放实践中总结出来的发展生产力的新理论、新观点、新概念纳入经济学的理论体系和学术体系,推进了马克思主义经济学的中国化、时代化。习近平总书记在主持中共中央政治局第二十八次集体学习时指出:"党的十一届三中全会以来,我们党把马克思主义政治经济学基本原理同改革开放新的实践结合起来,不断丰富和发展马克思主义政治经济学,形成了当代中国马克思主义政治经济学的许多重要理论成果,这些理论成果,是适应当代中国国情和时代特点的政治经济学,不仅有力指导了我国经济发展实践,而且开拓了马克思主义政治经济学新境界。"[①]

---

① 习近平:《立足我国国情和我国发展实践,发展当代中国马克思主义政治经济学》,新华网,2015年11月24日。

（3）包容性。中国特色社会主义经济学由于把发展生产力也作为自己的研究对象，就可以充分吸收和借鉴经济学发展的世界一切科学成果，也就是反映生产力发展和市场经济运行一般规律的概念、范畴和理论，从而使中国特色社会主义经济学既深深扎根于中国经济改革与发展的肥沃土壤中，又充分吸收了经济学发展的世界一切文明成果，成为既包容又超越的科学的经济学理论。

从近些年来中国特色社会主义经济学自主创新的许多重要理论成果来看，如社会主义初级阶段理论、社会主义基本经济制度理论、社会主义市场经济理论、新发展理念理论、改革开放理论、转变经济发展方式理论、创新驱动发展理论、新型工业化理论、新型城镇化理论，等等，既有生产关系方面的理论成果，也有生产力研究的创新成果，这些重要成果都为开拓中国当代马克思主义经济学新境界做出了贡献。从我们对 2015 年我国专家学者在 17 本样本期刊上发表的全部学术论文（不包括书评和会议报道等）共 1777 篇文章按专题进行分类统计来看，① 2015 年中国经济研究的前 20 大热点问题，即经济增长与发展、三农、收入分配与收入差距、资本市场、产业结构与产业政策、对外贸易与贸易政策、公共经济、自主创新、货币政策、区域经济发展、低碳经济、企业融资、财政体制、金融体制、企业成长、经济体制改革、资源经济、社会保障、计量经济、消费，也都既有属于生产关系范畴的问题，也有发展生产力的问题，而且更多的是研究生产力发展问题。这些都表明，中国特色社会主义经济学的研究实践已经走到了理论的前面，已经将生产力纳入研究对象。由此我们可以有信心地说，随着中国特色社会主义经济学将生产力作为研究对象在理论上的确立，必将有力促进中国特色社会主义经济学的创新和发展，必将把中国当代马克思主义经济学进一步推向新的境界。

（二）逻辑主线

自改革开放以来，由于可以把解放生产力归结为改革束缚生产力发展的生产关系，发展生产力归结为遵循生产力发展规律，优化资源配置，实现经济的可持续快速发展，因此，中国特色社会主义经济学研究生产关系

---

① 我们课题组从 2003 年开始至今，每年都对中国经济研究热点问题进行排名分析，研究报告见每年由经济科学出版社出版的《中国经济热点前沿》（第 1~12 辑）。

和生产力，也就是研究如何解放生产力，如何发展生产力，简要地说就是研究改革和发展。构建中国特色社会主义经济学，就要"从我国改革发展的实践中挖掘新材料、发现新问题、提出新观点、构建新理论"。①

从改革开放到本世纪初，我国在改革与发展关系的组合上，针对传统计划经济体制对生产力发展的严重束缚，强调改革生产关系以解放生产力，从而把发展作为改革的目的置于改革的理论框架中。1984年《中共中央关于经济体制改革的决定》指出，"建立起具有中国特色的、充满生机和活力的社会主义经济体制，促进社会生产力的发展，这就是我们这次改革的基本任务。"这就是抓改革，促发展。1986年《关于第七个五年计划的报告》明确提出"坚持把改革放在首位"。1988年全国七届人大《政府工作报告》更加明确提出"坚持把改革放在总揽全局的位置上"。1993年《中共中央关于建立社会主义市场经济体制若干问题的决定》在谈到正确处理改革与发展的关系时认为，"当前我国经济在高速增长过程中遇到的一些矛盾和问题，从根本上讲，是由于旧体制的弊病没有完全克服，新体制还没有完全形成，因此，各级党委和政府必须把更大的精力集中到加快改革上来。"1996年《"九五"计划和2010年远景目标纲要》还把"抓住机遇、深化改革、扩大开放、促进发展、保持稳定"看作"是今后必须长期坚持的基本方针"。因此，在这一时期，改革就成为中国特色社会主义经济学研究的核心，并以此为逻辑主线构建中国特色社会主义经济学的理论体系，这就决定了这个时期的中国特色社会主义经济学就其基本特征而言，可以概括为"改革经济学"、"过渡经济学"或"转型经济学"。

这一时期中国特色社会主义经济学的逻辑主线之所以是改革，就是因为解放生产力相对于发展生产力而言，解放生产力是更为主要的，是解决加快经济发展的主要障碍或矛盾。正如1984年《中共中央关于经济体制改革的决定》指出，我国社会主义制度优越性还没有得到应有发挥的"一个重要原因，就是在经济体制上形成了一种同社会生产力发展要求不相适应的僵化的模式"。② 在这种情况下，不改革，发展就无从谈起。只有实现从传统计划经济向社会主义市场经济新体制的根本转变，被严重压抑和束缚的生产力才有可能被解放出来，广大人民群众的积极性、主动性和创造性才能充分迸发出来，从而大大促进生产力的发展。改革开放以来我国

---

① 习近平：《在哲学社会科学工作座谈会上的讲话》，新华网，2016年5月18日。
② 《中共中央关于经济体制改革的决定》，人民出版社1984年版，第8页。

创造的世界经济发展的"中国奇迹",就是改革开放促进发展的巨大红利。

在以改革为逻辑主线构建的中国特色社会主义经济学体系中,改革与发展的基本关系确定为:一发展是改革的目的,或者改革的目的是为了解放生产力,这就决定了我国的改革不是为改革而改革;二生产力是否得到解放和发展,是判断改革成败得失的基本标准。

进入新世纪后,我国改革与发展的关系组合发生了新的变化,即把改革作为发展的强大动力,纳入发展的理论框架中,发展成为中国特色社会主义经济学研究的核心主题,并以此为逻辑主线构建中国特色社会主义经济学的理论体系。2002年党的十六大报告就将大会的主题确定为,全面建设小康社会,加快推进社会主义现代化。大会还要求,必须把发展作为党执政兴国的第一要务,要聚精会神搞建设,一心一意谋发展。"十五"计划纲要进一步明确提出要"以发展为主题",并把改革开放与科技进步并列置于发展动力的位置上。《中共中央关于制定国民经济和社会发展第十三个五年规划的建议》仍然认为,改革是发展的强大动力,要求"破除一切不利于科学发展的体制机制障碍,为发展提供持续动力。"

构建中国特色社会主义经济学的逻辑主线之所以从改革转变为发展,主要是因为:

第一,从生产力与生产关系相互关系的运动规律来看,经过20多年经济体制改革的不断深化,我国社会主义市场经济新体制已经初步建立起来,从而基本形成了能够适合生产力状况的新的生产关系。在这种情况下,实现经济快速增长,就不能再主要追求生产关系的不断变革解放生产力,而要在保持生产关系的相对稳定下大力发展生产力。只有当生产力发展到需要变革现有的生产关系的程度时,才能进一步改革生产关系。这就意味着生产力与生产关系矛盾运动的主要方面转到了生产力发展上,或者说,发展生产力相对于解放生产力而言,成为加快经济发展的主要矛盾方面。

第二,从中国特色社会主义现代化建设的根本任务或长期任务来看,我国必须坚持以经济建设为中心,大力发展生产力。具体体现在:

(1)社会主义初级阶段的主要矛盾。早在1956年党的"八大"作出的《关于政治报告的决议》指出,社会主义制度确立以后,我国国内的主要矛盾,"已经是人民对于建立先进的工业国的要求同落后的农业国的现实之间的矛盾,已经是人民对于经济文化迅速发展的需要同当前经济文化不能满足人民需要的状况之间的矛盾","也就是先进的社会主义制度同落后的社会生产力之间的矛盾"。① 因而认为当时的主要任务，就是集中力量解决这个矛盾。但可惜"八大"之后不久，我国的工作重心就发生了偏离。十一届三中全会我们党才重新把工作重心转到经济建设上来，强调发展是硬道理，而且将其作为基本国策坚持至今始终毫不动摇。党的"十八大"报告认为："我国仍处于并将长期处于社会主义初级阶段的基本国情没有变，人民日益增长的物质文化需要同落后的社会生产之间的矛盾这一社会主要矛盾没有变，我国是世界最大发展中国家的国际地位没有变。在任何情况下都要牢牢把握社会主义初级阶段这个最大国情，推进任何方面的改革发展都要牢牢立足社会主义初级阶段这个最大实际。"② 把发展作为构建中国特色社会主义经济学的逻辑主线，既是所有发展中国家的共同要求，体现中国作为发展中国家的一般，也是我国社会主义经济制度确立后的首要任务和根本任务，体现中国作为社会主义国家的特色。

（2）社会主义的本质。社会主义的一个本质属性是通过发展生产力，消灭剥削，实现共同富裕和人的全面发展，让全体人民过上幸福美满的生活。全面建成小康社会就是要把我国现行标准下的贫困人口全部实现脱贫，所有贫困县全部摘帽，解决区域性整体贫困，让经济发展的成果惠及全体人民。邓小平同志就曾明确讲到："贫穷不是社会主义。"并把"三个有利于"作为衡量工作成败得失的基本标准。这就意味着，社会主义国家，特别是像我国这样在落后生产力基础上建立起来的仍处于社会主义初级阶段的发展中的社会主义国家，要体现社会主义的本质，使社会主义具有吸引力、影响力、凝聚力，就必须尽可能快地发展生产力，促进全体人民的共同富裕。

（3）社会主义制度的优越性。我们坚持社会主义基本经济制度，坚持中国特色社会主义道路，就是因为社会主义经济制度具有能够创造出比以往一切社会制度更高生产力的巨大优越性，这也是社会主义最终能够战胜资本主义的最基本条件。因此，邓小平同志指出："讲社会主义，首先就要使生产力发展，这是主要的。"③ 邓小平同志所讲的生产力发展，不是一般的发展，而是增长速度更快的发展，是赶超式发展，压缩型发展，要

---

① 《中国共产党第八次全国代表大会关于政治报告的决议》，载《人民日报》1956 年 9 月 28 日。
② 胡锦涛：《坚定不移沿着中国特色社会主义道路前进为全面建成小康社会而奋斗》，人民出版社 2012 年版，第 16 页。
③ 《邓小平文选》第 2 卷，人民出版社 1994 年版，第 314 页。

用几十年的时间走完其他国家上百年走过的路。当然，社会主义创造的快速发展，不是短期的，而是长期的可持续的快速发展。只有这样，才能证明社会主义制度的优越性。今天我们之所以能够对中国特色社会主义拥有理论自信、道路自信、制度自信和文化自信，就是因为在改革开放以来短短的30多年的时间内，我国就快速发展成为世界第二大经济体，创造了世界经济发展的奇迹。所以，我国始终坚持发展必须要有一定的速度，需要稳增长，不能滑出速度的底线。

第三，从中国特色社会主义经济学的中国特色来看，就是要体现中国的实践经验，特别是要有从中国改革发展伟大实践经验中总结、提炼、升华出来的中国理论。改革开放以来中国经验的最大特色或中国道路的最大亮点就在于实现了成功的发展，解决了十几亿人口的温饱问题和基本实现小康，正在迈向全面小康，为世界经济发展做出了巨大贡献。在此基础上总结出来的中国理论，就成为引起世人广泛关注的中国经验、中国道路、中国模式。习近平总书记指出："30多年来，我们能够创造出人类历史上前无古人的发展成就，走出了正确道路是根本原因。现在，最关键的是坚定不移地走这条道路、与时俱进开拓这条道路，推动中国特色社会主义道路越走越宽广。"① 因此，中国特色社会主义经济学中的"中国"表述，从严格意义上讲，不是一个地域或国家的概念，而是用"中国"来标志我们所创立的经济学是在中国经验基础上总结、提炼、升华出来的适用于发展中国家推进工业化、实现现代化的一般理论和道路。从这个意义上说，中国特色社会主义经济学就是中国特色社会主义经济发展理论，是中国对经济发展理论的世界贡献。

在以发展为逻辑主线构建的中国特色社会主义经济学体系中，发展与改革的基本关系表现为：一是改革作为发展的动力置于发展的理论框架中，发展的成效取决于改革的红利，改革开放成为实现"两个一百年"目标的关键一招。二是改革要受到发展的约束，要在服从于发展的要求中深化改革。这一方面要求依据新发展理念的要求安排深化改革的重点，有利于尽快形成贯彻落实新发展理念的体制机制；另一方面要求依据经济发展新常态的具体承受能力安排全面深化改革，既不能不顾经济下行的压力盲目加快改革，也不能因为改革进入深水区和啃硬骨头就惧怕改革。因此，

---

① 《中共中央关于制定国民经济和社会发展第十三个五年规划的建议》，载《人民日报》2015年11月4日。

2013年《中共中央关于全面深化改革若干重大问题的决定》明确指出："全面深化改革，必须立足于我国长期处于社会主义初级阶段这个最大实际，坚持发展仍是解决我国所有问题的关键这个重大战略判断，以经济建设为中心"。① 把改革置于发展的理论框架中，并不意味着改革不重要了，改革开放仍然是发展中国特色社会主义的强大动力。这是因为，社会主义市场经济新体制还没有最终成熟和定型，许多束缚生产力发展的体制机制障碍还需要进行攻坚改革，改革仍然在路上。

以发展为逻辑主线构建的中国特色社会主义经济学就其基本特征而言，就从以往的"改革经济学"转向"发展经济学"，"改革经济学"成为"发展经济学"的一个重要组成部分。当然，这里所说的"发展经济学"，不是作为经济学分支学科的那种狭义的"发展经济学"，而是以解放和发展生产力为研究对象，以发展为逻辑主线，以中国实践为经验基础，以中国创新的理论、概念和范畴为话语体系，构建起来的具有中国特色、中国气派、中国风格的社会主义经济学。

（三）结构框架

发展经济学，作为一门以发展中国家经济发展为研究对象的经济学分支学科，自上世纪四五十年代产生以来，经过不断完善和发展，已经形成了一套比较成型的理论体系，这为我国构建中国特色社会主义经济学提供了重要的理论借鉴，而且在改革开放30多年的发展实践中，我国在一定程度上也自觉或不自觉地学习和借鉴了已有发展经济学的科学理论成果，如刘易斯的二元经济理论、熊彼特的创新理论、库茨涅茨的产业升级理论、可持续发展理论，等等。但是，已有的发展经济学理论面对中国经济发展进入新常态的新形势、新任务、新特点，表现出了它的历史局限性和理论局限性，无法解释中国的发展经验，更不可能破解中国发展面临的重大理论和实践难题。这主要是因为：

一是已有的经济发展理论是由西方经济学家创立和发展起来的，其理论起源于西方主流经济学的理论体系和学术体系，而西方主流经济学的理论体系则是来源于对发达国家经济增长的分析，这就导致经济发展理论与发展中国家的实际相脱离。

---

① 《中共中央关于全面深化改革若干重大问题的决定》，人民出版社2013年版，第5页。

二是由于经济发展理论不是从发展中国家的发展经验中总结和提炼出来的,而是往往依据发达国家的经验,或是以发达国家为参照系,提出发展中国家的发展战略、发展路径和具体措施,这就使这些理论缺乏发展中国家发展经验的支持和验证,从而不适用于发展中国家的经济发展。

三是已有的经济发展理论没有关注像中国这样的发展中大国的经济发展问题,特别是自发展经济学创立以来,根据世界银行的数据,从1960年到2008年,世界上先后有101个经济体进入中等收入阶段,但只有13个经济体成功进入高收入经济体行列,而且这13个经济体无论是土地面积还是人口都比较小,甚至很小,这就使经济发展理论缺失对大国经济发展的理论研究和指导。

四是已有的经济发展理论主要研究发展中国家从低收入阶段向中等收入阶段迈进的发展问题,面对我国从中等偏上收入阶段向高收入阶段跨越时遇到的经济转型等难题时,就失去或部分失去了解释力和应用价值。这也是一些中等收入国家未能及时实现经济转型而陷入"中等收入陷阱"的理论原因之一。

五是已有的经济发展理论虽然将新制度经济学引入经济发展理论,重视和强调制度因素对经济发展的影响和作用,但并没有研究中国特色的发展道路,即在社会主义基本经济制度基础上,让市场对资源配置起决定性作用,构建社会主义市场经济体制的体制转型问题。

基于以上分析,中国作为一个发展中的大国,面对已有经济发展理论的历史局限和理论局限,面对我国经济发展进入新常态带来的诸多发展难题,面对经济转型和体制转型的双重挑战和压力,只能通过自主创新构建适应我国经济发展新阶段、新形势、新任务的新发展理论,并将其系统化为中国特色社会主义经济学。我国拥有60多年,特别是改革开放30多年成功发展的丰富经验积累,以及拥有一批自主创新的理论、概念和范畴的理论成果积累,完全有可能、有条件实现经济发展理论的创新,其主要方向:

一是通过总结和提炼中国经济发展的丰富经验,以及比较借鉴其他发展中国家的发展经验,构建出由发展经验检验和支持的属于发展中国家自己的经济发展理论、概念和范畴。

二是针对中等偏上收入阶段向高收入阶段跨越时遇到的经济转型难题,探索发展中国家,特别是发展中大国跨越"中等收入陷阱"的发展理论、道路和措施,构建新的经济转型理论。

三是针对我国使社会主义市场经济体制更加定型、更加完善遇到的全深化改革难题，探索出中国特色的改革道路，全方位对外开放新体制，构建中国特色的体制转型理论。

四是针对知识经济的到来，使发展中国家面临农业经济、工业经济、知识经济三元经济结构下的发展难题，探索我国新型工业化、信息化、城镇化、农业现代化同步互动发展的道路和措施，构建替代二元经济发展理论的三元经济发展理论。

五是针对发展中国家赶超发达国家，进入高收入经济体所需要的关键技术、核心技术的自主创新难题，探索发展中国家从跟随到并跑，再到领跑的技术创新战略和路径，构建发展中国家创新驱动经济发展的新理论。

适应我国经济发展新阶段、新形势、新任务构建的新发展理论体系，就其基本框架而言，主要包括以下几方面的内容：

一是发展理念。主要阐释创新、协调、绿色、开放、共享新发展理念的内涵，揭示它们之间相互联系、相互作用的有机统一关系，以及引领发展的地位和作用，形成指导发展的观念体系和价值体系。

二是发展目标。主要阐释我国确定的"两个百年"发展目标，以及发展目标所包含的主要内容、可衡量的发展指标，其中需要特别阐明的是我国跨越"中等收入陷阱"面临的挑战及其可能性和应对措施。

三是发展目的。主要阐释我国确定的"以人民为中心"的发展思想内涵，揭示增进全体人民福祉，促进人的全面发展，实现共同富裕的道路、实现机制和具体措施，特别是深化收入分配制度改革，促进公平分配的思路与措施。

四是发展速度。主要阐释我国进入经济发展新常态所应保持的中高速增长的依据和可能，这是社会主义经济制度优越于其他一切制度的集中体现，也是坚定理论自信、道路自信、制度自信和文化自信的根本要求。

五是发展转型。主要阐释我国成为世界第二大经济体后经济发展转型的必要性、内涵及其实现机制，揭示经济转型推进跨越"中等收入陷阱"、从经济大国向经济强国转变的一般理论和实现机制。

六是发展动力。主要阐释作为引领发展第一动力的创新所包含的主要内容，揭示理论创新、技术创新、制度创新和文化创新驱动经济发展的路径和措施，形成创新的新体系、新理论，超越熊彼特的创新理论。

七是发展道路。主要阐释我国为什么必须，以及如何走出一条新型工业化、信息化、城镇化、农业现代化协调发展的新路子，形成三元经济发展的新思路，超越刘易斯的二元经济发展道路。

八是发展资源。主要阐释我国作为一个发展中大国实现经济发展所需要的资源支撑和自然环境支撑，揭示资源支撑和自然环境支撑的缺口，以及弥补缺口的方向和措施，从经济的视角规避"修昔底德陷阱"。

九是发展环境。主要阐释我国建立全方位开放经济新体制的内涵及其实现机制，为我国经济发展提供国际国内两个市场、两种资源，以及我国如何利用好两个市场、两种资源的途径和措施。

十是发展制度。主要阐释坚持以公有制经济为主体、多种所有制经济共同发展的基本经济制度和坚持社会主义市场经济的改革方向，为什么能够创造出巨大的制度红利，揭示中国特色社会主义制度、道路的独特优势。

上 篇

理论经济学研究新进展

第一章 政治经济学研究新进展

2015年是贯彻落实党的十八届三中、四中全会精神的重要一年，是落实全面深化改革和"十二五"收官的关键之年。经济学界涌现出了一系列新的理论观点，对改革与发展的诸多理论问题也进行了广泛和深入的研究与探讨，取得了有益成果。此外，随着法国经济学家托马斯·皮凯蒂（Thomas Piketty）《21世纪资本论》的热销，在学界也引起了热议。

一、政治经济学的发展与创新

习近平总书记于2014年提出要"学好用好政治经济学"。2015年11月23日中共中央政治局集体学习马克思主义政治经济学基本原理和方法，强调"要提炼和总结我国经济发展实践的规律性成果，把实践经验上升为系统化的经济学说，不断开拓当代中国马克思主义政治经济学新境界"。2015年中央经济工作会议又指出：要坚持中国特色社会主义政治经济学的重大原则。学界对于"政治经济学"的发展与创新问题进行了深入讨论。

（一）发展当代中国马克思主义政治经济学

顾海良提出，应提倡领导干部学习马克思主义经典著作。马克思主义政治经济学经典著作中阐发的基本原理和方法，对改革和发展社会主义市场经济、认识和把握当前国际经济关系的本质仍具有重要的指导意义。高校要加强马克思主义政治经济学的教学与研究工作。

卫兴华提出，马克思把政治经济学分为"劳动的政治经济学"和"资本的政治经济学"。马克思主义政治经济学是为劳动人民求解放和谋福祉的"劳动的政治经济学",因此,"要坚持以人民为中心的发展思路,这是马克思主义政治经济学的根本立场"。

逢锦聚提出,在一段时间内,高校乃至理论界出现忽视、怀疑甚至否定马克思主义政治经济学的问题,这是必须纠正的。要着力抓好马克思主义政治经济学进课堂和人才培养,加强政治经济学的教师队伍建设。

刘伟提出,建设中国自己系统的经济学说,构建中国经济学话语体系,是中国经济学工作者义不容辞的责任。中国的实践走在了理论的前面,提出了很多问题,急切希望从需要出发做出回答。这是我们建立当代中国马克思主义经济学说最重要的基础和最深刻的根据。

洪银兴提出,回顾改革开放以来的发展进程,改革和发展的每一步前进都是政治经济学领域的重大创新推动的。政治经济学不能只是发挥思想教育功能,还应指导经济决策和经济政策的制定,成为中国哲学社会科学话语体系的重要组成部分。

林岗提出,应处理好马克思主义经济学与西方经济学的关系,明确马克思主义经济学在经济学教育中的主导和主体地位。反思教育国际化与人文社会科学的意义是不同的,不能将自然科学中进行的国际化教育改革做法照搬到社会科学领域。

黄泰岩提出,构建一个系统化的经济学说,应关注中国发展经验的世界普遍性意义。发展应成为构建中国经济学理论体系的核心概念,应包括发展的理念、目的、道路、动力、资源、制度和发展的文化。

张宇提出,要适应时代的变化,不断概括出理论联系实际的科学的开放融通的新概念、新范畴、新表述,打造具有中国特色、中国风格、中国气派的政治经济学话语体系。要根据实践提出新的经济理论观点,揭示新的经济规律,说明新的经济现象,提出新的经济学命题,修正过时的经济学论断,推动理论的发展。

何自力强调,坚持以马克思主义政治经济学为指导。以人民为中心是进行经济学理论创新必须坚持的基本立场,要围绕人民主体地位,树立和落实创新、协调、绿色、开放、共享的发展理念。努力打造特色鲜明、科学先进、系统成熟的当代中国马克思主义政治经济学理论体系。①

---

① 《发展当代中国马克思主义政治经济学》,载《光明日报》2015年12月2日。

（二）构建马克思主义政治经济学为指导的"中国特色社会主义经济学"

顾海良提出，新政治经济学即中国特色社会主义政治经济学，是改革开放以后发展起来的马克思主义政治经济学的新形态，是21世纪中国马克思主义的重要组成部分。新政治经济学之"新"，最显著的在于理论创新中国话语的形成及其对学科建设的作用力和影响力。从中国话语视角，科学把握学科建设和理论创新的关系，是理解新政治经济学发展的基本方面。就生产力理论中国话语对新政治经济学学科建设拓展而言，突出地表现在两个方面：一是从经济建设和生态文明建设结合上，提出"发展生产力"和"保护生产力"关系的中国话语。二是在科学技术是第一生产力的基础上，提出"最大限度解放和激发科技作为第一生产力所蕴藏的巨大潜能"的中国话语。高度重视新政治经济学学科建设，是提升中国化马克思主义理论自信的基础。①

逄锦聚提出，1978年改革开放以来，我国大量学习借鉴西方发达国家的经验，包括学习和借鉴西方经济学的一些理论，但学习的目的不是照抄照搬，而是吸其精华、弃其糟粕、为我所用。从总体上说，尽管有的西方经济理论在经济运行发展层面上被借鉴和应用，但从来也没有成为我国现代化建设的根本性指导理论。改革开放30多年来，我国形成了中国特色社会主义基本经济制度、中国特色社会主义经济发展道路、中国特色社会主义市场经济体制，其根本的指导理论不是西方经济理论，而是马克思主义中国化产生的中国特色社会主义理论体系。这个理论体系当然包括中国化了的马克思主义政治经济学理论。②

刘伟提出，只要存在社会生产关系及其历史运动，就需要开展政治经济学的研究。论证中国特色社会主义社会生产关系的历史必然性和合理性，是拥护中国特色社会主义事业的经济学者必须回答的问题，还需中国社会经济发展证实，这就构成了对现阶段中国特色社会主义生产方式进行

---

① 顾海良：《新政治经济学的理论创新和学科建设——基于马克思主义生产力理论中国话语的思考》，载《中国高校社会科学》2015年第3期。
② 逄锦聚：《为什么和怎么样学好用好政治经济学》，载《政治经济学评论》2015年第1期。

政治经济学研究的需要,也是研究政治经济学的特殊魅力。①

黄泰岩提出,改革开放30多年来,中国经济学的最大成就是形成了中国特色社会主义经济理论。中国经济学来源于马克思主义经济学,其形成是坚持和发展马克思主义经济学并使之中国化的过程,同时也吸收了西方经济学派的科学成分,更重要的是来源于中国经济改革与发展的伟大实践。② 闵绪国等认为,坚持以马克思主义为指导,以中国特色社会主义经济理论为主体,增强对现实问题的解释力,科学借鉴西方经济学的有益成分并结合中国实际进行改造,充分吸收传统经济思想的优秀内容并加以时代性创造,从而在综合创新中丰富和发展中国特色社会主义经济学理论,这是中国经济学的重要任务,也是我国经济建设的迫切要求。③

朱富强提出,经济理论研究必须具有强烈的问题意识,这包括"现实问题意识"和"理论问题意识"两大方面。前者是对现实经济问题的挖掘,注重理论的解释力;后者是对经济理论问题的反省,涉及理论的逻辑性。迄今为止,经济学的本土化发展在中国还没有真正起步。

(三) 构建和学好用好中国特色社会主义政治经济学

对于如何学好、用好、发展好马克思主义政治经济学,洪银兴提出,在学的过程中,一是学好马克思主义经济学原著;二是学好中国化的马克思主义经济学。在用的过程中,一是运用生产关系适应生产力发展理论指导经济改革;二是运用政治经济学揭示的经济规律指导经济发展。④

张宇提出,新的理论和话语体系有待于探索、开拓和创新,但其方向应是明确无疑的。构建中国经济学体系和学术话语体系的首要任务,就是要坚持和发展马克思主义政治经济学。离开了马克思主义经济学作为理论基础,就不可能科学认识当今资本主义经济和社会主义经济的运动规律,不可能取得中国特色社会主义经济建设的胜利,也不可能正确总结和认识中国经济体制改革的经验。要把理论与中国特色社会主义经济建设的实际相结合,不断推进马克思主义经济学的中国化。对于西方经济学中的合理

---

① 刘伟:《今天为何需要政治经济学》,载《政治经济学评论》2015年第1期。
② 黄泰岩:《中国经济学为什么能解决中国问题》,载《人民日报》2015年1月26日。
③ 闵绪国、徐仲伟:《推进中国经济学综合创新的再认识——从程恩富、杨承训等学者相关论述说起》,载《毛泽东邓小平理论研究》2015年第5期。
④ 洪银兴:《学好用好政治经济学》,载《政治经济学评论》2015年第1期。

性和有用性部分，要认真学习和科学借鉴，但不能照搬照抄、盲目崇拜。①

黄泰岩提出，为构建和完善既符合经济学一般规律又接中国地气、具有中国风格和中国气派的中国经济学理论体系，要坚持从中国经济学的三个理论来源出发，把理论逻辑、经验逻辑和数理逻辑有机融合起来推进创新发展，并接受中国经济实践的充分检验。②

闵绪国等认为，中国经济学综合创新的关键，在于根据中国实际兼收并蓄、博采众长，不是将"马学"、"中学"、"西学"和"国学"弄成经济理论的大杂烩，不是古今中外经济学说优秀成分的简单叠加，而是为促进中国经济发展，在马克思主义指导下，充分利用一切有价值的经济学说，解决中国经济发展的实际问题。这种创新是"创造性综合"。③

二、正确认识和适应经济新常态

2015年，我国经济增速下行压力持续，经济维持中高速增长，结构调整优化进一步加深，整体依旧呈现新常态运行特点。2015年12月召开的中央经济工作会议明确指出，认识新常态、适应新常态、引领新常态，是当前和今后一个时期我国经济发展的大逻辑。这是综合分析世界经济长周期和我国发展阶段特征及其相互作用做出的重大判断。会议强调创新、协调、绿色、开放、共享的发展观念，强调推进供给侧结构性改革，是适应和引领经济发展新常态的重大创新。如何正确认识和适应新常态继续成为学界关注的热点。

（一）经济新常态的特征及内涵

中国人民大学宏观经济分析与预测课题组总结了当前我国经济新常态的四大典型特征：一是在GDP增速逐季回落过程中，价格总水平保持相对稳定状态；二是在GDP增速与工业增加值增速持续回落的同时，就业

---

① 张宇：《关于构建中国经济学体系和学术话语体系的若干思考》，载《学习与探索》2015年第4期。
② 黄泰岩：《中国经济学为什么能解决中国问题》，载《人民日报》2015年1月26日。
③ 闵绪国、徐仲伟：《推进中国经济学综合创新的再认识——从程恩富、杨承训等学者相关论述说起》，载《毛泽东邓小平理论研究》2015年第5期。

状况保持较为良好态势;三是七大类结构参数开始发生较大变化,我国结构大调整时代已开启;四是前期刺激性政策的后遗症十分严重,经济系统性风险难以在短期内化解。①

李扬等认为,我国经济新常态面临的挑战以产能过剩、债务风险增大、城镇化转型带来的问题为主,而新常态事实上只是长期存在于我国经济发展方式和经济结构内部的各类矛盾的显化,目前我国经济已呈现"速度略降、质量效益提高、生态效应改善、可持续性增强"的良好态势转换迹象。②

胡乃武等提出新常态下我国经济增长的六个基本特征:阶段性增长、创新驱动增长、产业结构优化与升级型增长、以服务业为主导的增长、环境友好型与资源节约型增长。③

贾康认为,中高速、结构调整优化、创新驱动是新常态的三个关键词,并提出了新常态下我国经济的九大特征:个性化、多样化消费渐成主流;一些新技术、新产品、新业态、新商业模式的投资机会大量涌现;低成本比较优势发生转化;生产小型化、智能化、专业化成为组织新特征;人口老龄化日趋发展,农业富余人口减少,经济增长将更多依靠人力资本质量和技术进步;市场竞争逐步转向质量型、差异化为主;环境承载能力已达到或接近上限;化解以高杠杆和泡沫化为主要特征的各类风险将持续一段时间;既要全面化解产能过剩,也要通过发挥市场机制作用探索未来产业发展方向。④

简新华等认为,必须全面、准确、历史、动态、辩证地认知经济新常态。我国的经济新常态不只是中高速增长,更不是"去GDP";是一种动态而不是静态,也不能自然形成,而是需要经过艰苦努力才能实现;不是只由创新和消费驱动,还需投资和出口拉动;专指经济发展而不宜过度泛化。⑤

金碚提出,经济新常态不仅是一种客观形势,而且是一种战略思维和

---

① 中国人民大学宏观经济分析与预测课题组:《2014~2015年中国宏观经济分析与预测——步入"新常态"攻坚期的中国宏观经济》,载《经济理论与经济管理》2015年第3期。
② 李扬、张晓晶:《"新常态":经济发展的逻辑与前景》,载《经济研究》2015年第5期。
③ 胡乃武、田子方:《新常态下我国经济增长的基本特征及前景》,载《经济纵横》2015年第8期。
④ 贾康:《把握经济发展"新常态"打造中国经济升级版》,载《国家行政学院学报》2015年第1期。
⑤ 简新华、郭洋志:《中国经济发展新常态的几种误读》,载《新疆师范大学学报》(哲学社会科学版)2015年第5期。

战略心态，即以何种主观意识来判定经济态势的正常和合意与否。在经济新常态下，社会心理会更具战略平常心，更倾向于长期理性、公共思维和持久耐心。国家发展将更加体现战略思维的"平常心态"、"长远眼界"、"长效目标"和"长治久安"。①

（二）经济新常态下的政策建议

杨承训根据中国化马克思主义辩证法理论，认为我国经济发展进入中高速度常态化，正是生产力部分质变的表现。这一新阶段的中心在于提升经济质量和效益，并能以质量带数量，意味着向高台阶发展。适应部分质变，必须转到科技创新轨道上来，采取有力措施发挥"第一生产力"的主导作用，探索和构建"三元机制"。②

中国人民大学宏观经济分析与预测课题组针对新常态下的宏观政策，提出应采取"均衡趋向"而不宜采取"唯增长"或"唯改革"趋向；积极破除各种"数字教条"，应在不断试探底线的过程中逐步修正各种政策变量；防止把"均衡趋向"等同于"中庸取向"，尤其要防止以"稳增长"为借口使改革和调整流于形式；"改革取向"在底线管理约束下必须强调改革的逻辑；坚守"不破不立"的大改革与大调整的基本哲学，在强化社会改革力度的同时，提高宏观经济回落的社会政治容忍度。③

贾康提出了新常态下的五大任务：继续稳增长、培育新的增长点、加快转变我国农业发展方式、优化经济发展空间格局及加强保障和改善民生工作。④

陈文通认为，适应经济发展新常态，应彻底放弃和纠正不切合实际的理论认识；经济增长和发展必须以人为中心和主要依靠国内居民需求；必须坚定不移地调整国民收入分配的"三个比重"；国家发展政策必须适度向三农倾斜；正确认识和对待转变发展方式过程中经济增长速度的降低；

---

① 金碚：《中国经济发展新常态研究》，载《中国工业经济》2015 年第 1 期。
② 杨承训：《用"部分质变"原理考量新常态经济升级》，载《毛泽东邓小平理论研究》2015 年第 1 期。
③ 中国人民大学宏观经济分析与预测课题组：《2014～2015 年中国宏观经济分析与预测——步入"新常态"攻坚期的中国宏观经济》，载《经济理论与经济管理》2015 年第 3 期。
④ 贾康：《把握经济发展"新常态"打造中国经济升级版》，载《国家行政学院学报》2015 年第 1 期。

改革的重点是解决好政府和国有经济的职能定位。①

张占斌等认为，我国经济新常态要坚持新思维和新理念：一是坚持稳中求进的总体基调，保持战略定力与平常心；二是高度重视防范各种风险，保持合理的经济发展速度；三是推进经济结构优化升级，实现实实在在和没有水分的增长；四是坚持生态文明理念，努力建设美丽中国；五是牢牢把握正确方向不动摇，加大全面深化改革的力度。新常态的改革路径包括：大力实施简政放权，实现市场对资源配置起决定性作用新常态；推进结构性改革，保持经济平稳增长新常态；深化科技体制改革，实现创新驱动经济新常态；深化财政金融改革，支撑产业迈向中高端新常态；构建开放型经济新体制，推进高水平对外开放新常态。②

刘伟提出，为适应新阶段经济失衡的新特点，宏观经济策略应采取松紧搭配的新宏观政策，同时以需求扩张作为调整供给结构的前提，努力刺激需求，以供给有效实现创造市场条件，最终完善社会主义市场经济体制和民主法治秩序，强调"四个全面"，实现制度创新，这是推动我国转变发展方式、跨越"中等收入陷阱"、实现现代化宏伟目标的关键。③

张晓晶概括了新常态下宏观调控的九大特征：突出供给思维，应对潜在增速下滑；明确"上限"、"下限"和"底线"，完善区间调控；理解经济异质性与增长非均衡，重视结构性调控；"牵手"战略规划与财政货币政策，拓宽宏观调控视野；确立调控新指挥棒，重启地方竞争；考量利益博弈，把握宏观调控政治经济学；关注大国溢出效应，践行负责任宏观政策；尊重"市场决定论"，宏观调控不能包打天下；推进"机制化"建设，构筑宏观调控基本遵循。④

刘志彪认为，适应新常态下经济发展战略从要素驱动、投资推动和出口导向转向创新驱动，产业政策的目标、手段、工作机制等也要随之进行根本性变革，尤其要从物资资本为重心转向以人力资本、知识资本和技术资本为重心，确立横向的产业政策和竞争政策在整个经济政策体系中的优先地位。⑤

---

① 陈文通：《对"经济发展新常态"的经济学解读》，载《中国延安干部学院学报》2015年第3期。
② 张占斌、周跃辉：《关于中国经济新常态若干问题的解析与思考》，载《经济体制改革》2015年第1期。
③ 刘伟：《经济新常态与经济发展新策略》，载《中国特色社会主义研究》2015年第2期。
④ 张晓晶：《试论中国宏观调控新常态》，载《经济学动态》2015年第4期。
⑤ 刘志彪：《经济发展新常态下产业政策功能的转型》，载《南京社会科学》2015年第3期。

林毅夫提出,要保持经济长期增长,就必须进行产业结构转型和升级。他把产业结构按照新结构经济学分为五大产业:追赶型、领先型、退出型、弯道超车型和战略性,并认为这五种产业类型在新常态下处处是投资和发展机会,这些投资都能提高生产率水平、竞争力和发展质量。要使我国的潜在增长变成现实,政府应用好政策,适时进行基础设施投资,完善各种配套设施,为民营经济发展、产业升级、劳动生产率提高提供支持。①

三、社会主义市场经济的内涵界定

党的十八届三中全会通过了《中共中央关于全面深化改革若干重大问题的决定》,引发"市场决定论"的讨论。党的十八届四中全会指出"使市场在资源配置中起决定性作用和更好发挥政府作用,必须以保护产权、维护契约、统一市场、平等交换、公平竞争、有效监管为基本导向,完善社会主义市场经济法律制度",并提出"社会主义市场经济本质上是法治经济"。2015年,学界对"法治经济"、"市场决定论"以及对社会主义市场经济的认识问题进行了广泛讨论。

(一)"法治经济"的内涵界定

卫兴华指出,市场经济是竞争经济,也是法治经济。竞争要受法治监管;市场决定资源配置,要在法治的轨道上运行;政府的宏观调控,要在法治的框架内进行。在企业、市场、政府三个维度上:首先,企业无论公有和私有,都是重要的市场主体,必须首先得到法律对其产权的保护。其次,市场作为商品交换场合、渠道,必须在平等竞争上由相应的法律规范。最后,政府的有效监管不能是主观随意的,更不能由官员借机寻租谋取个人利益,应是依法进行监管。②

裴长洪指出,法治经济的核心是打造约束权力的笼子,处理好市场配置资源的决定性作用和更好发挥政府作用。建立中国法治经济的基础是完

---

① 林毅夫:《新常态下中国经济的转型和升级:新结构经济学的视角》,载《新金融》2015年第5期。
② 卫兴华:《社会主义市场经济与法治》,载《经济研究》2015年第1期。

善产权制度规范,构建一个有利于促进产权最优配置的法律体系,通过对产权形态的选择和保护,提高财产的利用效率。建立法治经济的主体要求是完善市场运行规则,使交易成本最小化,资源利用效率最大化,也要遵循自然规律与和谐包容的社会发展规律。①

陈雨露指出,法治为发展引领方向,推动社会主义市场经济建设进程,确立社会主义市场经济的法制规范,从而确保社会主义市场经济建设在法治的轨道上运行。建立社会主义市场经济体制是我国经济体制的根本性创新,是实现社会主义现代化的根本途径。遵循依法治国的总目标,推进社会主义市场经济法律体系的完善,推进经济治理体系现代化,确保社会主义市场经济在法治的轨道上运行,是社会主义市场经济发展的根本保障。②

(二) 市场在资源配置中起决定性作用的内涵

陈文通指出,把市场的调节作用由基础性改为决定性,这种改变绝不是表面文章和单纯的文字游戏,而是力图使经济关系和资源配置方式更加符合现代市场经济的本性和要求,为价值规律发挥作用创造充分的条件。确认市场在资源配置中起决定性作用,并不意味着市场的决定作用是绝对的、无限的和万能的。完美无缺的市场决定资源配置的范围主要是营利性和竞争性领域。③

刘学梅等提出,市场在资源配置中起决定性作用,既应理解为市场上的价格和竞争机制,使企业和消费者适应市场形势做出自己的经营和消费选择,也应理解为政府的宏观经济调控要尊重工资、价格和利润等具体市场机制的变化,在此基础上才能有效地干预和改善经济运行的状况,以便使全社会的经济利益得到保证和实现。只有这样,市场决定作用的盲目性才能够得到克服。④

胡晓鹏认为,强调市场的决定性作用不应等同于市场万能论,不应分

---

① 裴长洪:《法治经济:习近平社会主义市场经济理论新亮点》,载《经济学动态》2015年第1期。
② 陈雨露:《确保社会主义市场经济在法治的轨道上运行》,载《经济研究》2015年第1期。
③ 陈文通:《深度解析"市场在资源配置中起决定性作用"》,载《中国浦东干部学院学报》2015年第2期。
④ 刘学梅、李明、丁堡骏:《对社会主义国家资源配置理论的再认识——习近平系列重要讲话中政治经济学思想研究》,载《毛泽东邓小平理论研究》2015年第1期。

不清经济发展进程中市场的短期作用和长期作用的区别,更不应将决定性视为普适性而抹杀掉市场决定性的中国内涵。①

刘宪法指出,尽可能地缩小政府对经济的干预,使市场机制在资源配置中起决定性作用,既有"得",也会有"失"。这种"失"主要表现在:一是造成产品或服务的产能浪费;二是市场竞争本身也会造成时间的浪费,在经济结构调整阶段,如果仅仅是让企业根据市场需求的变化,自主选择进行产业转型升级,要经受较长时间的阵痛期;三是造成管制的浪费,任何市场经济国家都存在对市场进行管制的问题,制度和规则的建立都是要付出巨大成本,从节约监管成本、避免"浪费"的角度来看,行业的所有制管制,确实比行业的市场监管更为节约、更为省事。②

石冀平指出,"使市场经济在资源配置中起决定作用"演化为"使私有产权在资源配置中起决定作用",显然不应当成为社会主义价值取向改革的应然选项。为此,决策层和为政者首先要真下决心改变经济学领域中西方经济学理论据主导和强势地位的状况。③

(三) 社会主义市场经济认识

吴宣恭指出,应该看到,我国现阶段存在着资本主义经济因素,资本主义经济规律和社会主义经济规律在各自的领域发挥着作用。因此,必须加强社会主义经济的力量,抑制或减轻私有经济在市场经济中的消极作用。如果动摇或者丧失公有制的主体地位和国有经济的主导地位,公有制和私有制的力量对比将可能发生逆转,社会主义市场经济特有的优势就会丧失,必须坚定不移发挥国有经济的主导作用。④

胡晓鹏指出,在社会主义初级阶段引入市场经济,并非像西方国家资产阶级革命那样,是为了迎合资本家的利益诉求,而是为了国民经济发展和民众的福祉提升。西方的市场经济承担的功能具有单一性,可以视为市场的绝对功能,"竞争—效率"范式成为科学法则。为了维护和保障这一

---

① 胡晓鹏:《论市场经济的起源、功能与模式——兼论中国特色社会主义市场经济的本质》,载《社会科学》2015 年第 7 期。
② 刘宪法:《"市场在资源配置中起决定性作用"辩》,载《开放导报》2015 年第 2 期。
③ 石冀平:《关于市场决定资源配置与公有制主体地位的一些思考》,载《海派经济学》2015 年第 2 期。
④ 吴宣恭:《对社会主义市场经济特有优势与国有经济主导作用的再认识》,载《毛泽东邓小平理论研究》2015 年第 1 期。

法则的有效性，政府制订经济政策成为必然，根本的目的是希望通过竞争性组织的方式达到高效的配置效率。作为"市场的政府功能"则强调通过垄断性组织的方式实现良好的国家治理和战略意志。因此，社会主义初级阶段的市场模式具有显著的垄断竞争倾向。①

对于市场经济条件下政府干预的必要性，陈文通指出，由于市场机制的局限性，市场经济是不能单纯靠市场机制运行和发展的，至于社会主义道路的特殊要求，就更不能指望市场的作用了。因此还需要更好发挥政府作用，执行在社会主义道路中的特殊职能，弥补市场缺陷和失灵，消除市场弊端。②

杨承训指出，在社会主义市场经济体制的建立、完善和运行中，要不要坚持和加强共产党的领导，是一个重大的理论和实践问题。社会主义市场经济的特殊规律，就是在中国共产党领导的社会主义制度框架内运行的市场经济机制，必定受政治方向的规导，市场和政府的协同必须坚持党的正确领导。在深化改革中，实现市场、政府法制化，完善宏观调控和资源配置方式，完善国际市场竞争机制，加强思想道德建设，都离不开党的领导。因此，面对社会主义市场经济的两重性，必须坚持党领导社会主义市场经济体制的建设、完善、运行，这是进一步增强社会主义制度活力且保证其不变质的决定因素。③

四、混合所有制改革

自党的十八届三中全会提出"积极发展混合所有制经济"以来，混合所有制改革（简称"混改"）问题一直受到学界的关注与讨论。

（一）混合所有制改革的目的和要求

卫兴华等提出，发展混合所有制经济，将其作为公有制经济和非公有

---

① 胡晓鹏：《论市场经济的起源、功能与模式——兼论中国特色社会主义市场经济的本质》，载《社会科学》2015年第7期。
② 陈文通：《深度解析"市场在资源配置中起决定性作用"》，载《中国浦东干部学院学报》2015年第2期。
③ 杨承训：《党的领导是社会主义市场经济体制的重要特征》，载《红旗文稿》2015年第16期。

制经济的重要实现形式，是为了更好发展公有制经济与非公有制经济。总的战略目标是服从于发展社会主义经济制度。混改是双向混合而不是单向混合，混改不应是提供一个让私有制侵蚀公有制的平台，要防范某些国有企业和地方管理人员由于理解和认识上的偏误走上歧途。①

刘伟认为，坚持在公有制为主体、多种所有制共同发展的基本制度基础上，构建和完善市场经济体制，是我国改革实践不同于其他市场化改革的最根本特点。所有制改革是建立社会主义市场经济的关键，也是改革的真正历史性难题，而混合所有制经济正是所有制改革的重要探索。如何通过发展混合所有制经济、运用混合所有制方式改造所有制，使全社会既不失其公有制的主体地位，又能发展非公经济，使全社会在所有制结构上适应市场经济要求，这是发展混合所有制经济的基本要求。②

程恩富等提出，以公有资本为主体的混合所有制经济是社会主义性质的保证，是完善社会主义市场经济的必要要求，是维护国家经济安全的重要保障。发展混合所有制经济的终极目标是更好地发展生产资料公有制，更好地发展社会主义生产方式，更好地发展社会主义。③

冷兆松提出对发展混合所有制经济的任何私有化的解读都是不符合客观实际的，是错误和有害的。关于这一点，可从近现代中国经济发展史中得到深刻理解。改革开放以来发展的混合所有制经济，其本质特征是以公有制为主体、国有经济为主导、多种所有制经济共同发展的社会主义市场经济，绝不是私有制经济的回归。④

石冀平认为，搞混合所有制，前提显然应是确保公有制的主体地位，这也是发展混合所有制的底线。目的则是实现"两个毫不动摇"，公有制经济和私有制经济都发展，而不是在混改中搞私有化。而且既然公有经济和私有经济是平等的市场主体已成为体制性表述，那么就不能只将国有企业置于改革对象的地位，私有企业也应是改革的对象。⑤

顾钰民提出，混合所有制经济在微观领域实现的具体形式是公司制。

---

① 卫兴华、何召鹏：《从理论和实践的结合上弄清和搞好混合所有制经济》，载《经济理论与经济管理》2015年第1期。
② 刘伟：《发展混合所有制经济是建设社会主义市场经济的根本性制度创新》，载《经济理论与经济管理》2015年第1期。
③ 程恩富、董宇坤：《大力发展公有资本为主体的混合所有制经济》，载《政治经济学评论》2015年第1期。
④ 冷兆松：《发展混合所有制经济的决策演进》，载《当代中国史研究》2015年第6期。
⑤ 石冀平：《关于市场决定资源配置与公有制主体地位的一些思考》，载《海派经济学》2015年第2期。

混合所有制经济作为基本经济制度的实现形式,能在微观领域更好地实现国有资本控制力。当前,不少人对我国微观领域基本经济制度实现形式的认识还停留在现象层次上,认为混合所有制改革就是让民间资本和外资直接参与国有企业改革,使国有企业转变为混合所有制经济。①

周绍朋等提出,发展市场经济最基本的要求就是机会均等、规则公正,资本资源可自由流动,企业能自主决策、自由交易、自负盈亏。这就要求在深化经济体制改革和经济发展中,打破公有制经济和非公有制经济之间的各种壁垒,而打破这些壁垒的最有效途径就是大力发展混合所有制经济,它可使各种所有制都能在公平竞争和相互融合发展中进一步提升自己的发展能力和发展水平。②

杜黎明等提出,混合所有制经济是不同所有制性质的投资主体共同出资、组建企业的一种经济形式,能有效实现公有制经济和非公有制经济的融合发展。充分发挥混合所有制经济的融合功能,是其成为基本经济制度实现形式的基础和前提。混合所有制经济融合功能主要表现为不同经济成分、经济权利、投资与收益、经济公平与经济效率的融合四个方面。③

(二) 混合所有制改革的方向

金碚认为,新形势下,发展混合所有制经济至少要有利于达到以下四个目标:一是推进国有企业改革,以注入非国有资本的方式增强国有企业活力;二是实现既保持国有经济控制力,又对非国有企业开放更多产业领域;三是进一步调整和优化我国经济的所有制结构,避免在"国进民退"还是"民进国退"问题上的纠结;四是更好适应未来的国际贸易和国际竞争规则,避免国有企业在国际纠纷仲裁中处于被指违反"竞争中立"原则的不利地位。④

程恩富等提出,发展混合所有制经济要做到"六个防止":一是防止国有资产流失;二是防止国外资本垄断;三是防止非公资本单向参控;四

---

① 顾钰民:《发展混合所有制经济的理论思考》,载《中国高校社会科学》2015年第4期。
② 周绍朋、朱晓静:《论加快混合所有制经济发展》,载《中国行政管理》2015年第4期。
③ 杜黎明、孙晓雅:《以混合所有制经济巩固我国基本经济制度》,载《经济纵横》2015年第9期。
④ 金碚:《新常态下国企改革与发展的战略方向》,载《北京交通大学学报(社会科学版)》2015年第2期。

是防止削弱人民币国际化；五是防止只讲混合所有制不讲国有企业改革和发展；六是防止削弱国有经济的主导作用。①

卫兴华提出，发展混合所有制经济要注意三点：一是立足于坚持和发展社会主义初级阶段基本经济制度；二是发展混合所有制经济应是双向混合，而非单向混合；三是由谁控股应基于更好地发展国有经济和民营经济的前提下给予具体分析。②

程承坪等认为，发展混合所有制经济的关键是建立科学公平的资产定价或对价机制，实现资本混合后有效的公司治理。在这个过程中，坚决反对国有企业私有化、坚决杜绝国有资产流失是不可逾越的两条红线。③

邹升平提出，由于我国处于并将长期处于社会主义初级阶段，生产力水平发展不平衡、多层次，既有现代化的生产力，也存在很多落后的生产力，因此必须根据生产力状况和要求积极探索公有制的具体实现形式，根据公有制企业的具体状况有序推进混改。公有制进行混改不是对公有制经济的私有化，而是发展壮大公有制、巩固公有制主体地位的一种手段。因此，对国有企业混合所有制改革不能采取"一刀切"。此外，混合所有制是公有制的重要实现形式，但不是唯一的实现形式。④

李济广提出，片面强调公有资本与私有资本在一般经济领域平等竞争，会导致社会资源配置的低效率。在公有制比重不高的情况下，放大国有资本功能必须放大国有资本的规模和比重，国有资本保值必须做到社会总量保值，公有资本增值率需要高于非公有资本的增值率。混合所有制不是搞好国有经济的必备前提，增强国有资本竞争力不能搭私人资本便车，混合所有制企业并非公有资本比重越低治理效果越好，公有资本参股混合所有制也容易被侵蚀，并失去国有资本功能。不管混合与否，都必须保证国有股最终所有者的民主监管权力，由国家进行制度干预和必要的经营决策约束。⑤

---

① 程恩富、谢长安：《论资本主义和社会主义的混合所有制》，载《马克思主义研究》2015年第1期。
② 卫兴华：《发展混合所有制经济的新视角》，载《人民日报》2015年7月27日。
③ 程承坪、刘凡：《发展混合所有制经济应把握的若干重大问题》，载《学习与实践》2015年第4期。
④ 邹升平：《公有制的产生条件与我国所有制特征》，载《当代经济研究》2015年第11期。
⑤ 李济广：《国有企业混合所有制的目的、形式与治理保障》，载《社会科学》2015年第2期。

五、收入分配体制改革

收入分配改革一直以来都是经济体制改革的重要内容。2015 年学界对于收入分配改革主要从存在问题和改革方向两方面进行讨论。

(一) 收入分配中存在的主要问题及其原因

李实提出,中国收入分配不平等程度不是世界上最高的,但其收入差距的扩大速度很快。从 20 世纪 90 年代中期开始,我国收入分配不公问题愈发严重,主要表现为户籍制度的约束和城乡公共资源配置失衡,导致城乡间收入分配不公;垄断行业和企业愈加强势,导致行业间工资分配不公;政府部门过度干预经济活动和政府官员贪腐,导致社会分配不公。①

陈宗胜等提出,我国下一步收入分配格局有可能出现"葫芦型"结构,而不是"橄榄型"。这种"葫芦型"格局是由于我国特定的以户籍制度为特征的二元结构造成的,是在城乡收入差别过大、城乡户籍制度僵化、城市化落后于工业化下的一种畸形两极结构。这一结构再次形象地说明我国社会二元反差程度的严重性,说明还远没有形成"橄榄型"格局所要求的中等收入阶层。②

朱富强认为,我国的收入分配是势力博弈型的,从而导致收入分配差距不断拉大,经济增长具有很强的无序性。收入差距迅速拉大成为我国社会经济中日益突出的现象,合理调整收入分配结构和改进社会经济关系,成为制度改革攻坚的重点和各级政府工作的重中之重。③

薛宝贵等认为,我国的国民收入要素分配面临劳动收入份额持续下降与财富集聚的双重压力,这导致收入不平等有扩大倾向。应提高劳动收入

---

① 李实:《中国收入分配格局的变化与改革》,载《北京工商大学学报》(社会科学版) 2015 年第 4 期。
② 陈宗胜、高玉伟:《论我国居民收入分配格局变动及橄榄型格局的实现条件》,载《经济学家》2015 年第 1 期。
③ 朱富强:《如何构建中国经济学的收入分配理论:权利框架》,载《中山大学学报》2015 年第 2 期。

份额，改变资本偏向型战略，实现收入代际流动及充分发挥国有企业的作用。①

洪银兴提出，从表面上看，分配不平等在很大程度上是由要素参与分配导致的，但深层次分析发现，产生收入差距的根本原因是不同的个人所拥有的要素存在很大差别。因此，解决收入不平等的关键，在于缩小不同个人所拥有的参与分配的要素差别，特别是财产和知识差别。劳动报酬不只是指生产一线的劳动者报酬，还包括技术和管理人员的劳动报酬。②

钟卫华提出，近几年我国政府采取一系列措施缓解贫富差距过大问题，但问题仍未得到根本解决，相对贫富差距仍在继续扩大，其原因是多方面的。其中一个重要原因是财富占有不平等。目前我国财富实际占有在公民之间、城乡之间、地区之间不平等，这种财富不平等占有所产生的财产性收入远比一般的工资性收入导致的贫富差距大得多。③

崔朝栋等认为，目前的收入分配差距过大主要是城乡收入分配差距过大，这主要是由生产要素（尤其是公共生产要素）在城乡之间分配不公引起的。④

（二）深化收入分配制度改革的政策建议

陈宗胜等提出，为达到"橄榄型"收入分配格局，必须以与当前发展阶段相适应的收入差别作为激励，大力提高经济发展水平和居民收入水平，特别注重实现居民收入增长和经济发展同步、劳动报酬增长和劳动生产率提高同步；必须深化收入分配体制改革，有序调整收入分配格局，在不断提高最低收入阶层收入水平的同时，加快培育中等收入阶层；努力缩小现存区域间、城乡间、行业间过大的收入差别，适当调节最高收入层收入增速，坚决取缔任何非法收入。⑤

钟卫华提出，要解决贫富分化问题，必须解决财富占有不平等问题。

---

① 薛宝贵、何炼成：《劳动收入份额下降对收入不平等的影响——兼论皮凯蒂的〈21世纪资本论〉》，载《北京社会科学》2015年第5期。
② 洪银兴：《非劳动生产要素参与收入分配的理论辨析》，载《经济学家》2015年第4期。
③ 钟卫华：《贫富差距的扩大：基于财富占有不平等的分析》，载《内江师范学院学报》2015年第7期。
④ 崔朝栋、崔翀：《马克思分配理论与当代中国收入分配制度改革》，载《经济经纬》2015年第2期。
⑤ 陈宗胜、高玉伟：《论我国居民收入分配格局变动及橄榄型格局的实现条件》，载《经济学家》2015年第1期。

防止国有资产在发展混合所有制过程中进一步流失;加大打击腐败力度,堵住权力变相转化为财富的通道;加大财富分配和优惠政策向农村及落后地区的倾斜力度;完善相关税收制度,充分发挥税收在财富分配中的调节作用;提高国家资源开发利用的相关补偿费用和税率。①

薛宝贵等提出改变资本偏向型战略,促进收入的代际流动,征收财产所得税、财产税和累进遗产税;探索国有资本收益全民共享途径,防止国有资本收益内部化和国有资本丧失原有属性。②

李实认为,要从全局出发,有效抑制收入差距扩大趋势,以从根本上消除收入分配不公为根本目标,制定一套较为完整的改革方案,逐步建立起一整套具有可行性、实效性的初次分配与再分配政策体系。完善生产要素市场是解决收入分配问题最根本、最有效的制度因素,因此打破垄断、建立公平的市场竞争秩序是我国要素市场化改革中的一个重要目标,重点加大资本市场、土地市场和劳动力市场改革力度。同时,解决收入差距问题必须依赖于一定程度的政治体制改革。③

何玉长等认为,我国收入分配制度改革的思路是:经济增长与分配公平重在公平分配;改善居民收入与财富分配重在提高公共服务水平;健全收入分配和财富调节制度体系;尽快实现财产信息联通,搭建财产信息资源平台。④

六、跨越"中等收入陷阱"

"中等收入陷阱"作为一种统计意义上的概念和现象,主要指中等收入阶段的经济体由于不能进一步转型发展,导致经济增长回落或停滞。随着我国步入中等收入国家行列及经济增速的放缓,学界对于"中等收入陷阱"的讨论日趋热烈。

---

① 钟卫华:《贫富差距的扩大:基于财富占有不平等的分析》,载《内江师范学院学报》2015 年第 7 期。
② 薛宝贵、何炼成:《劳动收入份额下降对收入不平等的影响——兼论皮凯蒂的〈21 世纪资本论〉》,载《北京社会科学》2015 年第 5 期。
③ 李实:《中国收入分配格局的变化与改革》,载《北京工商大学学报》(社会科学版)2015 年第 4 期。
④ 何玉长、郑素利:《全球财富分配的历史的政治经济学——兼评〈21 世纪资本论〉》,载《毛泽东邓小平理论研究》2015 年第 1 期。

(一)"中等收入陷阱"的内涵

对于中等收入陷阱的概念内涵,学者持有不同观点,存在较大的争论。

张平提出,经济发展的任何阶段都有所谓陷阱问题,即有一组国家难以逃脱发展的长期徘徊状态。低收入阶段叫"马尔萨斯陷阱",中等收入阶段叫"中等收入陷阱",现在又重新热烈讨论发达国家的"长期停滞"。"中等收入陷阱"的特征可归纳为:一是国家干预战略在中等收入阶段转型不成功;二是技术进步的"干中学"效应消失,自主创新没有成功提高全要素生产率的贡献;三是分配差距过大,易引起社会动荡;四是政府应对金融冲击不利,出现货币、银行、债务等危机,引起经济巨大波动。[①]

贾康等认为,"中等收入陷阱"作为一种统计现象,确实是一种真实世界中的"真问题"。而且应进一步强调:对于艰难转轨、力求在"和平发展"中崛起的中国来说,这是一个关乎其现代化"中国梦"命运的顶级"真问题"。[②]

田国强等提出,既然是陷入陷阱,就有可能走得出来,也有可能走不出来,关键是看是否能找到走出陷阱的方式。"中等收入陷阱"不是一个确定性事件,不能说成是一定不存在或存在。近年来随着中国经济增长持续减速、社会矛盾激化频发、人口红利不断削弱、制度转型滞后等都使中国落入"中等收入陷阱"的可能性大为增加,需要引起充分警惕。[③]

也有学者不同意以上看法,认为在对概念的解读中存在误区。张宇提出,所谓"中等收入陷阱"并不是一个科学的概念,并且不是一个普遍规律,造成该问题的原因是复杂多样的,并不与中等收入有直接联系,其呈现的种种问题,从本质上看是不发达国家现代化过程中面临的矛盾和困境的表现。而导致不发达国家长期锁定不发达状态的根源,实际在于资本主义世界体系本身,在于发达国家与不发达国家的支配与被支配地位。因

[①] 张平:《中等收入陷阱的经验特征、理论解释和政策选择》,载《国际经济评论》2015年第6期。
[②] 贾康、苏京春:《直面"中等收入陷阱"真问题——基于1962~2013年全球数据对"中等收入陷阱"的判断、认识》,载《中共中央党校学报》2015年第4期。
[③] 田国强、陈旭东:《中国如何跨越"中等收入陷阱"——基于制度转型和国家治理的视角》,载《学术月刊》2015年第5期。

此,摆脱"中等收入陷阱"实际上是如何在资本主义世界体系中摆脱落后挨打的宿命、实现国家现代化的问题。①

范和生认为,不能将"中等收入陷阱"概念狭义化,因为概念本身是动态的,过分强调"中等收入陷阱"对于中国来说本身就是个"陷阱"。将"中等收入陷阱"修正为"中等收入瓶颈"更符合中国现状。②

华生等提出,与国际上经济学界较少提及和关注这个概念不同,"中等收入陷阱"在中国被人们当作一个极为有用并早已被证明的定义。比较意义上的"中等收入陷阱"并不存在,若把不同收入分类看作一个整体来考证的话,经验数据并不支持比较意义上的中等收入假说。而停滞角度的"中等收入陷阱"等同于中等收入阶段,而把只有几十年时间的中等收入阶段说成陷阱并不恰当。③

(二) 跨越"中等收入陷阱"的政策建议

刘伟提出,很多国家长期陷入中等收入阶段,核心原因就是创新能力不足和腐败。根本解决途径就是制度创新,而制度创新的根本一是经济制度,二是政治制度。所有跨越不过"中等收入陷阱"的国家,其共同的一点就是市场失灵、政府和市场关系紊乱。政府过多干预市场,导致企业要想获得机会,不能通过市场竞争获得,市场失灵而不起作用,要找政府官员谈判,从而出现寻租或权钱交易。因此,全面深化社会主义市场经济体制改革和依法治国与跨越发展的目标是一致的。④

张宇认为,在当前要紧紧抓住和用好新一轮科技革命和产业变革的机遇,加快创新型国家的建设步伐,努力实现关键技术重大突破,把关键技术掌握在自己手里,推动中国制造向中国创造转变、中国速度向中国质量转变、中国产品向中国品牌转变,打造中国经济的升级版和新优势。这是建设社会主义现代化强国和实现中华民族伟大复兴的根本途径,也是摆脱所谓"中等收入陷阱"的根本途径。⑤

田国强等提出,应通过合理界定和厘清政府与市场、政府与社会的治

---

①⑤ 张宇:《从马克思主义的观点看所谓"中等收入陷阱"》,载《经济导刊》2015年第1期。

② 范和生:《"中等收入陷阱",本身就是理论陷阱?》,载《人民论坛·学术前沿》2015年第4期。

③ 华生、汲铮:《中等收入陷阱还是中等收入阶段》,载《经济学动态》2015年第7期。

④ 刘伟:《"穿越中等收入陷阱"根本靠什么》,载《北京日报》2015年10月19日。

理边界,来实现从发展型的全能政府向公共服务型的有限政府转型,从要素驱动向效率驱动乃至创新驱动转型,从传统社会向现代公民社会转型,建立政府、市场与社会"三位一体"的国家公共治理模式,实现国家治理体系和治理能力的现代化。①

魏杰等提出,必须推进改革才能解决经济发展中积累的矛盾与问题,避免陷入"中等收入陷阱"。要破除垄断,降低一些行业的进入壁垒,尤其是很多服务型行业。消除一些要素市场普遍存在的价格扭曲。调整政府支出结构,增加民生服务支出。②

何玉长提出,成功跨越"中等收入陷阱",实现中国经济健康协调发展,既是新常态经济的必然选择,也是对中国新常态经济的重大考验。一方面,新常态经济着力调整经济结构以跨越"中等收入陷阱"。另一方面,新常态经济着力改革收入分配以跨越"中等收入陷阱"。③

彭刚等认为,创新是有效推动经济增长的根本动力。实现中等收入向高收入,尤其是在进入高中等收入阶段后继续向高收入阶段跨越,就只能依靠创新来实现。因此,需要建立健全竞争性市场机制,发挥企业作为主体的核心作用,加强基础性研究,建立全国性研究开发网络,发展多层次资本市场来支持创新。④

七、《21世纪资本论》评述

法国经济学家托马斯·皮凯蒂的《21世纪资本论》,一经出版便引发了思想界的热议。我国学界在2015年对《21世纪资本论》的讨论主要集中在《21世纪资本论》与《资本论》的关系和对比,《21世纪资本论》的学术贡献及理论缺陷两方面。

---

① 田国强、陈旭东:《中国如何跨越"中等收入陷阱"——基于制度转型和国家治理的视角》,载《学术月刊》2015年第5期。
② 魏杰、杨林《回归新常态与跨越"中等收入陷阱"》,载《学术月刊》2015年第5期。
③ 何玉长:《结构调整与分配改革:新常态经济跨越"中等收入陷阱"之路》,载《学术月刊》2015年第9期。
④ 彭刚、李逸浩:《利用创新驱动跨越中等收入陷阱》,载《河北经贸大学学报》2015年第6期。

(一)《21 世纪资本论》与《资本论》的关系和对比

崔友平认为,《21 世纪资本论》并不是《资本论》的继承与发展,只是西方经济学家寻求挽救资本主义的一次尝试,是借用了对其宣传有利的书名,本质上仍是一个资本主义社会维护者,意图在于推动社会进步,提出改革思路。马克思《资本论》科学地论证了资本主义制度一定灭亡、社会主义一定胜利的历史必然性,是一部逻辑严谨、结构完整的科学巨著。[①]

张宇等认为,应当看到,《21 世纪资本论》绝非马克思《资本论》的续篇抑或 21 世纪的《资本论》,该书不仅存在对马克思《资本论》的肤浅认识和错误理解,其研究对象、逻辑体系、理论贡献和历史影响等也都难与马克思《资本论》等量齐观。[②]

李建平认为,《21 世纪资本论》和马克思《资本论》不可相提并论,这主要体现在对待资本主义私有制的态度上。马克思认为,资本主义制度和私有制财产最终要被人类所抛弃,皮凯蒂则赞同资本主义的私有制和市场制度。[③]

周新城提出,皮凯蒂仅仅停留在现象描述上,没有揭露本质。这是由他作为资产阶级经济学家的阶级本性决定的。从揭示资本主义制度的本质、阐述人类社会历史发展趋势的角度说,皮凯蒂与马克思是不能相比肩的。一个是资产阶级经济学家,总是想在资本主义框架内寻找出路;一个是无产阶级革命家,主张推翻资本主义制度,用社会主义制度取而代之。把分配问题当作经济学研究的中心,是皮凯蒂经济学的资产阶级本性的一个表现。[④]

鲁品越认为,皮凯蒂的《21 世纪资本论》与马克思的《资本论》虽然书名的主语相同,但两者的研究性质完全不同。《资本论》是建立了宏伟理论体系的理论著作,是真正的"资本论"。而《21 世纪资本论》只是

[①] 崔友平:《〈资本论〉与〈21 世纪资本论〉比较研究》,载《马克思主义与现实》2015 年第 2 期。
[②] 张宇、张晨:《〈21 世纪资本论〉对〈资本论〉的误读和曲解》,载《光明日报》2015 年 4 月 9 日。
[③] 李建平:《当代西方经济学的暗夜之星——评托马斯·皮凯蒂的〈21 世纪资本论〉》,载《福建理论学习》2015 年第 2 期。
[④] 周新城:《生产资料所有制决定财富的分配——兼评皮凯蒂〈21 世纪资本论〉》,载《思想理论教育导刊》2015 年第 2 期。

建立在对历史数据的统计之上的描述性科学著作，讨论"资本"而非真正的资本论。①

杨军认为，《21世纪资本论》没有研究资本主义生产过程，没有触碰资本主义制度，而是基于社会阶层的划分；避而不谈资本主义私有制，只在分配上兜圈子，力图在资本主义框架下寻找解决不平等问题的工具；将"资本"与"财富"等同；因此，《21世纪资本论》与马克思主义的主张没有共同之处。②

余斌认为，与马克思的《资本论》相比，《21世纪资本论》无论是在对历史事实的把握上，还是对经济理论的理解上，都存在重大缺陷。全书的主要立论都是基于计算错误的教条工具"资本—收入比"和没有意义的教条不等式"资本收益率 r > 经济增长率 g"之上。③

赵英杰认为，相比之下，马克思的《资本论》更加注重理论和思辨。两部著作对于历史的解释存在根本性差异，《21世纪资本论》不构成对马克思《资本论》的证明和发展。④

与以上观点不同，付文军等认为，无论从形式上还是从内容上说，《21世纪资本论》都显示出了对马克思《资本论》的继承和超越。皮凯蒂运用历史分析与辩证分析法，受马克思《资本论》启发创设的理论体系，是对马克思《资本论》的继承，用数据分析和通俗化、"经济学"化的表达在一定程度上"超越"了马克思《资本论》。⑤

（二）《21世纪资本论》的学术贡献及理论缺陷

一些学者从《21世纪资本论》对马克思《资本论》的误读角度，分析其理论缺陷。邱海平提出，皮凯蒂对于马克思的平均利润率趋于下降规律理论的理解是不正确的，马克思这一理论结论并不是指利润率会越来越

---

① 鲁品越：《利润率下降规律下的资本高积累——〈资本论〉与〈21世纪资本论〉的矛盾及其统一》，载《财经研究》2015年第1期。
② 杨军：《关于〈21世纪资本论〉若干评论的辨析》，载《马克思主义研究》2015年第9期。
③ 余斌：《小资产者的哀怨、无知和偏见——评皮凯蒂的〈21世纪资本论〉》，载《政治经济学评论》2015年第1期。
④ 赵英杰：《〈21世纪资本论〉不是〈资本论〉的证明和发展》，载《兰州商学院学报》2015年第4期。
⑤ 付文军、刘凤立：《〈21世纪资本论〉："超越"〈资本论〉的"资本论"》，载《社会科学论坛》2015年第10期。

低，甚至被认为最终趋近于零，从而整个资本主义会"自动崩溃"。事实上，马克思不仅分析了由于劳动生产率提高而导致资本有机构成提高进而推动利润率下降的一面，同时还指出了利润率下降与利润量增加是同时并存的。①

宁殿霞认为，皮凯蒂的研究结果并没有超越马克思理论的范围，他们之间也并没有根本性矛盾。所谓矛盾也只是皮凯蒂误解了马克思的理论，以至于错误地站在了自己的对立面来否定对方，从而也否定了自己。而真正重要的是，皮凯蒂用自己的实证方法证明了马克思利润率下降规律的科学性。②

丰子义认为，马克思所讲的平均利润率下降与皮凯蒂的资本收益率趋高并不矛盾，只是表面上冲突。马克思在肯定平均利润率下降的同时，并不排斥利润绝对量的增大，两者是同时并存的。皮凯蒂所讲的资本收益率变化体现的只是资本积累发展的表层，是对资本长期积累现象的描述。马克思所讲的平均利润率下降规律反映的是资本积累发展的深层，即不是对现象或现状的描述，而是对资本积累过程本质性、规律性的揭示。③

一些学者从《21世纪资本论》本身的理论缺陷和结论出发，对其进行了评述。张宇等认为，《21世纪资本论》揭示的资本主义矛盾更多是现象层面，其所提出的资本主义改造方案并未超越传统社会民主主义的框架，即在不触动资本主义根本制度的前提下，通过改良主义方式实现劳资两利、社会和谐，通过重建"嵌入式"或"有管理的"资本主义来回应社会不平等及当前的经济危机。就连皮凯蒂自己也清楚地知道，他的这些建议仅仅是"有用的乌托邦"。④

丁为民认为，皮凯蒂提出的全球累进资本税解决方案，只是一个中短期解决方案。因为皮凯蒂并没有触及资本主义最深刻的矛盾，没有对资本的长期趋势做出正确说明。但仅就这一方案而言，的确有许多值得称道之处。因为它不仅更贴近现代资本主义发展实际，而且在形式上与马克思主

---

① 邱海平：《〈21世纪资本论〉评述——兼论皮凯蒂对马克思理论的一个误读》，载《山东社会科学》2015年第6期。
② 宁殿霞：《破解〈21世纪资本论〉之谜——皮凯蒂对马克思的误解及其辩证》，载《当代经济研究》2015年第8期。
③ 丰子义：《重思资本积累的趋势与贫富差距的缩小——由〈21世纪资本论〉引发的思考》，载《新视野》2015年第5期。
④ 张宇、张晨：《〈21世纪资本论〉对〈资本论〉的误读和曲解》，载《光明日报》2015年4月9日。

义对资本主义生产方式演变路径的认识有某些契合。然而，它却是一个空想的方案，因为它没有揭示实现这一方案的社会阶级基础。皮凯蒂的研究没有深刻揭示资本主义条件下财富和收入两极分化的原因。①

顾炜宇认为，皮凯蒂在新古典理论基础上得到的关于资本主义不平等是资本主义制度外生因素决定的结论，并没有揭示资本主义发展的本质规律，即资本主义不平等是内生于资本主义制度的，只有对资本主义生产关系做出变革，才能从根本上缓解不平等。②

一些学者认为《21世纪资本论》尽管存在理论缺陷和对马克思《资本论》的误读，但仍具有其理论贡献。邱海平认为，皮凯蒂运用历史统计方法和大量材料，揭示了当代资本主义世界存在的收入分配和财富占有严重不平等的事实，从而再次印证了马克思经济学理论的科学性和预见性，这是他的巨大贡献。一定意义上来说，皮凯蒂对于西方主流经济学研究范式的反叛，正是使他成为一位具有杰出学术贡献的经济学家的先决条件和前提。我们要创立中国特色的经济学理论，就必须学习和借鉴皮凯蒂的这种反主流的精神，而不能一味充当西方主流经济学的"小贩子"。③

李建平认为，《21世纪资本论》在运用经验材料表明资本主义不平等不断扩大的趋势的同时，也大胆质疑并动摇乃至颠覆了西方经济学的一些主流观点，由效率问题转向财富分配的研究中心，动摇了西方主流经济学的研究基础，揭示了资本主义发展的必然趋势，对于我国当前经济社会发展、保证财富的公平分配、减少贫富差距等也具有重要启示意义。④

杨军认为，应该肯定《21世纪资本论》对于正确认识当代资本主义、新自由主义有一定的参考价值，对于我国应对新自由主义思潮有一定的价值。它说明了经济发展不会自动改善贫富差距问题，说明市场机制与自由民主不是正相关的关系，证明西方发达国家不是机遇之地。⑤

余斌提出，《21世纪资本论》对于揭露西方普世价值的虚伪性、打破

---

① 丁为民：《皮凯蒂曲线：两极分化、资本趋势与解决方案》，载《马克思主义研究》2015年第3期。
② 顾炜宇：《资本主义不平等是外生的吗？——对托马斯·皮凯蒂〈21世纪资本论〉的评述》，载《山东社会科学》2015年第6期。
③ 邱海平：《收入不平等究竟如何解决——评皮凯蒂的〈21世纪资本论〉》，载《学习与探索》2015年第2期。
④ 李建平：《当代西方经济学的暗夜之星——评托马斯·皮凯蒂的〈21世纪资本论〉》，载《福建理论学习》2015年第2期。
⑤ 杨军：《关于〈21世纪资本论〉若干评论的辨析》，载《马克思主义研究》2015年第9期。

一些人对发达国家的迷梦、警示我们限制公债规模、深入批判新自由主义等方面，都具有积极意义。另外，库兹涅茨对资本主义发展的乐观预测的主要意图，仅仅是为了推动欠发达国家并入自由发展的轨道，也就是走自由资本主义道路，因此，皮凯蒂对库兹涅茨曲线的批判有助于消除这一理论的欺骗性。①

---

① 余斌：《小资产者的哀怨、无知和偏见——评皮凯蒂的〈21世纪资本论〉》，载《政治经济学评论》2015年第1期。

第二章 国际经济学研究新进展

2015年世界经济纷繁复杂，复苏乏力，各国之间特别是大国之间的博弈日趋激烈，如"一带一路"构想与跨太平洋伙伴关系协定、人民币汇率等问题，引起了学界的广泛讨论，推进了国际经济学研究的进展。

一、全球经济缓慢复苏

2015年全球经济整体复苏情况较为缓慢，不同国家和地区情况分化明显，呈现板块化格局。

朱民认为，危机以来的全球经济处于一种弱增长状态，具体表现为：贸易增长疲软；投资占GDP比重降低，全球直接投资增速下降、水平走低；产能过剩、需求不足导致投资下降，潜在资本供应下降；全球潜在劳动力增长水平下降；这些不利因素给全球经济复苏蒙上阴影。①

张宁认为，全球经济整体复苏缓慢，但不同国家和地区经济复苏表现存在差异。发达国家中，美国经济复苏势头较好，试图通过加息提振经济形势；欧洲经济也逐步改善，推行量化宽松的货币政策；而发达国家中的日本和主要的新兴国家的增长不容乐观。一方面是受美元升值和全球需求趋弱等因素影响，另一方面国际大宗商品价格持续下滑，低位运行。这都加剧了新兴国家的复苏压力。总体来说，世界经济形势复杂，复苏依旧艰难曲折。②

史蒂芬·罗奇也指出，国际金融危机以来的世界经济并未出现触底反弹的过程，世界经济有可能陷入停滞，进而导致通缩的预期与危险。其

---

① 《世界经济，低迷中寻觅内生动力》，载《人民日报》2015年12月25日。
② 张宁：《2015世界经济形势分析与展望》，载《人民论坛》2015年第35期。

中,发达国家与发展中国家的表现各异,发达国家中不同国家的表现也不同。美国经济表现虽相对较好,但消费者仍能感受到收支压力。欧洲和日本的经济尚处在弱增长轨道,短期内很难有明显的反弹。发展中国家由于经济过多依赖出口,内需不振,经济陷入低增长。①

李稻葵等将经济复苏中表现不同的国家和地区分为不同的板块。根据发达国家危机处理方式的不同,把其分为积极应对、灵活创新型经济体(以美国和英国为代表)和应对迟缓、艰难调整型经济体(以欧盟和日本为代表)两大板块。根据新兴市场国家是否依赖能源资源出口,将新兴市场国家阵营划分为能源资源出口依赖型(主要代表是俄罗斯、巴西和南非等资源和原料出口国)和改革型(以中国和印度为代表)两大板块。其中,英美及改革型新兴国家表现较好,而欧盟、日本表现较差。在世界经济呈现板块化格局的背景下,作为世界经济增长的主要动力,中国与美国最为引人注目。②

张燕生认为,美国经济走向复苏并不能有效带动全球经济增长,反而有可能导致一些国家的经济陷入困境。虽然美国经济通过多轮量化宽松的货币政策、再工业化和全球经贸规则变局率先走向复苏,但由此引发的美联储加息、美元升值、资本流动、大宗商品价格持续下跌、美元债务负担加重等新变化,使结构和体制薄弱的经济体将面临严重困难,尤其是资源出口依赖型国家。同时,由于整个世界经济缺乏持续增长的消费和投资意愿,美欧等国的产业空心化和虚拟化,进一步导致了创新和生产率增长激励不足,加上世界资产负债结构失衡的深层次矛盾难以在短期修复,最终促使世界经济增长缺乏必要的活力,潜在产出水平可能陷入长期停滞的困境。③

雷达总结了2015年世界经济运行表现出的五大特征:一是世界经济仍然处于2008年全球经济危机的复苏过程中,但是整体增速趋于下降。二是国别之间经济增长出现分化,发达经济体的增长表现好于新兴经济体。而发达经济体中,美国好于欧洲,欧洲好于日本。新兴经济体增长连续6年出现下滑现象,但制造业出口国的情况好于资源品出口国的状况。三是世界贸易的增长慢于世界产出的增长,这说明世界经济并没有在危机

---

① 《世界经济,低迷中寻觅内生动力》,载《人民日报》2015年12月25日。
② 李稻葵、吴舒钰、石锦建、伏霖:《后危机时代世界经济格局的板块化及其对中国的挑战》,载《经济学动态》2015年第5期。
③ 《世界经济,低迷中寻觅内生动力》,载《人民日报》2015年12月25日。

调整中实现再平衡,世界经济的复苏仍然依赖于个体国家反危机政策的效果。四是发达国家进口总量的增加,并没有为新兴经济体的出口带来明显的拉动作用,而新兴经济体进口的深度下滑值得关注。五是中国经济增速下滑至7%以下,成为全球关注的焦点。①

二、"一带一路"战略意义与实施举措

"一带一路"沿线总人口约44亿,经济总量约21万亿美元,分别约占全球总量的63%和29%。"一带一路"作为中国首倡、高层推动的国家战略,对我国现代化建设和屹立于世界的领导地位,具有深远的战略意义。如何看待"一带一路"的重要意义及有效实施,引起了学界的广泛关注。

夏先良认为,实施"一带一路"是推动中国重回世界经济中心的重大战略。古代丝绸之路是中国处于世界经济中心地位的象征。但近两百年来中国逐渐落后,失去了世界经济中心地位。改革开放以来,中国经济迅速崛起,实施"一带一路"战略将扩大欧亚非经济贸易合作利益,改变现行世界经济秩序和当前的全球贸易投资格局,有利于实现中华民族的伟大复兴。②

毛艳华认为,金融危机之后,全球经济治理格局一直处在变革之中,新的国际秩序尚未建立。中国提出"一带一路"战略,体现了积极参与全球治理和区域治理的决心,对于构建开放型经济新体制和全球经济新秩序、形成全方位对外开放新格局具有重要意义,标志着中国逐步迈入主动引领全球经济合作和推动全球经济治理变革的新时期。③

黄益平认为,中国虽然一直在积极参与全球经济治理的改革,但总体看来结果不明显,而"一带一路"是中国深入参与全球经济治理的重要窗口。在实施"一带一路"战略时必须明确"一元多极"的基本原则,即在现有的国际经济秩序框架下,接受美国领导者的地位,坚持经济全球化

---

① 雷达:《反危机与再平衡困境中的世界经济》,2015年12月12日,第二届中国人民大学世界经济论坛报告,http://finance.sina.com.cn/focus/2nd_ zgrmdxsjjjlt/index.shtml。
② 夏先良:《"一带一路"助力中国重返世界经济中心》,载《人民论坛·学术前沿》2015年第23期。
③ 毛艳华:《"一带一路"对全球经济治理的价值与贡献》,载《人民论坛》2015年第9期。

的方向，鼓励更多的利益相关者参与并推动国际经济治理体制的改革。这一基本原则在短时期内不会改变。①

王国刚认为，当前中国国内经济增速放缓，并且面临诸多难题，如人均自然资源匮乏、外贸增长率下滑、对外投资不足等。实施"一带一路"战略，借助多边投资机制，实施走出去战略，将有效提高中国对全球经济资源的配置能力。同时，"一带一路"战略将打破美国主导的TPP和TTIP对中国进入国际贸易、国际服务和国际投资等市场的阻碍，在合作共赢、创造和谐世界等方面形成与霸权主义不同的国际经济新规则和新秩序。②

张良悦等认为，"一带一路"是中国经济进入新常态下推动经济持续发展的新型开放型战略，体现了"以开放促改革，以改革促发展，以发展促转型"顶层设计的中国智慧。通过"一带一路"进行对外开放，有利于为国内发展释放空间，提供过剩产能释放的通道和产业结构优化的动力；同时，对内改革是"一带一路"对外开放战略的基础，尤其是市场机制和制度规则的建立，是确保对外开放质量的根本。在"一带一路"战略实施中，应通过国内区域经济的平衡发展与国际区域经济一体化的努力，通过产业结构优化升级，构建国家价值链和中国主导的全球价值链，使中国经济深度参与国际经济，提升中国经济竞争力及在国际经济中的地位。③

陈雨露认为，"一带一路"是一个极其复杂的系统工程，是当前中国学术界特别是经济学界亟待深入研究的一个系统性的大问题。"一带一路"需要研究的主要经济问题至少应包括以下几个方面："一带一路"沿线国家的国民经济发展状况；"一带一路"战略构想和实施中涉及的基础设施、贸易、投资、金融、能源等问题；"一带一路"与世界经济体系的重构及对世界经济格局的影响；"一带一路"战略的实施对中国经济发展和改革的影响以及中国与其他国家战略的协同效应，等等。④

---

① 黄益平：《中国经济外交新战略下的"一带一路"》，载《国际经济评论》2015年第1期。
② 王国刚：《"一带一路"：闯出全球经济资源配置的中国之路》，载《金融论坛》2015年第10期。
③ 张良悦、刘东：《"一带一路"与中国经济发展》，载《经济学家》2015年第11期。
④ 陈雨露：《新常态下的国家战略——专家学者在首届中国人民大学"一带一路"经济论坛上的发言》，载《政治经济学评论》2015年第4期。

三、亚洲基础设施投资银行的战略意义及面临的挑战

2015年12月25日,亚洲基础设施投资银行(Asian Infrastructure Investment Bank,简称亚投行,AIIB)正式成立,这是一个由中国倡议设立的政府间性质的亚洲区域多边开发机构,重点支持基础设施建设,成立宗旨在于促进亚洲区域基础设施建设互联互通和经济一体化的进程,并且加强中国与其他亚洲国家和地区的合作。2016年1月16~18日,亚投行开业仪式暨理事会和董事会成立大会在北京举行。亚投行的成立,对于推动中国经济的发展,促进世界经济的复苏,具有重要的战略意义。

张文木认为,亚投行的设立同"一带一路"战略有着相似的意义,标志着世界经济政治重心及与此相应的权力体系正在发生转移。亚投行是历史赋予中国的机遇,更是挑战。机遇是有了学习管理国际金融本领的机会,挑战是不得不接受可能产生的国际资本对坚持社会主义道路的中国更大的伤害。避免伤害的办法不是躲避,而是学习并掌握战胜它的本领。①

王达认为,亚投行有利于落实"一带一路"战略;有利于在经济新常态下助推中国对内改革和对外开放,降低对美元本位制的过度依赖;有利于补充和完善现有的国际发展融资体系,促进亚洲区域经济一体化发展;有利于推动全球经济再平衡和国际金融秩序改革。大量国家纷纷申请加入亚投行的现象,折射出了除美国和日本等国家之外的其他国家对推动国际金融秩序改革的强烈愿望。当然,也应该看到中国在亚投行的运作方面将面临诸多挑战,尤其是经济问题政治化带来的困扰。②

陈绍锋认为,亚洲具有庞大的基础设施建设市场,亚投行将加大对该地区基础设施建设投资的金融支持,是对现有国际金融体系的重要补充。亚投行的成立,标志着中国由此前的国际规则接受者向规则缔造者身份的转变;亚投行在规则设定、霸权制衡、经济治理、同业竞争等方面,对美国主导的地区秩序带来一定的冲击。但亚投行的发展仍难以动摇美国的地区霸权地位,亚投行的实际运作面临诸多挑战,项目实施面临较大的

---

① 张文木:《"一带一路"和亚投行的政治意义》,载《政治经济学评论》2015年第4期。
② 王达:《亚投行的中国考量与世界意义》,载《东北亚论坛》2015年第3期。

风险。①

戴轶等认为,虽然由中国主导的亚投行是对美国霸权体系的突破,但美国的实力仅仅是相对下降,国际政治权力格局的变化仅仅是体系内的量变,旧的国际金融机构并未坍塌,亚投行尚难以与之比肩。因此,亚投行的成立不足以说明国际关系将进入争霸性的冲突时期。亚投行与现有的多边金融机构的合作大于竞争,现阶段的中国还不应将自己定位于秩序挑战国的地位。②

对于欧盟国家积极申请加入亚投行,赵柯认为,这并非意味着欧美的"分裂"。欧盟国家加入亚投行不仅仅是为了追求经济利益,而且通过加入亚投行还有利于欧盟对中国的"一带一路"战略施加影响,为亚太可能出现的变局及早做准备。大量欧盟国家加入亚投行,也为中国通过投资和金融合作加固中欧战略关系、建立亚欧大市场提供了重要机遇。③

王金波认为,亚投行的主要任务是推进基础设施互联互通和区域经济一体化,正是基础设施的公共产品属性和融资约束,决定了推进互联互通融资合作将是亚洲基础设施一体化的必由之路。因此,亚投行的治理体系应兼顾市场盈利与社会责任目标,其运营模式应贯彻市场化、国际化和专业化原则,其规则与标准则需符合亚洲特色、亚洲方式。④

朱宏春认为,亚投行未来的治理和业务的拓展,面临制定治理规则、防范地缘政治风险、推进融资机制改革和应对大国博弈等挑战。因此,亚投行需要制定一个既能代表全体成员国的利益,又能集中体现发展中国家的利益诉求的治理规则;需要采取有效措施避免国际恐怖主义、教派冲突、领土争端和政局不稳等地缘政治风险给亚投行的基础设施建设融资带来的不利影响;需要建立一套公正、合理的融资机制,实现从"输血"功能向"造血"功能的转变;需要积极应对美国的各种阻碍。因为,亚投行毕竟是一个由新兴经济体发起成立的多边合作金融机构,客观上将影响到原有的国际金融秩序,触动现有国际秩序利益获得者——美国的利益。⑤

---

① 陈绍锋:《亚投行:中美亚太权势更替的分水岭?》,载《美国研究》2015 年第 3 期。
② 戴轶、李廷康:《亚洲基础设施投资银行的国际政治经济学分析——以霸权稳定论为视角》,载《社会主义研究》2015 年第 3 期。
③ 赵柯:《欧盟亚太政策转向"新接触主义"?——理解欧盟国家加入亚投行的行为逻辑》,载《欧洲研究》2015 年第 2 期。
④ 王金波:《亚投行与全球经济治理体系的完善》,载《国外理论动态》2015 年第 12 期。
⑤ 朱宏春:《中国如何应对亚投行治理和运营中的挑战?》,载《南方金融》2015 年第 6 期。

四、人民币国际化

国际货币基金组织在 2015 年 11 月 30 日宣布将人民币正式纳入特别提款权（SDR）货币篮子，将于 2016 年 10 月 1 日生效。人民币作为第五种货币被纳入 SDR 货币篮子，权重为 10.92%，超过日元和英镑，这成为人民币国际化进程的一个标志性事件，将对中国经济和全球货币体系产生深远影响。

李仲周认为，人民币加入 SDR，是中国经济融入全球金融体系的重要里程碑，也是对中国多年来改革金融货币制度成就的认可，将有助于加强国际金融货币制度的完善，促进中国和世界经济增长和稳定。IMF 决定接受人民币加入特别提款权货币篮子，可被视为国际货币金融体系改革迈出关键的第一步，但仅是第一步。美国政府仍有可能利用其一票否决权来推行其地缘政治目的，拖延改革进程。[①]

杨娉认为，人民币加入 SDR 是国际社会对中国经济发展和改革开放成果的肯定。这一事件对于中国经济发展具有重要的战略意义。对外方面，有助于加强海外国家持有人民币的信心，提升人民币国际影响力和中国的金融话语权，并进一步加速人民币成为国际储备货币的进程。对内方面，有利于继续推动资本项目可兑换，完善人民币汇率形成机制，加快金融与相关配套改革进程，配合"一带一路"帮助中国企业"走出去"和推动转型升级。[②]

高海红从国际金融格局变迁的视角认为，人民币国际化既符合中国人民的利益，又符合全世界的利益。以中国为代表的发展中国家和新兴经济体的迅速崛起，深刻影响着世界经济格局。但在金融领域，美元仍是主要的国际储备货币，发达国家仍在国际金融机构治理结构中处于支配地位，以发达国家为主导的旧的国际金融秩序同新兴国家不断崛起的新的经济格局之间不相适应，这造成国际金融体系的不稳定和不平等。因此，新的国际金融体系的建立离不开发展中国家的参与，人民币加入 SDR 是其中的

[①] 李仲周：《人民币入篮 SDR：IMF 迈出全球治理第一步》，载《WTO 经济导刊》2016 年第 1 期。

[②] 杨娉：《人民币加入 SDR：战略意义与未来展望》，载《中国发展观察》2015 年第 12 期。

关键一步,是中国参与国际金融体系重建的体现,顺应了新的国际经济格局。①

张宁认为,虽然人民币加入 SDR 货币篮子有利于人民币国际化,但不应盲目乐观。应看到 SDR 在国际储备中占比很低(仅约 2.4%),加入 SDR 本身对人民币国际化的短期直接影响有限。人民币在 SDR 货币篮子中的比重也不是固定不变的,与经济发展情况直接相关。以日本为例,虽然日元在 1980 年就被纳入 SDR 货币篮子,但由于其经济自 90 年代以来的长期不景气,日元在 SDR 货币篮子中的比重呈现持续下降的趋势。并且,SDR 的全球货币地位并非是不可动摇的。近年来,伴随着新兴市场国家的不断发展,SDR 货币篮子所属国在全球经济中的占比呈现下降态势,由 1995 年的 71.1%,下降到 2014 年的 49.6%,其货币的影响力势必会受到影响。②

孙博认为,随着中国经济不断发展,人民币国际化取得了一定进展,主要表现在储备货币、货币互换、跨境交易与离岸市场发展等方面,但仍存在人民币不可自由兑换、人民币跨境贸易结算不合理、人民币结算贸易比重不高、人民币占国际投资货币比例较低、离岸人民币业务过度集中于中国香港等问题。为进一步推进人民币国际化进程,应合理推进资本项目开放、多层次推进汇率形成机制改革、积极鼓励人民币融资、加快建设人民币离岸市场、妥善调控外来资本。③

余道先等认为,GDP 规模扩大、经常项目顺差和人民币稳步升值有利于促进人民币国际化,而资本和金融项目顺差与人民币国际化之间呈负相关关系。因此,除了稳步发展国民经济和逐步完善汇率改革以维持人民币币值坚挺外,还需要有序调整我国国际收支双顺差结构,这是推进人民币国际化进程的重要动力源。④

五、跨太平洋伙伴关系协定(TPP)的影响

跨太平洋伙伴关系协定(Trans - Pacific Partnership Agreement,TPP),

---

① 高海红:《布雷顿森林遗产与国际金融体系重建》,载《世界经济与政治》2015 年第 3 期。
② 张宁:《2015 世界经济形势分析与展望》,载《人民论坛》2015 年第 35 期。
③ 孙博:《人民币国际化存在的问题与实现路径》,载《经济纵横》2015 年第 5 期。
④ 余道先、王云:《人民币国际化进程的影响因素分析——基于国际收支视角》,载《世界经济研究》2015 年第 3 期。

也被称作"经济北约",是目前重要的国际多边经济谈判组织,前身是跨太平洋战略经济伙伴关系协定(Trans – Pacific Strategic Economic Partnership Agreement)。2015年10月5日,跨太平洋战略经济伙伴关系协定(TPP)取得实质性突破,美国、日本和其他10个泛太平洋国家就TPP达成一致。12个参与国加起来所占全球经济的比重达到了40%。TPP将对近18000种类别的商品降低或减免关税。而作为全球最大贸易国之一的中国被排除在协议之外。如何认识TPP及其影响,以及如何积极应对TPP的挑战成为学界讨论的热点问题。

(一) 如何认识TPP

贺小勇认为,TPP协定是当前经济全球化发展到一定阶段的制度需求产物。进入21世纪,全球经济呈现出以下开放趋势:一是从货物贸易的自由化转向强调投资领域的管制放松;二是从有形商品贸易转向数字贸易;三是从一般服务贸易领域开放,转向强调重点服务贸易领域开放;四是由强调自由竞争到强调公平竞争;五是从仅仅关注产品末端的待遇相同,转向强调对环境、劳工等价值目标的重视;六是由政府对政府的争端解决模式,转向注重投资者与政府争端解决模式的构建,等等。TPP协定正是适应经济全球化的新要求,协定中的30个章节基本上概括了这些新趋势、新特点。①

张建平认为,目前对TPP的认识存在七个误区:第一是阴谋论,认为TPP是美国设计的针对中国的阴谋。事实上,TPP刚提出来时美国并没有加入。第二是悲观论,2009年TPP扩围,多数学者认为东亚经济一体化"完蛋了",事实上,中韩自贸区才是撬动东亚一体化的杠杆,而区域全面经济伙伴关系协定(RCEP)也才是东亚一体化的核心。第三是等待论,认为中国提不出自己的规划体系。第四是搅局论,认为这是对区域经济一体化的不支持。第五是抗衡论,觉得要用中日韩自贸区来抗衡TPP,或者用RCEP来抗衡TPP。第六是排他论,认为TPP是故意把中国排除在外。其实,TPP首先是区域贸易协定,它的规则是在WTO基础之上参与国可以共同商谈,不存在故意排斥中国。第七则是主导论,即从不同角度表明中方把TPP当成区域经济协定而过分政治化,事实上TPP在很大程度上代

---

① 贺小勇:《TPP对中国的影响及中国的应对策略》,载《上海思想界》2015年第12期。

表的是国际贸易投资规则未来的新方向,可以说是贸易投资自由化、便利化程度最高的规则。因此,应科学准确地把握TPP及其对中国的影响。①

姚为群认为,美国阻碍中国作为创始缔约方参加TPP,主要因为美国顾忌中国会在TPP中成为DDA(多哈发展议程)谈判中像印度、巴西那样的"搅局者"。如果中国作为新缔约方加入,则会像"入世"一样,按TPP既定的自由化水平和规则,做出更多的让步和妥协。但从另一方面而言,暂时没有加入TPP,给中国提供了通过自主开放和深化改革,提高自身水平、练好内功的时间。②

(二) TPP对中国的影响及其应对

潘悦认为,TPP对中国经济与贸易的挑战表现为如下四个方面:一是贸易转移与贸易壁垒将导致不可低估的贸易损失;二是投资转移将引发产业空心化危险并影响产业的升级;三是中国的经贸规则参与和制定权将面临打压;四是中国在亚太区域合作和全球治理中的地位与影响力受到制约。外部压力倒逼内部改革,中国应努力构建开放型经济新体制,开启新一轮制度变革,开拓全球发展新空间,以应对TPP的冲击。③

张幼文认为,考虑TPP对中国的影响,不仅仅是贸易投资受多大影响的问题,而是全球治理核心争夺的问题。美国的亚洲战略并不是直接针对中国,但其行为是在改变国际规则和营造新的国际制度,如果在制度上领先主导,那对中国的影响要比直接争夺市场、争取贸易伙伴大得多。④

张宁认为,TPP加强了北美与亚洲经济之间的联系,其对国际经济和地缘政治的影响都很大。由于中国未被纳入TPP,长期来看,不利于中国的出口及吸引海外直接投资。短期来看,由于TPP目前仅仅是部长级的协定,并未正式生效,还需要一段时间,所以短期内影响有限,这给予中国政府和企业一定的时间予以应对。首先,中国应加快培育参与国际竞争的新优势。随着中国的人力成本比较优势逐渐丧失,中国迫切需要通过制度创新、技术创新等加快培育参与国际竞争新优势。其次,长期来看,应提高环保标准、劳工权益保护标准、知识产权保护标准等,强化反垄断法的

---

① 张建平:《应澄清误区理性看待TPP》,载《经济日报》2015年11月6日。
② 姚为群:《TPP对中国的影响及中国的应对策略》,载《上海思想界》2015年第12期。
③ 潘悦:《TPP与中国开放型经济发展的危与机》,载《理论视野》2015年第11期。
④ 张幼文:《TPP对中国的影响及中国的应对策略》,载《上海思想界》2015年第12期。

执行力度。最后,在未来中国或可以考虑发起成立另一竞争性贸易协议作为应对。打破国际贸易的制度障碍和地理障碍,如"一带一路"战略正是推进与有关国家加深国际经贸合作的重大契机。①

孙溯源认为,中国应当尽快打造由中国主导的区域经贸合作体系应对TPP,加紧推进东亚合作的制度化进程,提高中国的制定规则的能力,并尝试在中国主导的 RCEP(区域全面经济伙伴关系协定)与 TPP 之间建立战略对话机制,为中国与 TPP 成员展开谈判,奠定物质基础、制度条件和谈判实力。②

六、中国对外直接投资的新变化

中国的对外投资在 2015 年表现出一些新发展和新特征,对外直接投资比较优势逐步上升,对非洲投资增加,投资模式选择多样化。同时,应当采取措施,防止由于对外直接投资的增加导致的国内"离制造化"现象(指本国制造业大规模向外投资而导致的国内制造业份额出现下降而又无法及时填补的经济现象)。

尹忠明等指出,对发展中国家的对外直接投资,中国投资比较优势整体呈稳步上升趋势,但在发达国家这一优势并不明显,出口仍是中国进入发达国家的主要方式。因此,一方面,中国应继续推进与发展中国家的投资合作,不断拓宽合作领域、深化合作层次,保持对外直接投资在发展中国家的比较优势;另一方面,不断增强与发达国家及转型经济体的政治互信与经济交流,通过建立自贸区、签署投资协定等措施,循序渐进地推动对外直接投资向发达国家转移,不断提升中国在发达国家及转型经济体对外直接投资的数量与质量。③

周经等认为,在全球生产、贸易与投资体系加速调整并进入新一轮国际投资规则重构的背景下,中国企业的对外直接投资面临如何选择对外投资模式的新问题。他们认为,对外投资模式的优化组合有利于防范对外投资风险。未来的投资应以构建"多层次同时并进"模式为突破口,即不同

---

① 张宁:《2015 世界经济形势分析与展望》,载《人民论坛》2015 年第 35 期。
② 孙溯源:《TPP 对中国的影响及中国的应对策略》,载《上海思想界》2015 年第 12 期。
③ 尹忠明、李东坤:《中国对外直接投资与出口的关系变动:测算、特征及成因》,载《当代经济研究》2015 年第 8 期。

性质、不同驱动力的投资企业应采取多层次、差异化的海外投资组合模式，才能有效防范风险，提高对外投资效益。①

胡兵等认为，近年来，中国对非洲援助和直接投资不断增加。中国对非洲国家的发展援助，促进了中国的对外直接投资，尤其是当中国投资进入规模较小的东道国时，援助对企业开展海外直接投资的促进效应更为明显。因此，积极将对外援助与对外投资等政策结合起来，推动对外援助与对外投资的协调发展，对于促进中国的对外直接投资，转移国内过剩资本意义重大。②

刘海云等认为，金融危机之后，中国对外直接投资增速加快。制造业对外直接投资（OFDI）规模的过快扩张会造成中国制造业资本存量的缩减和实际投资利率的上升，制造业资本向虚拟经济领域流动，制造业的资本—劳动比下降，进而出现"离制造化"现象；其中，相较于资本密集型和技术密集型制造业，劳动密集型制造业对成本变化具有高度的敏感性，受OFDI的资本挤出更明显；在新兴产业发展不足的情形下，更容易发生"离制造化"现象。中国应采取必要措施防范"离制造化"现象：一是进一步加强制造业引进和利用外资的水平，弥补我国制造业资本总量不足和发展水平不高（与发达国家相比）的问题，维持资本项目平衡；二是鼓励制造业企业进一步实施"走出去"战略，促进制造业过剩资本对外输出；三是将对外直接投资与促进制造业发展模式转变相结合，促进制造业结构转型升级，尤其是在东部地区，加快制造业发展模式由初级要素驱动转向高级要素驱动，而中西部地区应防止资本流向虚拟领域，做好承接东部地区产业转移的准备。③

七、美联储加息与人民币汇率问题

在持续近10年大规模宽松和接近零利率政策后，2015年12月16日，美联储宣布加息0.25个百分点。美联储加息对美国经济、全球经济，尤

---

① 周经、张利敏：《新形势下我国企业对外投资模式的选择》，载《经济纵横》2015年第3期。
② 胡兵、丁祥平、邓富华：《中国对非援助能否推动对非投资》，载《当代经济研究》2015年第1期。
③ 刘海云、聂飞：《中国制造业对外直接投资的空心化效应研究》，载《中国工业经济》2015年第4期。

其是中国经济有何影响？对人民币汇率和中国资本流出是否形成压力？国内学界展开了深入研究。同时，人民币汇率问题仍然是学界关注的热点。

（一）美联储加息的影响

赵伟等分析了美联储加息预期对美国金融市场以及中国可能产生的影响。对于美国金融市场而言，美元加息意味着紧缩周期的启动，市场中流动资金减少，部分资金撤出会导致股市下跌，但同时加息也表明了经济环境的不断改善，这将推动股市上涨。但总体看来加息不利于股市。美联储加息会导致美元在外汇市场上持续保持强势地位，美元汇率的上升将对以美元计价的大宗商品价格形成压制，因此，预计大宗原材料商品的价格将呈现底部震荡，小幅反弹空间有限。美联储加息经过对资本市场、外汇市场以及大宗商品市场的影响传导至中国，人民币阶段性的贬值预期上升，可能会在短期内对中国货币政策产生一定影响，但总体影响会非常有限。[1]

赵硕刚认为，虽然美联储加息将会抬升美国利率水平，提升国际流动性紧缩预期，引发全球股市等风险资产价格下跌，推动国际资本回流美国及美元升值，造成资本流出国金融波动和国际大宗商品价格下跌。但美联储加息对全球经济的冲击仍总体可控。因为：小幅加息对美国经济的负面影响有限，有利于保持美国对世界经济的拉动作用；主要发达经济体货币政策仍将继续宽松，从而为全球经济复苏延续充裕的流动性环境；新兴经济体抗风险能力已明显增强，从而有利于防止金融风险在世界范围内传导扩散。美联储加息导致国际资本回流美国可能造成我国金融市场一定的波动，但由于我国资本项目尚未完全放开且拥有庞大的外汇储备，美联储加息对我国的影响将利大于弊。有利于缓解人民币升值和热钱流入压力，有利于缓解输入性通胀风险和资源环境压力，有利于我国在国际合作和人民币走出去过程中赢得更大主动，为加速人民币国际化进程提供难得机遇。[2]

马光远认为，危机之后美国通过量化宽松的货币政策，大量印发美元应对危机，中国等新兴市场国家成为发达国家流动性泛滥的蓄水池，在带来不可持续的经济增长的同时，也吹高了资产价格泡沫，加大了地方债务和金融系统风险。美联储退出量化宽松政策并加息，会使美元走强，资本从

---

[1] 赵伟、孙利：《美联储加息的可能路径及市场影响》，载《债券》2015 年第 5 期。
[2] 赵硕刚：《美联储加息的时点、方式及影响分析》，载《发展研究》2015 年第 1 期。

新兴市场流出，多年以来靠国际资本支撑的高房价也将迎来重击，有可能会导致新兴市场国家的经济动荡。中国应高度重视美联储加息的冲击和影响，一方面，坚持宽松的货币政策，降准降息要坚决；另一方面，应当允许人民币贬值。在美元强势，人民币汇率明显被高估的情况下，不可为维持汇率而挥霍外汇储备。允许人民币贬值10%，对中国经济利远大于弊。①

（二）人民币汇率

吴秀波认为，"8·11汇改"标志着人民币汇率市场化改革迈出重大步伐，并取得阶段性胜利，既有利于人民币汇率中间价改革，也有利于人民币加入特别提款权（SDR）货币篮子。他认为，人民币汇率和外汇储备不会因为"8·11汇改"而带来重大不利影响。但为防止人民币汇率超调，短期内应采取多种措施稳定人民币汇率；从长远来看，更重要的是摆正汇率政策定位。加快人民币国际化进程是解决汇率问题的终极手段。②

许家云等认为，人民币实际汇率升值会导致企业出口价格下降，出口数量减少，且该效应因企业生产率的提高而显著增强；实证分析表明，人民币实际汇率升值有助于延长核心产品的出口持续期，但却缩短了非核心产品的出口持续期；此外，人民币实际汇率升值缩小了企业的出口产品范围，并且提高了企业出口产品的集中度，即人民币升值使企业更集中出口核心产品，加速了企业出口产品之间的优胜劣汰，长远来看，有益于提升中国企业的出口产品竞争力。③

杨广青等通过研究人民币汇率水平及波动对我国同"一带一路"沿线国家和地区进行出口贸易的影响认为，人民币升值及波动增加均会对我国出口贸易产生不利影响。其中，人民币汇率波动的影响远小于升值的影响；我国同其他国家成立自贸区有利于降低汇率变动对出口的不利影响；"一带一路"沿线国家和地区收入水平的提高是拉动我国出口的重要动力。④

---

① 马光远：《美国加息如何影响中国经济》，载《商周刊》2015年第26期。
② 吴秀波：《"8·11汇改"后人民币汇率和外汇储备前景》，载《价格理论与实践》2015年第9期。
③ 许家云、佟家栋、毛其淋：《人民币汇率变动、产品排序与多产品企业的出口行为——以中国制造业企业为例》，载《管理世界》2015年第2期。
④ 杨广青、杜海鹏：《人民币汇率变动对我国出口贸易的影响——基于"一带一路"沿线79个国家和地区面板数据的研究》，载《经济学家》2015年第11期。

第三章 经济史学研究新进展

经济史的研究越来越受到学界的重视，一些学者已将其提升到学科建设的重要位置，因而对经济史的研究也越来越丰富和深化。胡鹏等认为，经济危机的发生总是促使经济学家们转向业已发生的过去进行求助。2007年美国次贷危机的爆发及其后席卷全球的金融危机，使政策制定者、市场参与者等主体，纷纷将检讨的目光由当下转向过去，低调的经济史的研究转为热门。李明珠教授的著作《华北的饥荒：国家、市场与环境退化（1690~1990）》正是在这股经济史的热潮中出版。① 2015年学者们主要在以下方面做出了有价值的研究。

一、经济史理论与方法

张铭等认为，历代《耕织图》发展变化在一定程度上反映了我国农业耕作技术的演进，但不同时期《耕织图》中展现的耕作技术与当时实际耕作技术并不一定重合，即会出现时空错位。从历代《耕织图》中的"耕图"部分，一方面可以找出《耕织图》由历史的真实反映到成为官方宣传工具的原因，了解《耕织图》的载体变化历程，及其所反映的《耕织图》从片段性到系统性再到片段性的流转过程；另一方面，可以找到《耕织图》从分散而精确地反映上古晚期至中古时期的农业生产活动到系统而模糊地反映近古农业生产活动的缘由，以及阐释古代南、北耕耘图反映的农业生产技术差异，阐明史料运用过程中《耕织图》史料价值

---

① 胡鹏、李军：《中国经济史研究的经济视野：评〈华北的饥荒：国家、市场与环境退化（1690~1990）〉》，载《经济学动态》2015年第10期。

的演变。①

慕亚芹等根据《陈旉农书》中有关"宜"和"法"的内容归纳出书中"宜"所包含的因地制宜、因时制宜和中庸之道三个意思;"法"所包含的土地规划及用地之法,开辟肥源、施用肥料之法,种桑养蚕之法,养牛役牛及治病之法,水稻种植之法。②

孙菁蔚对2015年8月3~7日在日本西部城市召开的第十七届世界经济史大会作了综述。这次大会由国际经济史学会和日本科学委员会联合主办,吸引了来自全球50多个国家和地区的逾3000位经济史研究者,名家云集,盛况空前。本次大会体现出当前社会经济环境在学术研究选题方面的投影,具有强烈的时代特征。与中国直接相关的大会议题共15个,其研究内容主要聚焦在以下5个方面:一是中国现代化与经济发展趋势;二是中国财政政策与政府收支;三是中国社会发展与经济转型;四是中国国内商业与对外贸易;五是量化史学与比较研究。③

张博等对2014年12月13~14日山西大学晋商学研究所与山西省晋商文化研究会联合主办的题为"路径选择与商帮演变"的学术研讨会做了简要述评。一是商人商帮史研究取得新突破;二是区域和城市经济史研究成果丰硕;三是近代经济史的其他相关领域新意迭出。④

易棉阳认为,新中国经历了三次经济转型:半殖民地半封建经济向新民主主义经济的转型、新民主主义经济向传统计划经济的转型和传统计划经济向社会主义市场经济的转型。由于企业是现代经济中最重要的市场主体,所以企业制度创新就成为经济转型的关键。从经济史的视角探究经济转型与企业制度创新,深入总结经济转型的历史经验,具有十分重要的学术价值和现实意义。⑤

陈峰认为,在20世纪30年代中国社会经济史由草创到成型的过程中,马乘风的《中国经济史》一书占有举足轻重的地位。该书反思批判了社会史论战中公式主义的流弊,以开放的态度对待各种唯物史观论作;在

---

① 张铭、李娟娟:《历代〈耕织图〉中农业生产技术时空错位研究》,载《农业考古》2015年第4期。
② 慕亚芹、崔江浩、李群:《〈陈旉农书〉的"宜"和"法"对现代农业的借鉴意义》,载《农业考古》2015年第4期。
③ 孙菁蔚:《第十七届世界经济史大会侧记》,载《中国经济史研究》2015年第6期。
④ 张博、成艳萍:《"路径选择与商帮演变"学术探讨会综述》,载《城市史研究》2015年第2期。
⑤ 易棉阳:《经济转型与企业制度创新的经济史探索》,载《中国经济史研究》2015年第6期。

检讨理论方法的同时,注重史料的真伪和材料扩充;从社会性质和社会形态史转变为社会经济史,初步确立唯物史观的中国社会经济史研究体系。由马乘风等推动的中国社会经济史的这种调整转向,使经济史学融入民国学术主流,并在学术与政治之间达成平衡。①

林光祺等认为,在"社会进化论"与"文化类型说"两种史观的影响下,形成了"公益—私利"与"儒教—耶教"的事实分野,以及"扬公灭私—褒私抑公"与"贬儒褒耶—贬耶褒儒—儒耶并褒"的价值分歧。应该说,上述理论在经验与逻辑上均有缺陷,并在实践中带来很多问题。但应该为此负责的,绝不是人们对理想主义或世俗主义的追求,而是不受制约的霸权制度借"理想主义"(不管是科学的还是道德的"乌托邦")或"世俗主义"(不管是社会公益至上还是民族利益本位)之名实行强制,造成科学与良知、理论与实践、公益与私益、个人利益与民族权益的多重灾难。制度的变革、社会的进步最终还是取决于作为历史进程参与者的每一个人的每一次选择所形成的努力之和。作为人类智力与精神产品的"社会进化论"或"文化类型观",是可以通过"能指革命"的方式,为中国现代化进程提供思想支援的。②

张斌等认为,市场制度既是对近代西方社会契约观构建社会体制的回应,也是古典政治经济学新秩序构建的核心。市场在现代社会发展进程中的基础性作用无可替代。作为西方经济制度核心的市场制度,与政治价值观的内在勾连却被有意无意地遮蔽起来。市场制度的历史生成是资本主义制度奠定的主体逻辑之一,暗含了经济自由与政治自由的双重使命,但其乌托邦本质已被实践所证明。对西方市场制度形塑的历史考察分析,有助于恰当评析西方市场制度以及科学定位中国市场改革进程。③

彭凯翔从四个方面综述了近年来中国经济史之计量研究:一是历史时期中国经济发展水平尤其是 GDP 的估计;二是对发展模式的争论和相关检验;三是关于市场制度及其效率的讨论与量化研究;四是对国家能力、社会控制与外生冲击等问题的反思及其因果性检验。这些研究深化了对

---

① 陈峰:《唯物史观的中国社会经济史研究之建立:以马乘风〈中国经济史〉为中心的探讨》,载《山东大学学报》(哲学社会科学版)2015 年第 4 期。
② 林光祺、洪利华:《公益慈善史比较:史观、制度与主体选择兼论"社会进化论"与"文化类型观"》,载《兰州商学院学报》2015 年第 3 期。
③ 张斌、王姝:《市场制度的形塑:西方的历史考察与审视》,载《毛泽东邓小平理论研究》2015 年第 7 期。

"马尔萨斯陷阱"、"斯密增长"等经典命题的认识,也有助于进一步探索国家、市场、家族、文化等因素之间的复杂关系。①

赵峰等认为,李约瑟提出近代科学何以产生于欧洲而没有产生于中国的问题,答案在于两者市场发展程度的反差。西欧地理条件使地区间基本产品的成本差额大,抵偿运费和交易费后仍可盈利,激励人们发展商品市场。市场发展激励了生产扩大,引起精细分工,降低了发明成本,促进了技术创新,技术进步又推动了理论科学的诞生。中国地理条件使地区间基本产品的成本差额小,无法抵偿运输费用和交易成本,导致商品市场长期处于狭小、萎缩状态。缺乏市场发展的激励,类似于欧洲的发展进步就无从谈起,也就不可能产生近代科学。②

刘强将明清中国的官商关系放在东西方大分流的理论背景中考察,以构建的"重商"、"无为"、"抑商"三种官商关系为基点,梳理了官商关系在东西方大分流中的作用,并从贱商、重税和海禁三个方面分析了明清中国的官商关系。认为明清以来商人的社会地位显著提高,士商之间的界限变得模糊,政府对商人的税收并不比农民高,私人对外贸易也被纳入政府的管理范围中。政府逐渐从对经济的直接控制中退出,转而利用商人以达到目标。因此,与认为传统中国的官商关系是"抑商"的观点相比,明清中国的官商关系的实际更接近于"无为"。③

胡怀国认为,中国传统社会的"国营农场"是"郡县—编户齐民"治理模式在"非常态"下的补充性或替代性选择,并随着"非常态"向"常态"的转换而面临转轨压力。通过对"郡县—编户齐民"主流治理模式及其微观基础的理论分析和历史考察,对传统版"国营农场"及其主要表现形态的"屯田"的制度背景、微观基础和转轨路径进行了理论探讨。④

---

① 彭凯翔:《历史视野下中国经济的长期变迁:近年中国经济史之计量研究综述》,载《经济研究》2015 年第 5 期。
② 赵峰、许平中:《"李约瑟难题"的经济学解答:市场盈利、成本收益比较与知识产权保护》,载《中共青岛市委党校·青岛行政学院学报》2015 年第 3 期。
③ 刘强:《大分流视角下明清中国的官商关系研究》,载《财经问题研究》2015 年第 7 期。
④ 胡怀国:《中国传统社会的"国营农场"及其转轨路径:兼论古代屯田的制度背景与演进逻辑》,载《中国经济史研究》2015 年第 5 期。

二、历史上的"三农"问题

(一) 农村土地问题

张金龙认为,北魏孝文帝太和九年(485)颁布的均田制,是中国历史上第一部完整的土地法规,历史影响深远。近百年来学术界对均田制展开了大量研究,研究的中心议题包括:均田制的渊源和实施背景问题,均田制的目的、作用及其实施情况,以及均田制的性质问题。总的来看,学术界关于北魏均田制的观点还存在较大分歧,应该说尚未形成最后定论。①

臧知非等认为,把"名田"解为"以名占田",虽有其合理性,但是,用"名田制"概括秦汉土地制度,或者以名田代替授田,在训诂和史实上都有不足,不能反映国家分配土地的历史实质。"名田宅臣妾衣服以家次"明确了国家按照名籍、家次分配田宅、臣妾、衣服,其法律用语则是"行田"、"予田宇"、"受田",编户民田宅是被动地向国家领取,名之为授田制才能反映国家力量在土地分配中的主导地位和编户民隶属于国家的历史属性,才能体现国家控制人口、土地的本质特征。②

赵思源认为,18世纪以来的乡村土地市场发展出完善有序的土地收益分配结构,地权交易更多地表现为市场化行为,社会关系网络影响地权交易的渠道、形式与信用机制。村落社会中,不同类型的社会关系对地权交易造成不同影响,因此利用关系网络方法研究地权交易,可以反映社会关系网络在土地市场中的意义。③

方素梅在田野调查和档案研究的基础上,以朗塞岭村为中心,对西藏乡村的土地改革及其经济变迁进行论述,以说明西藏民主改革的重要意义和深远影响。④

---

① 张金龙:《北魏均田制研究史》,载《文史哲》2015年第5期。
② 臧知非、霍耀宗:《"名田"与"授田"辨正:秦和西汉前期土地制度性质析疑》,载《史学集刊》2015年第6期。
③ 赵思源:《19世纪徽州乡村的土地市场、信用机制与关系网络》,载《近代史研究》2015年第4期。
④ 方素梅:《西藏乡村的土地改革及经济变迁:以朗塞岭村为中心的考察》,载《中国藏学》2015年第3期。

（二）农村经济

彭凯翔认为，认为通过大量亩产事例估计的历史时期单作物亩产量是相对可靠的，但对人均占有粮食等指标的估计则受复种指数、要素投入结构等因素的影响，仍有存疑之处。特别是，清中期以后人均占有粮食的下降程度可能是高估的，而且其下降未必能直接解释为农业乃至整个经济的衰退，它可能是手工业效率提高、要素投入调整的结果。①

平晓婧等认为，出稟、出贷、出食是里耶秦简中粮食发放的三种方式。出稟指县仓、离邑乡仓、田官发放粮食给隶臣妾、官员、屯戍人员、冗作人员、有罪被罚的士五、公卒和簪裹；出贷指仓、田官、发弩将粮食有偿借予士五、更戍士五、有罪被罚的士五和簪裹；出食指司空、贰春乡发放粮食给舂、城旦、白粲。三种粮食发放方式在语言表达和发放对象方面有相同也有不同。②

刘永华认为，自19世纪中叶开始，随着上海、宁波等口岸开埠通商，国际茶市对中国茶叶生产与销售的影响日益深入。个案研究说明，一方面，国际贸易未必会引起晚清小农经济的危机，反而可能为其发展提供一定契机。另一方面，晚清小农经济的发展，不仅受到国际市场、赋役制度的影响，还与家庭发展周期、土地开发等因素密切相关。因此，在研究晚清小农经济时，有必要从小农家庭的角度，讨论晚清农户应对各种地区性、全国性与国际性政治经济变动的策略，从而更深入理解晚清小农的生存处境。③

龙泽江等认为，侗族田赋实征册是清水江文书中比较少见的文献类型，具有重要的学术研究价值。通过对该实征册及相关文献的解读，可以得出两点结论：其一，清初侗族农村田赋税率较低，但清代中期以后，受军粮采买和义仓捐谷制度的影响，侗族农村的田粮负担逐步加重，至清末达到顶峰。其二，侗族地区的地权分配相对平均，极少大土地占有者，贫富差距相对较小。但是，由于清代中期人口的快速增长，侗族农村人地关

---

① 彭凯翔：《人口增长下的粮食生产与经济发展：由史志宏研究员的清代农业产出测算谈起》，载《中国经济史研究》2015年第5期。
② 平晓婧、蔡万进：《里耶秦简所见秦的出粮方式》，载《鲁东大学学报（哲学社会科学版）》2015年第4期。
③ 刘永华：《小农家庭、土地开发与国际茶市（1838~1901）——晚清徽州婺源程家的个案分析》，载《近代史研究》2015年第4期。

系紧张,绝对贫困人口成为主体,产生了严重的社会问题。①

苏金花认为,唐代西州和沙州绿洲农业充分利用各种水资源,修建完备的水利灌溉系统,制定严格的灌溉用水制度,设立完善的水利管理机制。西州和沙州绿洲农业的灌溉受地形、气候、水源等自然因素的制约,更受到政治、经济、文化等社会因素的影响。国家和地方政府在灌溉管理中占主导地位。②

吴建征等认为,统购统销是国家基于经济发展的整体需要而采取的一项制度。该制度的诞生曾经历一个反复论证的过程。在1953~1958年的实施过程中,一方面,国家通过该制度进一步整合乡村经济,将其纳入国民经济体系的框架中,重构了农村生产与流通体系,促进了农业合作化运动的发展,完成了对乡村经济的重塑;另一方面,乡村经济对统购统销制度进行了很强的回应,回应既包括积极的范畴,也包括消极的抵制。最终,在国家与农民的博弈中达到暂时平衡,统购统销制度得以延续与发展。③

(三) 农业技术进步

赵晓阳认为,20世纪初期,世界农业传教运动悄然兴起。在采用农业技术和作物育种改良等科学手段来传播福音的思想指导下,受到专业训练的来华农业传教士们,将美国农业现代化经验结合中国本土条件,积极进行推介和实践。他们卓有成效地创建和发展了中国农业现代教育、培育养成农业科技改良的思想和实践、开展国际化农业交流、推广新型农业技术和改良品种等,这些都成为中国传统农业转向现代化征程中的又一源头。④

刘建平等从"生平复杂,贡献卓越"、"开拓现代农学,投身农业教育"、"春风化雨,良工心苦"三个方面系统梳理了罗振玉在宣传提倡农

---

① 龙泽江、陈洪波:《新发现的侗族田赋实征册考释:兼论清代贵州清水江下游的田粮负担与地权分配》,载《史学月刊》2015年第8期。
② 苏金花:《从敦煌、吐鲁番文书看古代西部绿洲农业的灌溉特点:基于唐代沙州和西州的比较研究》,载《中国经济史研究》2015年第6期。
③ 吴建征、朱汉国:《国家整合与经济重塑:统购统销与乡村社会发展之嬗变(1953~1958)》,载《河北学刊》(石家庄)2015年第5期。
④ 赵晓阳:《思想与实践:农业传教士与中国农业现代化:以金陵大学农学院为中心》,载《中国农史》2015年第4期。

业新技术、改革传统农业思想、传统农学与科学试验相结合的新思想等的卓越贡献,以期为当前农业教育提供启发和借鉴。①

胡浩等认为,面积与土地生产率关系一直是农业发展进程中的争议话题之一。利用卜凯农村社会调查原始数据,以实证估计方法计算出小型、中小型、中型、中大型和大型农户的土地生产率差异,并验证了在传统农业中存在着耕地面积与土地生产率的负向关系,显现出"小农"优势。在分析不同规模农户的生产行为差异及外在劳动力市场特征的基础上,认为劳动力市场不完善是造成"小农"优势的根本,而家庭生产行为差异是其外在表现,并直接引发了耕地面积与土地生产率的负向关系。②

张杰认为,新法养蜂在清末传入我国,入民国后渐得推广。在国困民穷的时代背景下,养蜂业被知识界赋予了振实业、挽利权、救农村的重大使命。在地方政府和民间力量的共同推动下,养蜂业曾一度呈现繁荣态势。由于农家经济的贫困、新式养蜂技术的相对复杂以及传统观念的桎梏,导致新式蜂业在全国推广有限。而弥漫在蜂业中的投机风气又予新式蜂业以致命性破坏。日本的全面侵华,更将残喘中的蜂业摧残殆尽。③

三、工业、企业史

(一) 企业制度的变迁

朱荫贵认为,抗战胜利后,中国国家资本企业在政府授予的特权下,大量接收敌伪资产,实力大大增加,而在抗战时期发挥重要作用的民间资本企业却受到种种限制和阻碍。南京政府实行这种政策,有着复杂的根源和背景,其中轮船招商局和民生公司就是国家资本和民间资本出现不同待遇和发展路径的典型代表。④

林盼等认为,新中国成立后,计件工资制一度在国营工厂中得到普遍

---

① 刘建平、华静、王玉斌:《中国现代农学的开创者:记京师大学农科大学首任监督罗振玉先生》,载《中国农史》2015 年第 5 期。
② 胡浩、于敏捷:《中国 20 世纪早期农户耕地面积与土地生产率关系研究:基于卜凯农村社会调查》,载《中国经济史研究》2015 年第 5 期。
③ 张杰:《民国蜂业探析 (1912~1937)》,载《古今农业》2015 年第 2 期。
④ 朱荫贵:《抗战胜利后的轮船招商局与民生公司》,载《国家航海》2015 年第 3 期。

推行，并对提高工人劳动生产率起到了正向作用。但是，计件工资制很快即遭批评和大范围取消。计件制的迅即终止表明，基于"个体绩效主义"原则的计件工资制度与等级工资制下的技术养成、劳动力调配和生产组织之间产生了巨大的张力，而这成为上世纪50年代后期国营企业劳动力管理和激励模式转变的起因。①

赵晋认为，1952年上半年的"五反"运动，矛头直指资本家阶层，就连"民族资本家"亦难幸免。但是，"五反"运动对资本家及其产业也不是一直一样的，从"四反"时的相对宽松、"五反"初的极度紧张到"五反"中后期的"保护过关"，政府对诸如刘鸿生等有重要影响的大资本家存在着区别对待的另一面。同家族命运相连，章华毛纺公司这个刘氏家族的核心企业亦经历了运动最初的朝不保夕，运动中后期的勉予维持，到运动结束时政府的大力扶植，命运可谓一波三折。尽管章华毛纺公司终未倒闭，但其经营模式已发生结构性变更，完全服膺于国家工业化的战略目标。②

（二）中国的手工业

李英华等认为，郧县后房遗址2010年的发掘在第2层和第3层分别出土了89件和73件石制品，时代初步推断为中更新世晚期至晚更新世初期。运用技术分析法对该石器工业的分析表明，古人类在打制概念、方法和管理层面上既有明显的稳定性，又有重大的突破和变化，其管理模式向更周密、更成熟的方向发展。该项分析为今后中国石器工业的技术分析提供了重要个案。③

韩华重点对木工、水工、犁工、锻工、削工和车工等简文进行考察，从汉简中的"工"所代表的手工业发展、汉简记录和出土遗物看其他手工业、工的身份与相关文书两方面结合传世文献对两汉西北边塞的手工业发

---

① 林盼、朱妍：《工人分化与激励异化：20世纪50年代国营工厂的计件工资制度》，载《史林》2015年第3期。
② 赵晋：《1952年"五反"运动前后的私营工商业：以上海刘鸿生家族及其章华毛纺公司为中心》，载《近代史研究》2015年第4期。
③ 李英华、周玉端：《试论古人对石器工业生产体系的管理模式：以郧县后房旧石器遗址为例》，载《江汉考古》2015年第4期。

展状况进行初步探讨,揭示了两汉河西地区的手工业发展状况。①

张国庆认为,受中原汉文化影响,辽朝手工业经济发展较快,形成了诸多门类,诸如兵器制做、金属冶炼加工、车船制造、酿酒晒盐以及纺织印染等,应有尽有;各种手工业产品加工场所名目繁多,分布于全国各地。辽朝手工业门类与生产场所《辽史》等传世文献很少记载,大多见诸出土辽代石刻文字资料。②

李松杰等认为,景德镇是瓷业手工业城市,近代以来,以科学为核心的现代化理论在瓷业发展中居于主导地位,传统生产模式面临冲击与挑战。但是,在追求瓷业现代化过程中,新型瓷业管理理论忽视了传统体系的合理性,无法解释和解决传统瓷业社会转型所面临的具体问题。科学理论的提出和实践,并非意味着新的生产方式取代传统的生产方式,而是在二者的交融影响下,形成一套新的生产范式。③

蒋勤认为,19世纪中期以来,中国被迫逐步开放国内市场,传统手工业受到洋货冲击。虽然洋铁影响日著,但浙南石仓土铁业在同光年间顽强复兴,并维持到民国。土铁业"衰而未亡"的主因是广大内陆乡村区域市场为其提供了自我调适的时间与空间。④

四、商业、对外贸易史

(一)"商"的内涵

樊果使用晚清、民国期刊全文数据库,通过期刊文章研究1833~1936年间"商务"和"商业"观念。从中发现,随着社会经济环境的变化,社会公众对商务和商业的关注程度不断提高,关注内容广泛,"商"并不局限于流通领域,而是涵盖农业、工业、交通运输、金融等产业及相互间

---

① 韩华:《由西北简看两汉河西地区的手工业》,载《鲁东大学学报(哲学社会科学版)》2015年第4期。
② 张国庆:《辽朝手工业门类与生产场所考述:以石刻文字资料为中心》,载《辽宁工程技术大学学报(社会科学版)》2015年第5期。
③ 李松杰、于丰恺:《现代化与传统体系合理性的交融:以近代景德镇瓷业为例》,载《江西社会科学》2015年第9期。
④ 蒋勤:《清末浙南的区域市场与"衰而未亡"的土铁业》,载《清史研究》2015年第3期。

的联系，不仅包括国内外经济形势、贸易往来、货币金融和财税状况，而且包括经济法规、商务制度、经济政策、商业教育等多个方面。从构成和数量变动趋势来看，与"商"有关的社会观念逐渐更加具有务实的特点。①

（二）国内商业史

温翠芳认为唐宋两代沉香朝贡贸易发生了巨大变迁。首先，宋代朝贡沉香的次数较唐代大为增多。其次，宋代朝贡沉香的数量较唐代有了惊人的增长。再次，宋代朝贡沉香的种类较唐代有了大幅度增加。其变迁原因如下：宋人对沉香需求的扩大是宋代沉香朝贡贸易活跃的内因；南海诸国沉香产量的大幅度增长是宋代沉香朝贡贸易活跃的外因；宋代中国与南海诸国之间频繁的贸易往来对沉香朝贡贸易的发展也起了积极的促进作用。②

刘利平认为，明隆庆五年（1571年）广西巡抚殷正茂上奏的《运盐前议疏》是一份非常罕见的详载明代中后期广西官运盐业各项成本和售价等具体数据的高质量珍贵史料。对该史料及相关其他史料的研究显示，明代中后期广西官运盐业的成本结构为购盐成本 55.41%，运输成本 16.44%，政府税费 20.48%，利息费用 7.67%；其商业利润率在 43.60% ~ 29.50%之间，平均为 37.33%，比同期淮盐水商 12.07%的平均商业利润率高出 2 倍。③

（三）对外贸易史

孔晓婷认为，明朝在洪武年间开始实行海禁制度，禁止私人海外贸易，海禁制度由此成为明朝的一项重要海外贸易制度安排；但到明朝中后期时，私人海外贸易已成为主要的贸易形式，隆庆开禁则标志着明朝海外贸易制度变迁的实现。针对这一制度变迁，已有研究多是基于史料进行的史学归纳研究，缺少经济学尤其是新制度经济学的系统分析。作者运用新制度经济学中的国家理论、制度均衡与非均衡以及利益集团理论分析明朝

---

① 樊果：《中国近代"商务"和"商业"观念研究》，载《中国经济史研究》2015年第6期。
② 温翠芳：《唐宋两代沉香朝贡贸易变迁研究》，载《中国社会经济史研究》2015年第3期。
③ 刘利平：《明代中后期广西官运盐业的成本结构和利润率初探：以殷正茂〈运盐前议疏〉为中心》，载《中国经济史研究》2015年第6期。

海外贸易制度的安排与变迁发现：一是明朝实行海禁制度安排既存在必要性，又符合国家和封建统治集团的自利性；二是实施海禁制度时的外部成本是制度变迁的诱因，而私人海商集团进行制度变迁的收益大于成本则是制度变迁的前提。①

江争红等认为，在一口通商的"广东十三行"贸易制度中，行商是清政府授权专营和管理对外贸易的主体，其自发组成的类似卡特尔的公行，或多或少地受到地方当局或清政府的支持和干预。行商与公行在市场上是差异的经济行为主体。行商名义上拥有外贸专营权，但实际上公行通过在对外贸易中统一定价、限制交易量并进行市场份额的分配实现了对市场的控制与垄断。在公行制度的演变过程中，公行既要面对其内部成员为争取有利的市场份额的竞争，又要受到外部竞争对其外贸专营权的侵蚀，公行的垄断能力与垄断租金逐步丧失。在政府对公行的不利干预和管制下，行商难逃破产厄运。②

王翔认为，1924年7月，日本宣布施行奢侈品进口税案，再次对华绸进口征收高额关税，引发严重的中日贸易摩擦。为抗议日本政府横加重税，苏州丝绸业通过苏州总商会率先发难，以上书请愿、集会宣言、发布通电、游说当局等种种形式进行群体抗争，并得到上海总商会、中华国货维持会、江浙丝绸机织联合会等工商团体的大力支持和声援，掀起了合群抗争的风潮。在抗争日本增税的过程中，苏州丝绸业又一次变压力为动力，化危机为转机，实现了行业面貌的重塑，完成了自身的改良升级。③

焦建华认为，近代侨批跨国网络萌发于18世纪后期至19世纪中期的水客行业，20世纪20年代之前逐渐形成，其后进入快速发展时期。然而，因第二次世界大战时期厦门、汕头以及东南亚地区先后被占领，侨汇跨国网络遭受重挫。第二次世界大战结束后，因侨汇众多和金融投机盛行，侨批跨国网络进入鼎盛期。然而，因侨民逐渐认同于当地，当地政府限制或禁止侨汇，以及新中国政策变化，侨批跨国网络趋于消逝。④

---

① 孔晓婷：《论明朝海外贸易制度变迁：基于新制度经济学的分析》，载《经济研究参考》2015年第28期。
② 江争红、马陵合：《清代"广东十三行"贸易制度下行商衰落原因探析：基于垄断租金的视角》，载《贵州社会科学》2015年第9期。
③ 王翔：《外贸摩擦、合群抗争与产业升级：以20世纪20年代苏州丝绸业为中心》，载《历史研究》2015年第4期。
④ 焦建华：《试析近代侨批跨国网络的历史变迁》，载《中国社会经济史研究》2015年第3期。

曲韵认为，近代以来至新中国成立后社会主义改造全面完成前，私营进出口业曾是中国对外贸易中的一支重要力量。以天津、广州、昆明、上海口岸私营进出口业社会主义改造相关资料为基础，对新中国成立前后我国私营进出口业发展情况进行了回顾，探讨了"五反"运动对私营进出口业经营境况的短期冲击和长远影响。[①]

刁莉等认为石油危机是影响世界经济发展的重大问题。主要总结1973～1998年世界三次石油危机的特点及中国石油贸易发展的特殊战略。从中国的石油贸易发展战略来看，在第一次和第二次石油危机的背景下，与发达国家相反，中国主要以"能源外交"和"能源换外汇"型的出口战略为主。到了20世纪90年代，中国经济进入平稳增长期，且逐渐与世界经济接轨，对石油的消费需求随着经济的增长迅速增加，石油贸易逐渐由出口转为进口，我国石油业对国际石油市场的依赖性也越来越强。第三次石油危机爆发后国际石油价格剧烈波动，给我国的能源供求关系带来极大的冲击。因此，注意能源安全、完善国内石油定价、开发新能源成为第三次石油危机后至今我国仍然面临的重要问题。[②]

潘茹红认为，在浩如烟海的历代文献中，散存着不少以海洋活动为题材的图书，尚缺乏系统的搜集和整理。不同时期的海洋图书隐含着海洋经济变迁的线索，以海洋经济图书的变迁为介入点，挖掘海洋经济的历史记忆，是研究海洋图书的价值所在，也是探究历史上海洋经济所扮演角色的关键，可以从中把握中华海洋文明的发展进程。[③]

（四）历史上的丝绸之路

王子今认为，汉武帝时代占有河西、列置四郡、打通西域道路之后，丝绸之路的历史文化意义更为显著。结合出土汉简资料与遗址发掘收获了解河西地区民间市场的中原织品，可以增进对当时丝绸之路经济与文化功能的认识。河西"市"的繁荣为织品贸易提供了便利。活跃的西域"贾胡"可能亦对这些商品继续向西转运发挥了积极的作用。而河西毛织品的

---

① 曲韵：《"五反运动"对私营进出口业经营境况的影响分析》，载《中国经济史研究》2015年第6期。
② 刁莉、邰婷婷、蔡翊：《世界石油危机与中国石油贸易的战略发展（1973～1998）》，载《中国经济史研究》2015年第5期。
③ 潘茹红：《海洋经济的历史记忆：传统海洋图书的价值》，载《中国社会经济史研究》2015年第3期。

发现，也可以增进我们对丝绸之路贸易的认识。①

李树辉认为，丝绸之路"新北道"的开通始于西汉元始（公元 1~5 年）年间而兴于北朝时期，至唐代达到空前鼎盛期。"新北道"对于东西方文化交流所发挥的作用远高于南、中两道。"新北道"经乌鲁木齐市以北数十公里外的北沙窝南缘通过，乌拉泊古城不可能是用于征收"新北道"赋税的唐轮台。②

黄达远认为，作为观察中国历史变迁的一种整体性的空间视角，拉铁摩尔提出的"区域研究法"是以战略区与经济区关系整合为切入点。在处理俄国与内亚的问题方面，清朝动员举国上下的力量，以经济区支援战略区，促使"长城—天山"之间沿线区域关系的新发展，形成"长城—天山"商路，不仅标志内地与天山南北的经济联系进一步加强，而且也反映了国家命运开始从运河方向的南北轴向转为"天山—长城"东西轴向的摆动。这一商路的兴衰变迁，成为观察这一历史过程的重要"晴雨表"。③

五、财政、金融史

（一）财政史

田晓忠认为，作为沟通帝制国家与"富民"阶层的税收制度，唐中期发生了从以人丁税为主的租庸调向以资产税为主的两税法转变。两税税制改革适应了社会经济发展新形势，通过改革明确了在国家主导下的"富民—国家"权责利益关系。进入宋代以后，两税税制得以延续。方田均税和经界法就是宋廷推动的税制改革和厘正与富民关系的重要举措。此番改革结果表明，围绕财赋收益，"富民"与国家进行了反复的博弈，但"富民"阶层并未由此发展成为与帝国对立的异己力量，他们的利益诉求和博弈均被限定在帝国统治规范之内。宋代"富民—国家"关系仍处于以国家

---

① 王子今：《汉代河西市场的织品：出土汉简资料与遗址发掘收获相结合的丝绸之路考察》，载《中国人民大学学报》2015 年第 5 期。

② 李树辉：《丝绸之路"新北道"的开通与兴盛》，载《石河子大学学报（社学社会科学版）》2015 年第 3 期。

③ 黄达远：《"长城—天山"商路与近代中国国家建构的东西轴线：兼对拉铁摩尔的"区域研究法"探讨与应用》，载《新疆师范大学学报（哲学社会科学版）》2015 年第 6 期。

为主导、双方共赢互惠的统一体中。①

姜长青认为，1953~1957年中央与地方财政关系经历了多次调整，总的趋势是扩大地方财权。这一时期，国家在财力有限的情况下，中央集中财力推进以优先发展重工业为中心的工业化，并进行农业手工业和资本主义工商业的社会主义改造。中央政府在财政收支方面都占很大的比重，在国家财政体系中占据支配地位。"一五"时期中央与地方财政分权总体来看是成功的，推动了社会变革和经济发展。②

（二）金融史

程霖等从理论传播和制度实践两个层面梳理了近代中国存款保证准备制度的发展历程，并阐释了其制度特征与成因。结果表明：（1）近代中国的存款保证准备制度受到美国存款保险制度的影响，可从直接影响和间接影响两个方面来分析。美国存款保险制度在近代中国的传播经历了一个从否定到逐步肯定再到学习借鉴的过程。（2）随着中央银行制度的逐步完善，近代中国存款保证准备金制度的存款保险功能经历了"局部尝试—全面拓展—逐步独立"的过程。（3）虽然近代中国存款保证准备金制度的存款保险功能是在学习和借鉴美国存款保险制度的基础上形成的，但与美国不同的是，近代中国的存款保证准备金制度只体现出强制性特征，这是因为存款保证准备金制度对近代中国金融监管制度体系具有"路径依赖"③。

刘冲等认为，政府担保在金融危机期间如何影响储户的挤兑行为，对该问题的回答有助于我们从储户行为的视角认识政府担保在维护金融稳定中的作用。1935年的"白银风潮"作为中国近代史上的一次金融危机，为研究上述问题提供了绝佳的自然实验。他们利用总行设在上海的银行1932~1935年的资产负债表数据，实证检验了"白银风潮"期间政府担保对储户行为的影响。结果表明：政府担保显著降低了银行遭遇储户挤兑的概率，并且促使银行吸引更多存款流入；储户从不受政府担保的银行提

---

① 田晓忠：《宋代的"富民"与国家关系：以税制改革为核心的考察》，载《中国社会经济史研究》2015年第3期。
② 姜长青：《中央与地方财政分权及经济绩效研究（1953~1957）》，载《中国经济史研究》2015年第6期。
③ 程霖、何业嘉：《近代中国存款保证准备制度研究：发展历程及功能定位》，载《财经研究》2015年第8期。

取存款转而存入受到政府担保的银行,由此引起的存款再分配效应避免了整个银行体系的崩溃。此外还发现,具有政府担保的银行在危机期间投放了更多的信贷,这对经济的复苏起到了推动作用。这对于我国的金融安全网从隐性政府担保向显性存款保险制度的转型具有启示。①

张亚光等认为,随着近代新闻报刊事业的兴起,大众舆论对清末经济活动与经济政策的影响日益重要。通过系统整理和分析清末期刊与报纸中的文献,重点研究其中有关货币制度改革的大众舆论内容,从经济思想史的视角展现清末货币制度改革的概貌和演进脉络。研究表明:大众舆论对清末币制改革的讨论涵盖了改革的必要性和困难、本位制度的选择、辅币和货币单位的选择等多个方面,其中本位制度选择是当时讨论的重点和关键;尽管大众舆论基本一致认同金本位是大势所趋,但与此同时,大众舆论也认为币制改革应该考虑到特殊国情,因而不宜直接实行金本位,大多主张暂设银本位来进行过渡。这些来自大众媒介的观点代表了现实国情和民间习惯的要求,在一定程度上影响了清末的币制改革。1910 年《币制则例》中,清政府最终确定了银本位制度。②

管汉晖认为,经济学家就货币发行权利的归属问题有过激烈争论。而相关的实证研究迄今尚不多见。公元前 2 世纪中期的西汉文帝和景帝时期政府放任私人铸币的经历,为检验该理论提供了自然试验。研究发现,"行钱律"和"称钱衡"制度分别对应了 Gresham 法则的两种形式,在交易双方对铸币重量具有对称信息的条件下,货币市场的竞争导致高质量私人货币得以流通,基于钱币学和考古学发现的实证研究对此提供了支持。这验证了哈耶克"货币非国家化"理论的有效性,也修正了其金属铸币时期铸币权须由政府垄断、纸币时代才能实行自由货币的观点。③

赵留彦基于银点套利思想和门阈自回归模型,估计近代银本位下沪津间的银点。结论表明,晚清至民国时沪津的银点在显著下降。常数阈值模型显示,银点在清末为 1.1%~1.3%,而在民国降低至 0.4%。与清末相比,民国时期不仅银点减小了,而且在银点之外两市价差的收敛速度也加快了。时变阈值模型的结果表明,样本期内银点大约以 6% 的年率快速下

---

① 刘冲、周瑾芝:《金融危机、政府担保与储户挤兑:来自中国"白银风潮"的历史证据》,载《财经研究》2015 年第 8 期。
② 张亚光、钱尧:《大众舆论与清末货币制度改革:基于经济思想史的视角》,载《财经研究》2015 年第 7 期。
③ 管汉晖、陈博凯:《货币的非国家化:汉代中国的经历(前 175~前 144 年)》,载《经济学》2015 年第 4 期。

降。因此，民国时期沪津间银元套利机制的效率有明显提高，两地货币市场整合在加强。①

徐昂认为，1898年清政府发行的昭信股票开始在制度上允许金融机构参与国家内债事务。传统金融业在不少地区认领了相当数额的昭信股票，还向盐商和地方政府提供垫借款项应付摊派。昭信股票这一案例固然表明晚清国家财政对金融业的依赖，但金融业本身亦因经济形势产生了参与财政的需求，新式银行的最初发展离不开国家财经政策的支持。②

李吉奎认为，1923年2月孙中山重返广州，第三次在广东建立军事政权。广东经过多年的断续战乱，经济不振，军费负担沉重，故政府财政极度竭蹶。孙中山为寻求出路，决定派宋子文为行长，成立中央银行。中央银行成立的过程，央行设立之初究竟有无保证金，为何任命宋子文为行长，中央银行后最初的班底怎么样等，均是应该厘清的问题。③

宋佩玉认为，战后整个世界形势发生巨大变化，与此相应，在华外商银行的格局亦发生改变。但其中欧洲各国银行失去扩大海外投资的能力，美资银行恢复较为迅速，实力大为增强。然而，随着内战的深入发展，通货膨胀和物价飞涨的恶疾最终导致经济的崩溃。上海金融业呈病态发展，通货急剧膨胀，但信用却一直处于紧缩状态。一方面游资泛滥，另一方面正常业务多感资金拮据，外商银行在市场中配置资源的作用逐渐消失。随着金圆券改革的失败，金融危机狂飙突进，包括外商银行在内的所有金融机构都不能幸免于难，至1949年初，上海外商银行各项业务已经陷于停顿，其战后重振的梦想最终幻灭。④

孔祥毅认为，明清时期中国发生了商业革命，其时比较有影响的商人为十大商帮，其中晋商最为活跃，其活动舞台、财富积累、管理制度都处于领先地位，称雄中国商界五百余年。他们也是中国金融业的开拓者，金融革命的领头雁，在中国会计核算与财务管理方面有很多创新，为中国会计学的发展作出了重要贡献。⑤

---

① 赵留彦：《银点套利与清末民国的货币市场整合：沪津洋厘市场的证据》，载《经济学》2015年第4期。
② 徐昂：《昭信股票与晚清华资金融业关系研究》，载《近代史研究》2015年第5期。
③ 李吉奎：《宋子文与中央银行的设立》，载《广东社会科学》2015年第5期。
④ 宋佩玉：《重振的幻灭：战后上海外商银行的历史演变》，载《上海师范大学学报（哲学社会科学版）》2015年第5期。
⑤ 孔祥毅：《明清山西货币商人对中国会计制度的创新》，载《金融会计》2015年第6期。

六、生态环境与灾害救济史

(一) 灾害的经济社会影响

陈强认为,农民起义对于中国的历史进程与王朝周期都有重要影响,但目前对于农民起义的定量研究还比较缺乏。他构建了一个涵盖中国北方的王朝面板数据集,以王朝为横截面,时间跨度为公元 25~1911 年进行研究表明,严重饥荒及王朝年龄都与农民起义显著正相关;而作为政府能力的代理变量,政府救灾能有效地降低农民起义的概率。负向气候冲击(比如严重旱灾、蝗灾)主要通过严重饥荒这个渠道影响农民起义。人口密度、气温及其他气候变量(比如水灾、黄河决堤、雪灾与霜冻灾害)的作用不显著或不稳健。[①]

李楠等利用唯一的清代人口面板数据,通过构建倍差模型对太平天国战争与人口损失的因果关系进行考察发现,太平天国战争对近代人口变化有显著影响,受战争影响的区域与非战争区域相比年均人口增长减少35‰左右。即使在控制经济条件等因素,以及采用工具变量进行考察的情况下,该结果依然显著。这不仅揭示了太平天国战争对近代人口损失的净影响,对现有估计进行了修正,同时也丰富了有关中国在 19 世纪是否存在马尔萨斯陷阱的讨论。[②]

(二) 赈灾救荒

王志达认为,北魏统治时期,政府为赈灾救荒多次颁行"禁令","禁令"可分为"严禁令"与"开禁令"两大类,其内容涉及推动农业可持续发展,开放自然资源与民共享,禁酒,整饬吏治等,这是封建法制和帝王仁德之治的集中表现。北魏政权在维护其封建统治的前提下,积极赈

[①] 陈强:《气候冲击、政府能力与中国北方农民起义(公元 25~1911 年)》,载《经济学》2015 年第 4 期。

[②] 李楠、林矗:《太平天国战争对近代人口影响的再估计:基于历史自然实验的实证分析》,载《经济学》2015 年第 4 期。

灾救荒。①

杨继业认为，嘉庆十五年，甘肃发生大面积旱荒，灾民情状可怜，社会情形不安。时任陕甘总督的那彦成遵循赈恤民瘼、以纾民力的救荒思想，积极配置赈济资源，构建吏治防腐机制，使得荒政卓有成效，深刻反映出官员的实心实力是荒政取得实效的重要保障。②

（三）生态环境的经济社会影响

曹彩霞等认为，距今5000年前后西辽河上游地区的考古学文化主要有红山文化和小河沿文化，受这一地区特殊的生态环境影响，红山文化和小河沿文化虽然都存在着一定数量的农业经济，但农业经济始终未能取代采集渔猎经济成为主导性经济部门。这与基本处于同一时期的黄河流域原始文化的生业方式形成鲜明对比，充分说明生态环境对史前时期生业方式的选择和文化面貌的塑造有着重要的影响。③

魏柱灯等认为，以当代历史和经济史著作为资料，建立与历朝财政盈亏状态相关词汇的语义分级标准，重建了中国自秦朝至清末分辨率的财政等级序列，并分析其与气候变化的关系。结果表明，秦朝至清末的财政平衡大体经历了4个相对充裕阶段（220 BC – 31BC，441 – 760 AD，961 – 1210 AD，1381 – 1910 AD）和3个相对匮乏阶段（30 BC – 440 AD，761 – 960 AD，1211 – 1380 AD）。财政危机在寒冷—干旱的气候背景下爆发的可能性最大。财政平衡与温度和降水变化均成正相关，财政平衡的趋势性变化受长期的温度和降水变化影响较为明显。但受多因素的复杂反馈环节影响，两者在某些时段呈现反相位关系。④

胡英泽认为，黄河小北干流（龙门至潼关）河道游荡性强，引发滩地的面积、位置、壤质等变化，导致山西、陕西两省沿河村庄的争斗。清代至民国时期，中央政府在部分河段采取了几何边界划分原则，放弃了"以

---

① 王志达：《"禁令"与赈灾救荒：以北魏诏书中的禁令为中心考察》，载《农业考古》2015年第3期。
② 杨继业：《论那彦成的荒政保障建设：以嘉庆十五年甘肃灾赈为例》，载《中国石油大学学报（社会科学版）》2015年第4期。
③ 曹彩霞、孙永刚：《5000年前后西辽河上游地区生态环境与生业方式关系研究》，载《赤峰学院学报（哲学社会科学版）》2015年第6期。
④ 魏柱灯、方修琦、苏筠：《气候变化对中国古代财政平衡的影响》，载《地理科学》2015年第9期。

河为界"的自然边界原则。沿河居民为了适应环境与土地的变动,面临着划分边界、界定产权的困难,在长期的实践中,形成了黄河滩地农田制度、土地所有权的技术策略。①

---

① 胡英泽:《黄河泛滥、河道变迁与农地制度技术策略:以清代至民国的山、陕黄河滩地历史文献为中心》,载《广西民族大学学报(哲学社会科学版)》2015年第3期。

第四章 人口资源环境经济学研究新进展

2015年,学界围绕人口资源环境经济学的一些热点理论问题和重大实践问题进行了深入研究,取得了一些新的研究进展。

一、人口经济学

2015年学者们围绕人口结构变化和人口流动两个主题进行了深入而丰富的研究,尤其是对人口结构变化带来的经济各领域变化给予了重点关注。

(一) 我国人口结构状况判断

针对我国"老龄化社会"特征日益明显,学者们从不同角度进一步研究了我国人口结构状况,以理性地判断我国人口结构变化及其引发的相关风险。

1. 国际比较角度

高传胜将我国人口结构与其他金砖国家和工业六国进行比较发现,与其他国家相比,我国过早进入了"老龄化社会",因而具有它们都未曾有过的"未富先老"特征。同时,我国老年抚养率的持续稳步上升对应的是社会负担的不断增加,而少儿抚养率的快速下降则对应的是人力资本投资水平的下降。这意味着我国人口结构的变化导致我国面临着老年抚养负担持续稳步上升和未来人力资源、人力资本严重缺乏的双重社会风险。①

---

① 高传胜:《从国家比较看中国人口结构面临的双重风险》,载《学术界》2015年第1期。

2. 人口红利漏损角度

赵丽清等将人口红利进一步细分为第一人口红利和第二人口红利①，以红利漏损为切入点研究认为，我国存在着由于农村劳动人口文化素质较低导致的生产的社会价值低于实际价值的文化——红利漏损、由于农民进城工资低且无法享受公共服务导致的工资——红利漏损、由于退休年龄低导致的年龄——红利漏损、由于养老保险体系不健全带来的保险体系——红利漏损、由于农村土地制度导致的土地流转——红利漏损，以及由于产业结构不合理导致的产业升级——红利漏损六个方面的红利漏损。这意味着我国具有强大的潜在人口红利，从而我国由于老龄化带来的人口红利下降并没有大家认为的那么严重，关键是如何将上述潜在人口红利转化为现实人口红利。②

魏杰等认为，城乡二元化的户籍制度和土地制度阻碍了农村劳动力向城市的转移，使得我国在没有进入刘易斯拐点区域的情况下却出现了刘易斯拐点现象，即在城市化率很低的情况下出现了民工荒和粮食价格的普遍上涨。刘易斯拐点的提前到来，意味着我国把人口红利浪费了很多，意味着很多本该来到城市工作的农村劳动力因为制度原因没有一直待在城市。人口红利没有被城市部门全部吸收而是浪费在了农村农业部门。下一阶段的改革方向：一是提高全要素生产率，用提高劳动效率来缓解劳动力供给减少的影响；二是彻底废除城乡二元结构，改革土地制度和户籍制度，争取尽量多地从农村释放劳动力到城市来。③

3. 城乡区别角度

周芊突破了笼统探讨人口结构变化的局限，分别从城镇和农村两个方面研究了我国人口结构的变动特点发现，人口政策对人口结构的作用主要表现在城镇，农村的生育惯性是城镇的近四倍。而且，长期来看，城镇老龄化情况会随着经济社会发展迅速恶化，而农村老龄化趋势则相对稳定。④

---

① 第一人口红利是指劳动年龄人口与经济增长之间的关系，第二人口红利是指从理性预期角度研究老年人口与储蓄的关系。
② 赵丽清、沈小力：《潜在人口红利转化为现实人口红利的机制及路径》，载《财经科学》2015 年第 6 期。
③ 魏杰、杨林：《人口结构、新常态与经济改革》，载《税务研究》2015 年第 7 期。
④ 周芊：《人口结构惯性及其动态调整》，载《中国人口·资源与环境》2015 年第 5 期（增刊）。

（二）人口结构变化对经济增长的影响

人口结构对经济增长各方面的影响一直都是学者们研究的重要内容，2015 年学者们在范围和深度上都有了进一步的拓展和深化。

1. 人口结构变化对经济转型的影响

当前，我国已经进入人口增长率降低、劳动年龄人口减少、人口老龄化加速、人口素质显著提高、人口城镇化快速发展的人口新常态，这不仅是我国经济新常态形成的决定因素之一，同时也是新常态下经济运行的基础性条件①，为此，学者们围绕人口老龄化和少儿抚养比下降两大人口结构变化对经济转型带来的影响进行了深入研究。

（1）对消费的影响。

随着我国经济增长模式逐渐转向消费拉动型，学者们对人口结构变动带来的消费变化给予了高度关注，这是因为人口负增长、老龄化和城镇化都会直接改变消费需求的水平和结构②。一是老龄消费会快速增长。崔凡等指出，人口结构转变催生了庞大的老龄市场，老龄经济将有可能成为我国新的经济增长点。他们推测认为，2011~2050 年老龄人口持续上升到 4.46 亿，老龄消费占比将由 2011 年的 10.65% 提升至 2050 年的 30.14%。③ 二是城乡居民消费表现出差异。王欢等研究发现，城镇、农村居民人口年龄结构通过家庭人均收入增长率对消费具有偏效应，其中少儿抚养比对城镇居民消费率具有显著偏效应，老年抚养比对农村居民消费具有显著偏效应，这表明在家庭收入增长的情况下，城、乡居民家庭消费分别存在向照料子女、赡养老人方面的倾斜。④

（2）对产业结构的影响。

人口既是生产者又是消费者，从而人口结构与产业结构之间存在相互影响。梁树广认为，一方面，人口结构通过影响需求和劳动力结构决定了各产业规模、效率和质量，从而决定产业结构水平；另一方面，不同产业

---

①② 李建民：《中国的人口新常态与经济新常态》，载《人口研究》2015 年第 1 期。
③ 崔凡、覃松、伍德安：《基于人口结构转变的老龄消费研究》，载《吉林大学社会科学学报》2015 年第 6 期。
④ 王欢、黄健元：《中国人口年龄结构与城乡居民消费关系的实证研究》，载《人口与经济》2015 年第 2 期。

结构需要不同劳动力结构,从而也间接地影响人口结构。①

从目前的研究来看,基本上都认为人口老龄化趋势有利于产业结构升级。例如,汪伟等研究发现,人口老龄化主要通过增加消费需求、加快人力资本积累和"倒逼"企业用资本和技术替代劳动来应对劳动力成本上升,促进了产业结构升级,同时也通过降低劳动生产率,对产业结构升级造成了一定的负面影响。总体而言,人口老龄化对中国产业结构升级的净效应为正。② 范洪敏等对人口结构与产业结构的耦合度研究也肯定了人口结构变化对产业结构升级的正面影响,他们指出,2001~2012 年,一方面我国继续承接发达国家低端劳动密集型产业转移,仍需要大量的劳动力资源;另一方面,激烈的市场竞争促使劳动密集型产业等低端产业优化升级,低素质无法满足产业升级的技术与文化要求,从而出现"民工荒"现象。且随着我国老龄化程度加深,适龄劳动力资源短缺制约着第二产业的发展,人口结构和产业结构出现磨合,但人口结构变动也会刺激产业结构调整升级,二者呈现同步优化趋势。③

(3)对创新的影响。

随着创新驱动战略的实施,人口年龄结构对创新的影响也逐渐进入学者们的视野,例如,姚东旻从影响机制和实证结果两个方面梳理了主流文献关于人口年龄结构和创新的内在联系,他们总结发现,创新和年龄结构之间存在明显的倒 U 型关系,这种关系在个人、企业、行业和国家层面都有丰富的实证证据支持,根本性创新更多的是年轻人完成的,而渐进性创新则和年龄结构基本无关。但也明确指出,人口结构老龄化对创新的影响不容忽视,但国内对这方面的研究还非常不足。④

2. 人口结构对房地产的影响

在老龄化与住房价格的关系上,国外学界提出了"资产消融"假说,即人口老龄化会降低居民住房总需求,导致房价下降,甚至市场崩溃。然而,我国在人口老龄化深化的同时却出现了房价的不断上涨,对此,学者

---

① 梁树广:《供需双重视角下人口结构变动与产业结构升级的互动机理研究》,载《改革与战略》2015 年第 7 期。
② 汪伟、刘玉飞、彭冬冬:《人口老龄化的产业结构升级效应研究》,载《中国工业经济》2015 年第 11 期。
③ 范洪敏、穆怀中:《中国人口结构与产业结构耦合分析》,载《经济地理》2015 年第 12 期。
④ 姚东旻、李三希、林思思:《老龄化会影响科技创新吗——基于年龄结构与创新能力的文献分析》,载《管理评论》2015 年第 8 期。

们从不同角度进行了解释。

第一,拓展人口结构内涵角度。李超等总结了国内外学者关于人口结构与住房需求的研究视角,认为人口结构包括人口的自然结构(数量、年龄、性别,以及由此衍生出来的人口抚养比、少年抚养比)、人口的社会结构(收入结构和人力资本状况)和人口的空间结构(人口空间集聚、迁移)三部分内容,从而将拓展后的人口结构因素纳入研究框架研究认为,城市的常住人口和流动人口数量、居民的收入分配、人力资本状况,以及全社会的人口抚养比对城市的住房需求产生了显著影响。①

第二,家庭结构分化角度。邹瑾等指出,我国家庭结构小型化趋势增加了对住房的需求。② 李超等进一步指出,在房价上升预期背景下,家庭结构小型化趋势使得两代人储蓄同时爆发性释放,从而对住房市场化造成空前压力。③

第三,出生高峰角度。杨华磊等认为,2001年左右,随着80后出生高峰步入婚配,住房价格面临上升压力,2014年左右,随着90后出生低谷一带步入婚配,住房需求逐年下降,住房价格面临下降波动。④

第四,城镇化角度。郭娜等实证研究认为,人口老龄化对房地产需求具有负向影响,但城镇化会推高房地产价格⑤,房地产价格的变动方向取决于二者作用的大小。

第五,非人口结构角度。邹瑾等在对我国背离"资产消融"假说解释时,还从高储蓄率与投资渠道匮乏、住房需求多元化和储蓄的代际转移等非人口结构因素进行了解释,认为这些因素都增加了对住房的需求,从而引发房地产价格上升。⑥

3. 人口结构对货币政策的影响

全球人口老龄化趋势不断加深,使得各国宏观经济金融环境发生深刻变化,货币政策也面临着新的挑战。⑦ 目前的研究,较多地从人口老龄化

---

①③ 李超、倪鹏飞、万海远:《中国住房需求持续高涨之谜——基于人口结构的视角》,载《经济研究》2015年第5期。
②⑥ 邹瑾、于泰华、王大波:《人口老龄化与房价的区域差异研究——基于面板协整模型的实证分析》,载《金融研究》2015年第11期。
④ 杨华磊、温兴春、何凌云:《出生高峰、人口结构与住房市场》,载《人口研究》2015年第3期。
⑤ 郭娜、吴敬:《老龄化、城镇化与我国房地产价格》,载《当代经济科学》2015年第2期。
⑦ 伍戈、曾庆同:《人口老龄化和货币政策:争论与共识》,载《国际经济评论》2015年第4期。

对通货膨胀的影响角度展开,并得出了老龄化会降低通货膨胀的结论。例如,蒋伟实证研究表明,底部老龄化(少儿抚养比下降)和顶部老龄化(老年抚养比上升),都会抑制通货膨胀,而且不同区制的国家,人口老龄化抑制通货膨胀的程度有显著差异,深度老龄化和经济水平发展较高国家,该抑制作用更大。① 池光胜基于巴萨效应,也实证得出了类似的结论。② 但是,学者们在对人口老龄化是否会对货币政策的通货膨胀目标产生影响上仍存在许多争议。③

4. 生命周期理论检验

美国经济学家莫迪利安尼提出的生命周期消费理论强调了个人消费与生命周期阶段的关系,并被扩展到全社会层面用以说明人口结构与储蓄和消费的关系。学者们围绕生命周期理论在我国是否成立以及如何解释进行了大量研究,这些研究主要从两个角度展开:

(1) 人口结构变化对储蓄的影响。

根据生命周期理论,随着人口老龄化不断深化,一国储蓄率应该有所下降,然而我国却存在着明显的生命周期理论悖论现象,即人口老龄化不断加深的同时,储蓄率反而不断上升。对此,学者们主要从两个方面尝试进行了解释:一是从寿命延长进行解释。汪伟等将人口老龄化的寿命与负担效应纳入研究模型并实证研究发现,由寿命延长带来的"未雨绸缪"的储蓄动机能够很好解释储蓄率在时间上的上升趋势也能解释区域间的梯度差异。⑤ 二是从少儿抚养比下降进行解释。⑥ 郑基超等认为,高储蓄率的很大部分要归因于少儿抚养比的下降,居民将本来用于抚养孩子的收入节约下来,形成了储蓄。2012 年,我国少儿抚养比为 22.2%,城镇化居民储蓄率为 32.13%,2000 年少儿抚养比和居民储蓄率则分别为 32.63% 和 20.42%。

---

① 蒋伟:《人口老龄化抑制了通货膨胀吗——来自跨国数据的经验证据》,载《中国社会科学院研究生院学报》2015 年第 5 期。
② 池光胜:《人口年龄结构转变对通货膨胀的影响研究——基于巴萨效应的视角》,载《国际金融研究》2015 年第 12 期。
③ 伍戈、曾庆同:《人口老龄化和货币政策:争论与共识》,载《国际经济评论》2015 年第 4 期。
⑤ 汪伟、艾春荣:《人口老龄化与中国储蓄率的动态演化》,载《管理世界》2015 年第 6 期。
⑥ 郑基超、倪泽强、刘晴:《人口结构对储蓄率的影响——基于分省面板数据的分析》,载《上海金融》2015 年第 3 期。

(2) 人口结构变化对国际收支平衡的影响。

对生命周期理论检验的研究，不仅围绕国内储蓄展开，而且进一步拓展到国际收支领域，但是实证结果存在支持和反驳生命周期理论的分歧。

一种实证结果认为，抚养比上升会显著改善一国的经常账户结余，与生命周期理论相悖。例如，李兵等利用第二次世界大战对人口结构的长期影响构造了面板数据的工具变量，以避免人口结构对经常账户影响中存在的内生性问题，并得出了与生命周期理论相悖的结论，认为抚养比变动引发的经常账户变化更加符合"预防性储蓄"和"谨慎性投资"假说，根据该结论，在我国人口抚养比面临拐点，未来可能持续上升的情况下，我国的经常账户盈余也会持续存在。[1]

另一种实证结果则验证了生命周期理论。例如，王有鑫等利用215个国家和地区1995～2012年非平衡面板数据实证研究发现，人口老龄化和少子化变动趋势对经常账户不利。这是因为：从供给角度说，老龄化和少子化变动趋势使一国劳动供给减少，劳动效率下降，从而对产出和出口不利；从需求角度说，老年人口占比提高，会增加该国的进口消费，导致经常账户出现逆差。[2]

（三）人口流动空间格局

伴随着快速城镇化进程，大规模跨区域的人口流动成为不可阻挡的趋势，人口迁移时空格局也发生着剧烈的变化。[3] 当前，学者们主要从全国层面和京津冀层面关注了人口流动的时空格局。

1. 全国层面

我国人口流动表现出强烈的空间差异，具体表现为：第一，人口向三大经济圈集中。我国人口流动中，主要的人口迁入地全部位于东部三个经济快速增长的发展区域（珠三角、长三角和京津冀都市圈），而主要的人

---

[1] 李兵、任远：《人口结构是怎样影响经常账户不平衡的？——以第二次世界大战为工具变量的经验证据》，载《经济研究》2015年第10期。

[2] 王有鑫、赵雅婧：《人口结构变动对经常账户的影响——基于215个国家和地区数据的经验分析》，载《当代经济管理》2015年第12期。

[3] 李扬、刘慧、汤青：《1985～2010年中国省际人口迁移时空格局特征》，载《地理研究》2015年第6期。

口来源地都是相对欠发达的中西部省份。① 我国人口省际流动的这一特征,得到学者们的高度认同,而且考虑不同时期都不会改变这一特征。例如,李扬等对 1985～2010 年五个不同时期人口迁移数据的考察,以及劳昕等②和刘涛等③对 2000 年和 2010 年人口普查数据的研究都得出了类似的结论。第二,人口向省会等中心城市集中。刘涛等研究指出,流动人口向内陆地区的省会等特大城市集中趋势明显,几乎所有地级市辖区范围内的流动人口都达到 5 万人以上,充分体现了地区性中心城市的快速崛起。④ 第三,南口人口流动更活跃。李扬等发现,南方省份人口迁移强度及变化趋势都强与北方省份,即 1985～2010 年间,南方省份的人口迁移较北方省份更活跃,这可能主要受到南北方自然地理环境以及文化差异的影响。⑤

2. 京津冀层面

随着京津冀一体化战略的逐步推开,学者们也对该区域的人口流动特点给予了大量关注,具体表现在:

第一,北京市人口极化特征明显。孟延春等研究发现,1982～2010 年近 30 年间,北京市人口空间分布总体格局呈现为人口增长速度提高、人口规模总量不断膨胀的基本态势,城市功能拓展区和城市发展新区人口增长速度领先,全市人口重心位于城市中心区的北部位置。北京全市域人口密度由内到外呈现较为显著的阶梯状递减特征,北京市人口分布呈现出更强烈的向心极化趋势和同心圆集聚趋势。⑥ 杨卡也研究发现,北京市常住人口仍然呈显著的单中心集聚形态,外围中心并未形成强势的人口聚集热点。⑦

第二,京津冀地区人口集聚的多中心仍未形成。杨卡运用空间自相关、空间基尼系数、人口—空间基尼系数对首都经济圈研究发现,京津冀都市圈中北京的首位特征突出,多中心性不明显,该区域 33.6% 和 35%

---

①⑤ 李扬、刘慧、汤青:《1985～2010 年中国省际人口迁移时空格局特征》,载《地理研究》2015 年第 6 期。

② 劳昕、沈体雁:《中国地级以上城市人口流动空间模式变化——基于 2000 年和 2010 年人口普查数据的分析》,载《中国人口科学》2015 年第 1 期。

③④ 刘涛、齐元静、曹广忠:《中国流动人口空间格局沿边机制及城镇化效应》,载《地理学报》2015 年第 4 期。

⑥ 孟延春、汤苍松:《改革开放以来北京市人口空间分布的变动特征——基于 1982～2010 年四次人口普查资料的分析》,载《中国人口·资源与环境》2015 年第 3 期。

⑦ 杨卡:《大北京人口分布格局与多中心性测度》,载《中国人口·资源与环境》2015 年第 2 期。

的城镇化人口与非农就业集中在北京，专业技术人员有60%聚集于北京和天津，专业技术人员中文学艺术工作人员和新闻、出版、文化艺术工作人员，以及科学研究人员空间基尼系数最大，分别有79%、73%和60%聚集于北京。[①]

第三，北京人口疏解效果存在产业差异。王继源等研究发现，以产业疏解带动人口疏解策略存在产业差异性，转移北京市批发零售业10%总产值，直接就业和关联就业将分别下降19.8万、4.1万人就业，最终减少23.9万就业人口，转移制造业10%总产值，直接就业和关联就业将分别下降14万、8.2万人，最终减少22.2万就业人口。北京应该主要通过疏解批发零售和制造业来进行人口疏解。[②]

二、资源经济学

大量资源经济学的研究都与能源有关，但随着水资源、稀有矿产资源等对经济增长的制约作用日益突出，水资源、矿产资源等也逐渐受到学者们的关注。

（一）能源需求和能源消费

虽然近年来我国能源消费增速有所减缓，然而要实现全面小康和现代化，仍然需要巨量的能源支撑，为此，学者们对能源需求的影响因素进行了深入分析，并以此为基础对未来的能源需求进行了预测。

1. 能源需求的影响因素

对能源需求影响因素的研究一直不断深化，目前的研究已经不再局限于个别因素对能源消费的影响，而是拓展到从这些影响因素之间的相互影响、相互关联的角度来探讨能源需求的影响因素。

第一，将工业化和城市化统一到能源需求影响因素分析框架。曹孜等

---

① 杨卡：《大北京人口分布格局与多中心性测度》，载《中国人口·资源与环境》2015年第2期。
② 王继源：《京津冀协同发展下北京市人口调控：产业疏解带动人口疏解》，载《中国人口·资源与环境》2015年第10期。

研究指出，在工业化进程中，城市化对与能源消费的拉动作用先增强后减弱。如果工业比重超过第一个门槛点 0.374，城市化对于能源消费将会产生显著的拉动作用，系数从 0.11 上升为 0.15，由能源消耗相对低的工业化初期开始进入以工业为主导的工业化中期阶段。工业比重从第一个门槛点到第二个门槛点 0.602 之间是城市化对能源消耗拉动作用最显著的一个阶段。之后工业已经具备相当规模和技术优势，能效逐步提高，城市化对能源消费的拉动作用趋缓。① 但是，曹孜等并未比较工业化和城市化二者对能源消费拉动作用的大小。谢利平则对比了城镇化和工业化与能源消费之间的关系指出，我国的能源消费最大的决定因素不是城镇化，而是工业化，工业和其中的制造业是中国能源消费的主导因素，决定了中国能源消费的增长和变动，城镇化并不会带来能源消耗的大幅上升，工业化的结构变动才是能源消费的主导因素。②

第二，将城镇化和经济增长统一到能源影响因素分析框架。关雪凌等将城镇化过程中经济增长与能源消费的关系作为研究对象，以工业化与城镇化的互动关系，以及城镇化与第三产业的关系来分析能源消费变化，研究发现，我国城镇的经济增长与能源消费整体处于"弱脱钩"状态，即城镇的经济和能源消费绝对量都在持续上升，而经济增长的速度快于能源消费的增长速度，我国经济增长和产业发展没有摆脱对能源的依赖。③

第三，将经济增长、技术进步、城市化统一到能源需求影响因素分析框架。肖德等将考察了人均经济增长、城镇化、技术进步对能源消费强度的非线性影响模式，实证研究表明，从经济增长角度来看，当经济处于高速增长或低速增长的极端状态时，经济增长对能源消费强度有较强的反向作用，技术进步增强了生产的能源依赖性，城市化也显著促进了能源消费强度提升。从城市化角度看，城市化进程增长率适中时，经济增长对能源消费有较弱的反向作用，技术进步对能源消费有显著的正向促进作用，当城市化率较低时，技术进步才会产生显著的反向作用。从技术进步角度看，当技术进步的增长率较低时，经济增长提升了能源强度，城市化率对能源消费有显著的反向作用，技术进步也对能源消费有显著的反向作用。

---

① 曹孜、陈洪波：《城市化和能源的门槛效应分析与预测》，载《中国人口·资源与环境》2015 年第 11 期。
② 谢利平：《能源消费与城镇化、工业化》，载《工业技术经济》2015 年第 5 期。
③ 关雪凌、周敏：《城镇化进程中经济增长与能源消费的脱钩分析》，载《经济问题探索》2015 年第 4 期。

而当技术进步增长率较高时,城市率对能源消费有较显著的正向作用,经济增长则显著地降低了能源消费强度。① 虽然他们尝试将经济增长、技术进步、城市化统一到能源需求影响因素的分析框架中,然而得出的结论却存在一些矛盾,或者与大家的认识和研究有较大差异,如技术进步对能源消费具有正向的影响,但是论文并未对此作出详细解释,还有待于深化研究。

第四,将产业结构、经济增长统一到能源需求影响因素分析框架。郝亚钢将产业结构、经济增长和能源消费结合起来,研究产业结构和经济增长对各地区能源消费的影响发现,能源消费、产业结构和经济增长存在着长期稳定的均衡关系。产业结构的优化升级会减少能源的消费,而经济的增长会带动能源消费的增加,并且不同地区的能源消费和经济增长的弹性系数存在区域差异,但是能源消费和产业结构的弹性系数却不存在区域差异。同时,能源消费与经济增长的倒 U 型曲线关系是存在的。②

2. 未来能源消费预测

学者们基本上都认同随着经济增长能源消费存在着先上升后下降的倒 U 型特征,并普遍认为我国能源消费仍然处于拐点左侧,即能源消费总量仍然处于上升时期,学者们主要对何时达到能源峰值和是否能够实现总量控制目标进行了讨论。

第一,峰值出现时间。对于我国能源消耗峰值学者们基本认为会在 2025～2040 年出现。例如,课题组基于能源库兹涅茨曲线认为,我国目前正处于工业化、城镇化中后期阶段,能源消费仍然处于上升阶段,预计到 2035 年左右,人均 GDP 达到 17138 美元左右时达到能源消费拐点。③ 沈镭等认为不能仅从生产角度考虑未来能源消费和碳排放空间,而应该根据经济发展的不同阶段人均能耗和人均累积能耗视角对能源消费峰值进行理性判断,他们指出,人口和经济等驱动中国能源消费的两大主要因素,参考主要发达国家经济发展过程汇总人均能源消耗及人均累计能耗变化规律定量预测认为,中国人均能耗、总量和人均累计消费量均有较大的发展潜

---

① 肖德、魏文婉:《经济增长、城市化与技术进步对能源消费的非线性影响效应研究》,载《经济经纬》2015 年第 5 期。
② 郝亚钢:《能源消费、产业结构与经济增长——基于省级面板数据的分析》,引自《产业经济评论》2015 年第 3 期,经济科学出版社 2015 年版。
③ 课题组:《中国经济发展与能源消费关系——基于能源 Kuznets 曲线的实证研究》,载《学习与实践》2015 年第 8 期。

力，2050年人均能耗大约仅相当于美国人均能耗峰值的76%。从各国人均GDP与累积能耗和峰值年份对比来看，以韩国情景、日本情景、法国情景和基准情景预测未来人均能耗演进趋势比较符合我国情况。法国情景下，我国能源消费"零"增长将出现在2040年左右，日本、韩国以及基准情景则显示，2035年后我国能源消费将进入2%左右的低速增长期。①

第二，总量控制目标能否实现。根据国务院办公厅发布的《能源发展战略行动计划（2014~2020）》提出的中期能源消费及煤炭消费总量双控目标，根据有关学者预测可以实现。例如，张峰玮等根据能源总量控制和工业化城市化发展阶段预测消费弹性系数认为，2015~2020年、2021~2025年、2026~2030年能源消费弹性系数分别为0.55、0.50和0.45。以2013年一次能源消费量为基础预测认为，2015年、2020年、2025年及2030年能源需求分别为39.8亿~40.1亿吨、46.3亿~47.3亿吨、50.9亿~52.0亿吨、54.4亿~54.7亿吨标准煤。② 从2020年煤炭消费量来看，应该可以控制在总量目标之内，然而，从2015年来看，明显低于实际能源消耗量，因此该预测的合理性还值得探讨。但是也有学者们认为，总量控制目标面临很大压力，如戴彦德等指出，"十三五"在实现全面建成小康社会的情况下，能源需求总量可能超过55亿吨标准煤，实现48亿吨标准煤的总量控制目标将面临很大的压力。③

（二）能源效率

对能源效率的研究仍然是学者们研究的热点，取得的进展主要表现在进一步完善能源效率测度和原因解释上。

1. 进一步完善能源效率测度方法

第一，将时间和空间性质进行综合分析，测度能源效率演化的时空局域特征，以反映能源效率在不同发展阶段、不同区域变化的异质性特征，

---

① 沈镭、刘立涛、王礼茂、陈枫楠、张超、沈明、钟帅：《2050年中国能源消费的情景预测》，载《自然资源学报》2015年第3期。
② 张峰玮：《未来中长期全国能源消费需求预测研究》，载《中国煤炭》2015年第6期。
③ 戴彦德、吕斌、冯超：《"十三五"中国能源消费总量控制与节能》，载《北京理工大学学报》（社会科学版）2015年第1期。

找到通过提高能源效率降低能源消费的有效途径。①

第二，采用两阶段 DEA 分析框架，在共同前沿 DEA 方法中引入 Bootstrap-DEA 方法，既考虑到决策单元之间生产技术的差异，又对 DEA 方法的内在缺陷进行纠正，以得到更为科学合理的评价结果。②

2. 对能源效率特征进行解释

针对测算的能源效率状况，学者们从各影响因素角度对我国的低能源效率和区域间能源效率差异进行了解释，但在观点上仍然存在明显的互相矛盾。

第一，技术进步对能源效率的影响。关于技术进步对能源效率影响的研究中，观点矛盾的现象最为突出。在解释各区域能源效率差距时，有的学者将其归结为不同区域的生产技术差异，例如张志辉研究认为，我国区域能源效率东部最高，中部次之，西部最低，呈现梯状空间分布，技术差距拉大是导致中西部与东部之间能源效率差距扩大的原因。③然而，相当一部分实证研究则得出了技术无效论，例如，盛鹏飞认为，我国全要素能源非效率的改善，主要来源于配置无效的降低，而技术无效则呈现出逐年增加趋势。④针对这种状况，有的学者从将能源反弹效应纳入研究视角，用以解释技术进步对能源效率的负面作用，认为能源效率提高虽然离不开技术进步，然而技术进步可能生产能源反弹效应，即技术进步在提高能源效率的同时会促进经济增长进而引致更多的能源消费。能源反弹带来的能源消费增加部分地抵消了对能源的节约。⑤有的将技术进行细分，认为"软"技术进步对能源效率具有显著促进与正面冲击效应，"硬"技术进步对能源效率的影响及冲击不显著。⑥

第二，产业结构对能源效率的影响。产业结构对能源效率的影响相对比较复杂，基于不同的侧重点，得出的产业结构对能源效率的影响方向就会存在分歧。例如，张志辉基于第二产业比重角度研究认为，产业结构对

---

①⑤ 罗会军、范如国、罗明：《中国能源效率的测度及演化分析》，载《数量经济技术经济研究》2015 年第 5 期。

②③ 张志辉：《中国区域能源效率沿边及其影响因素》，载《数量经济技术经济研究》2015 年第 8 期。

④ 盛鹏飞：《中国能源效率偏低的解释——技术无效抑或配置无效》，载《产业经济研究》2015 年第 1 期。

⑥ 冯烽：《内生视角下能源价格、技术进步对能源效率的变动效应研究——基于 PVAR 模型》，载《管理评论》2015 年第 4 期。

能源效率具有明显的负面影响,即第二产业比重越高,能源效率越低。①刘志雄基于第二产业为主向第三产业演进②,吴晓旭基于工业结构内部研究③则认为,产业结构优化对于能源效率提高具有正面促进。陈晓毅基于长短期时效区分研究认为,产业结构长期中对能源效率提升具有积极作用,但短期内不利于能源效率的改善。④ 这在一定程度上也为前后矛盾的两种观点提供了一个解释的视角。

第三,所有制结构对能源效率的影响。学者们也存在着明显对立的观点,有学者研究得出,所有制结构对能源效率有显著的正面影响,例如张志辉研究认为,国有及国有控股工业产值对共同技术率有显著的正面影响,所有制结构主要通过提高生产技术水平来影响能源效率。⑤冉启英则研究发现,所有制结构对地区能源效率影响存在差异,在全国范围,国有企业比重变化与整体全要素能源效率之间呈现负相关,外资企业与民营企业比重对全国能源效率影响显著为正。但在中部地区,国有企业对能源效率影响显著为正。⑥

(三) 能源安全

基于世界政治经济和能源形势的新变化,以及我国"一带一路"倡议的提出,学者们对新的能源安全观和"一带一路"战略下如何实施能源安全战略进行了深入研究。

1. 新能源安全观

在新形势下,传统的能源安全观面临挑战,为此学者们对新能源安全观的内涵从不同角度进行了解读,主要包括:

第一,综合运用不同理论范式构建能源安全。方婷婷将能源安全置于

---

①⑤ 张志辉:《中国区域能源效率沿边及其影响因素》,载《数量经济技术经济研究》2015年第8期。

② 刘志雄:《改革开放以来我国能源效率影响因素的实证研究》,载《生产力研究》2015年第4期。

③ 吴晓旭:《区域能源效率动态演化及其驱动因素研究——以豫、鄂、粤三省为例》,载《北京理工大学学报(社会科学版)》2015年第1期。

④ 陈晓毅:《能源价格、产业结构、技术进步与能源效率关系研究》,载《统计与决策》2015年第1期。

⑥ 冉启英、陈荣翼:《所有制结构对全要素能源效率的影响研究》,载《新疆师范大学学报》(哲学社会科学版)2015年第5期。

国家安全的高度认为，现实主义、新自由主义、建构主义和国际政治经济学这几大理论范式对能源安全的认识都具有一定的合理性，但又不乏明显的片面性，树立新的能源安全观应该对这些理论综合运用，构建多层面的能源安全观。一是实施能源多元化战略；二是构建国际能源合作机制；三是加强区域能源合作；四是提升国际能源领域话语权。①

第二，从来源、利用和环境三个角度审视能源安全。周涛等指出，我国能源安全应该从能源来源安全、能源利用安全和能源环境安全三个方面来考虑，三个方面都安全才是安全的能源，才能确保新常态下的经济发展。这就需要思想领先，制度保障，政府、企业、事业协调有序推进国内外能源安全。②

第三，全力发展新能源以替代传统能源。刘明德等指出，当前我国面临能源安全风险，在能源供应、运输、消费方面主要受到俄、美两国制约，为了从根本上改变受制于人的被动局面、保障能源安全，我国需要主动进行能源结构的战略性调整，倾全力发展新能源，摆脱对传统能源的依赖。③

第四，从价格和供应两个角度解读能源安全。师博等认为，可以围绕价格和供应两个层面对国家能源安全进行解读。一是国际原油价格波动对宏观经济的负面冲击；二是供应层面上要区分能源消费国和能源生产国，前者的"供应安全"是指能源供应渠道的可靠性，后者的"供应安全"是通往市场和消费者的充足渠道，并且能够确认未来投资的正当合理性。④

2. "一带一路"战略下的能源安全

"一带一路"战略的提出，既从政治经济、内政外交、军事合作等视角明确了我国今后周边外交的战略布局走向，又对我国能源安全具有重要的能源地缘政治意义。⑤ 学者们对"一带一路"战略下的能源安全提出了

---

① 方婷婷：《不同理论范式下的能源安全观研究》，载《当代世界与社会主义》2015年第3期。
② 周涛、宋明强：《新常态下中国能源安全观刍议》，载《华北电力大学学报（社会科学版）》2015年第2期。
③ 刘明德、李维妍：《从中美俄关系谈中国能源安全的战略构想》，载《党政研究》2015年第4期。
④ 师博、田洪志：《能源安全视角下中国与丝绸之路国家的能源合作》，载《社会科学研究》2015年第6期。
⑤ 朱雄关：《"一带一路"战略契机中的国家能源安全问题》，载《云南社会科学》2015年第2期。

新的建议,主要包括:

第一,推动形成亚洲共同能源安全发展新格局。黄晓勇认为,在"一带一路"倡议实施过程中,亚洲地区基础设施的互联互通和能源贸易合作的加强,将有助于化解能源出口国之间以及进口国之间的矛盾,实现亚洲共同的能源安全。中国应针对不同区域内能源竞争和合作的特点,分别与东北亚、南亚、中亚、东南亚各国开展地区能源市场建设,推动形成亚洲共同能源安全发展新局面。①

第二,通过参与全球能源治理加强国际能源合作。梁琦等指出,要借助"一带一路"战略布局构建中国能源重点,进一步深化与美国、环里海国家及俄罗斯、印度等国的能源战略合作关系。②

第三,构建与中亚国家能源安全链。师博等指出,中亚—里海地区是丝绸之路经济带上的重要地区,也是油气资源丰富地区,依托"一带一路"战略,培育我国与丝绸之路上中亚国家质检的能源战略合作关系,能够在石油供应多元化以及运输安全性等方面降低国家能源安全的脆弱程度。③袁培等指出,我国与中亚国家具有能源供需结构互补、地缘优势和良好的战略伙伴关系等构建国家能源安全链的基础,可以通过政府的主导和企业为载体来实施,以市场化运作为原则,通过依托上合组织框架下的协商互动平台、能源交易互动平台、资金融通互动平台,以及油气源储备机制、能源运输网络体系与内部的"政策、法律与机制"来组织完成,最终实现中亚各国的共同利益。④

(四) 经济增长中水资源安全

随着极端天气频发,很多地区水资源短缺现象日益突出,学者们对经济增长中的水资源安全问题关注越来越多。主要的研究进展有:

---

① 黄晓勇:《以"一带一路"促进亚洲共同能源安全》,载《人民论坛》2015 年第 8 期(上)。
② 梁琦、朱跃中、刘建国:《加强国际能源合作,维护国家能源安全》,载《中国能源》2015 年第 3 期。
③ 师博、田洪志:《能源安全视角下中国与丝绸之路国家的能源合作》,载《社会科学研究》2015 年第 6 期。
④ 袁培、刘明辉、葛晓燕:《"一带一路"背景下中国与中亚国家能源安全链构建》,载《新疆财经》2015 年第 4 期。

1. 水资源是否能够支撑我国经济中高速增长

面对水资源约束不断加强，学者们对经济增长中的水资源安全问题从不同角度进行了深入研究，都对目前水资源支撑经济中高速增长表示了担忧。

第一，国际对比角度。张培丽等构建了用水系数，运用日本、韩国在工业化、城市化进程中用水系数的经验数据，揭示出用水系数的变动规律，即在工业化、城市化进程中，用水系数维持在较高区间甚至持续上升，只有当工业化、城市化进程结束后，用水系数才开始下降。并以此预测了我国经济中高速增长对水资源的需求，结果发现，我国水资源总量能够支撑中高速增长，但是存在较大的结构缺口和污染缺口。①

第二，水资源环境与社会经济系统耦合发展仿真模拟角度。杜湘红等以洞庭湖生态经济区为例，仿真模拟水资源环境与社会经济系统耦合状况得出，2004~2013年生态经济区水资源环境优于社会经济发展状况，但水资源条件对快速增长的社会经济发展产生的约束作用较为明显，水资源与生态环境危机正进入潜伏期。2014~2023年经济发展对水资源环境呈现越来越显著的胁迫效应。②

2. 区域水资源承载力

由于我国水资源分布不均，部分地区水资源压力相对更大，因此，学者们对部分区域的水资源承载能力根据新形势进行了拓展研究。

第一，将南水北调纳入分析框架。刘晓等测算了南水北调进京后北京水资源短缺量和风险的变化发现，南水北调进京后，正常年能够保证北京用水，在枯水年可降低缺水比例60%以上，在平水年降低缺水比例40%以上，在丰水年缺水比例降低至零，且随着时间推移南水北调工程对缺水比例降低的效果增大。南水北调工程实施后北京市2015~2030年水资源短缺风险由70%~80%降低到26%~36%，降低了40%以上，且随着时间的推移，南水北调工程对水资源短缺风险的降低作用将继续增大。③

---

① 张培丽、王晓霞、连映雪：《我国水资源能够支撑中高速增长吗?》，载《经济学动态》2015年第5期。
② 杜湘红、张涛：《水资源环境与社会经济系统耦合发展的仿真模拟——以洞庭湖生态经济区为例》，载《地理科学》2015年第9期。
③ 刘晓、王红瑞、俞淞、马东春、梁媛、来文立、高媛媛：《南水北调进京后的北京市水资源短缺风险研究》，载《水文》2015年第4期。

第二，将城市群纳入分析框架。付桂军等根据年人均综合用水1000立方米的国际最低标准评价认为，呼包鄂城市群人口数量远远超过了水资源的承载能力。① 吴泽宁等采用水资源承载GDP总量和人均GDP表征城市群的水资源承载能力，把中原城市群作为一个完整系统，遵循系统内水资源共享原则，基于水资源优化配置模型分析发现，通过调整水资源配置指标、提高水资源利用效率、优化产业结构和人口分布等，到2020年水资源能够承载中原城市群经济发展规模。② 毋庸置疑，这意味着如果不做出调整，水资源将无法支撑中原城市群经济发展。

第三，将国际水资源合作纳入分析框架。一是将"一带一路"沿线国家纳入分析框架。郭利丹等指出，丝绸之路经济带涉及我国西北地区、中亚、西亚等水资源短缺和生态脆弱地区，所联系的地域范围远超出某一具体跨界河流流域的范围，丝绸之路经济带沿线国家所面临的水资源安全保障问题将受到更为复杂多样的多元化约束，我国应该制定与中亚邻国间的水资源协同开发战略框架为牵引，通过倡导构建沿丝绸之路经济带的水资源合作走廊，完善跨界水资源合作机制，以及加强跨地区水资源合作；并注重加强跨地区水资源协同开发和保护的关键技术研究和信息监测工作，完善水资源安全的支撑体系。③ 二是将周边国家纳入分析框架。李志斐指出，我国与十个周边国家尚未出现明显的水资源安全问题，但与七个周边国家存在语言性冲突，同时也存在水资源合作关系。目前，我国与周边国家在水资源安全关系上是一种非对称性的相互依赖关系，呈现出"低冲突—低合作"的结构状态。周边国家为改变这种结构状态下的水资源利用"不安全感"，正在联合某些域外国家在水资源领域形成一种制约中国的潜在联盟，对我国周边关系和安全环境形成负面影响。未来我国应该充分发挥水资源的战略"抓手"作用，构建服务于国家整体战略需要的水资源安全关系，利用好"亚洲水塔"的战略地位，把握水规则制订主动权和制高点，制订水资源安全战略，建立科学的利益分享与补偿机制，开辟周边外交新领域。④

---

① 付桂军、曹相东、齐义军：《区域城市群水资源承载力研究》，载《经济纵横》2015年第2期。
② 吴泽宁、高申、管新建、曹建成：《中原城市群水资源承载力调控措施及效果分析》，载《人民黄河》2015年第2期。
③ 郭利丹、周海炜、夏自强、黄峰、鄢波：《丝绸之路经济带建设中的水资源安全问题及对策》，载《中国人口·资源与环境》2015年第5期。
④ 李志斐：《中国周边水资源安全关系之分析》，载《国际安全研究》2015年第3期。

(五) 稀有矿产资源

随着世界范围内高新技术产业的快速发展,锑、钴、钨、钼、铟、镓、锗、钽等稀有矿产越来越受到各国的高度重视,发达国家已将其提升到国家战略的层面,并采取了诸多积极有效的措施。① 近年来,稀有矿产资源也逐渐进入国内学者的研究视野,并不断推向深入。

第一,总结了世界稀有矿产资源开发利用的趋势。童莉霞指出,当前世界稀有矿产资源表现出以下几个趋势:一是强调市场的基础作用,利用全球资源;二是重视资源的保护与合理利用;三是科技投入是应对资源竞争的利器;四是战略储备是发达国家的必然选择。

第二,分析了稀有矿产资源的全球供应风险。李鹏飞等指出,随着稀有矿产资源在战略性新兴产业的应用不断拓展,世界范围内稀有矿产资源供求关系趋紧,主要工业大国在稀有矿产资源领域的竞争加剧。在对6大类22种稀有矿产资源进行界定分类基础上评估认为,钨的全球供应风险最高,石墨次之,铯最低。我国应加紧制定实施稀有矿产资源的国家战略,积极应对稀有矿产领域的贸易摩擦,从而为战略性新兴产业发展提供关键原材料保障。②

三、环境经济学

2015年,经济学界对环境问题的关注更加突出,学者们主要在环境污染与经济增长关系、污染治理政策的绩效,以及评估我国低碳经济增长上取得进展。

随着加快转变经济发展方式,低碳经济发展受到社会各界的高度关注,当前我国低碳经济增长是否取得了实质性进展,以及达到了什么程度,学者们对此进行了评估,然而评估结果却存在较大分歧。

1. 近几年低碳经济发展取得较大进展

部分学者实证考察认为,近几年我国低碳经济发展取得较大进展,肯

---

① 童莉霞:《发达国家稀有矿产资源战略及启示》,载《宏观经济管理》2015年第11期。
② 李鹏飞、杨丹辉、渠慎宁、张艳芳:《稀有矿产资源的全球供应风险分析——基于战略性新兴产业发展的视角》,载《世界经济研究》2015年第2期。

定了我国经济增长方式在碳排放方面取得的成就。例如，雷明等研究指出，以全局 Malmquist – Luenberger 指数所测算的我国低碳经济增长率在 1998～2002 年和 2008～2013 年两个阶段分别增长了 0.2 个和 0.6 个百分点，而在 2003～2007 年这个阶段下降了 0.6 个百分点。分阶段来看，1998～2002 年期间，我国低碳经济增长率的提升是技术效率提高和技术进步的双重作用，而 2003～2007 年期间，低碳经济增长率的降低主要是由技术退步导致，这个阶段我国经济空前高速发展，但诸如钢铁、煤炭等能耗密集度高的产业发展过快，高能耗、重污染、低质量的增长模式使得经济、能源和环境不能协调发展，低碳视角下出现经济倒退。2008～2013 年期间，我国低碳经济增长率的提升主要归功于技术进步，期间技术效率有所下降这个阶段我国低碳经济增长率有明显增长，经历了经济高速增长同时资源过度消耗、环境严重破坏之后，我国加快了产业升级和调整结构，促进经济又好又快发展。① 王文举等也研究发现，虽然自 2003 年起我国工业再度出现重型化倾向，但在政府一系列政策推动下，基于发展度指数、协调度指数和协调发展度指数测度的中国工业碳减排整体成熟度呈持续上升趋势。② 杨翔等也发现，制造业的碳生产率整体上呈现增长的趋势，技术变化是其变动的主要因素。③

2. 碳排放仍在上升

然而也有学者研究发现，1995～2009 年我国的碳排放量大幅增长。彭水军等从生产侧和消费侧两个方面，采用 MRIO 模型测算和比较分析了 1995～2009 年我国的碳排放量，结果发现，该期间生产侧和消费侧碳排放均出现大幅增长，生产侧排放明显高于消费侧，且"入世"后二者差距呈现扩大趋势。这主要是因为大量的生产碳排放服务于美、欧、日等发达经济体的最终消费，存在明显的"发达国家消费与中国污染"问题。④

---

① 雷明、虞晓雯：《我国低碳经济增长的测度和动态作用机制》，载《经济科学》2015 年第 2 期。
② 王文举、李峰：《中国工业碳减排成熟度研究》，载《中国工业经济》2015 年第 8 期。
③ 杨翔、李小平、周大川：《中国制造业碳生产率的差异与收敛性研究》，载《数量经济技术经济研究》2015 年第 12 期。
④ 彭水军、张文城、孙传旺：《中国生产侧和消费侧碳排放量测算及影响因素研究》，载《经济研究》2015 年第 1 期。

四、人口资源环境的相互影响

作为一个二级学科，长期以来人口、资源、环境间的相互联系研究并不多见，这也表现了将这三者归结为同一个二级学科之下有一定的问题。相对来说，资源环境之间的关系稍微紧密一些。2015年的研究，学者们除了延续之前从节能角度探讨减排，从而探讨资源与环境之间关系以外，也开始将人口因素纳入到能源消费和环境污染研究框架，使得该二级学科才略有点"名副其实"。

（一）人口因素与资源消费

1. 人口结构与能源消费

张玉周研究指出，我国人口年龄结构变动对能源消费存在显著影响，少儿抚养比与能源消费呈反方向变动，原因主要是随着少儿抚养比的下降，劳动年龄人口比重逐渐上升，居民收入不断提高，从而推进居民家庭消费结构由温饱型向享受型和发展型转变。当前老年人口抚养比上升对能源消费影响有限，但随着我国人口老龄化加深，未来影响将日益显著。而且当进入工业化后期，经济结构转型完成以后，人口年龄结构变化对能源消费的影响将超过经济增长，因此应该将人口年龄结构因素纳入相关政策视野。[①]

2. 城市化与资源消费

李芬等通过中日韩三国对比研究发现，随着城市化水平的提高，城市化与土地资源、水资源呈显著负相关，与能源使用量呈显著正相关。中日韩三国城市化率每提高1%，人均耕地面积分别减少24m^2、10m^2、9m^2，人均水资源量分别减少64m^3、43m^3、21m^3，人均能源消费量分别增加

---

① 张玉周：《中国人口年龄结构变动对能源消费的影响研究——基于省际动态面板数据的GMM分析》，载《中国人口·资源与环境》2015年第11期。

42kg、76kg、111kg。①

(二) 人口因素与碳排放

人口因素从多个方面影响碳排放，具体表现在：

1. 人口年龄结构方面

田成诗等研究指出，人口年龄结构对碳排放影响显著。不同年龄人口所占比重不同，对碳排放影响不同。其中，30～44岁人口对碳排放的影响最大，15～29岁人口的影响不显著，60岁及以上人口比重对碳排放的影响为负。随着我国老龄化进程的加快，无论从生产还是消费渠道看，未来中国人口年龄结构变化都有减缓碳排放加速的可能。②

2. 家庭规模方面

王钦池研究指出，家庭规模对家庭人均碳排放的影响具有边际效用递减特征，与消费结构相对应，不同消费品的碳排放占家庭碳排放总量的比重不同。随着家庭规模的增大，食品、衣着、居住、交通通信类消费产生的碳排放比重呈现先升高后下降的趋势；教育文化和休闲、医疗保健、其他用品和服务消费则呈现相反趋势。这意味着，家庭规模减小将导致规模经济损失，从而增加能源消费和碳排放量。③

3. 人口空间集聚方面

肖周燕研究发现，人口空间聚集对生产和生活污染的影响均是非线性的，偏大和偏小的人口空间聚集水平对生产和生活污染均产生不利影响。环境库茨涅茨曲线能很好解释生产污染产生的原因，但对生活污染的解释力度有限。相对于生产污染而言，生活污染的产生往往与人们环保意识和生活习惯等相关，其影响因素更为复杂。我国目前的人口空间聚集水平在不断减弱，若不提升其聚集水平并控制在合理范围内，我国的环境污染将

---

① 李芬、李岱青、张林波、侯春飞、朱夫静：《中日韩城市化过程中的资源环境变化比较研究》，载《中国人口·资源与环境》2015年第4期。
② 田成诗、郝艳、李文静、曲本亮：《中国人口年龄结构对碳排放的影响》，载《资源科学》2015年第12期。
③ 王钦池：《家庭规模对中国能源消费和碳排放的影响研究》，载《资源科学》2015年第2期。

更加严峻。①

(三) 能源消费与碳排放

关于能源消费与碳排放关系的研究主要集中在两个方面：

1. 能源消费、碳排放与经济增长之间的耦合关系

学者们的研究基本都得出了能源消费、碳排放和经济增长之间具有密不可分的关系，如何平衡三者之间的关系是重点。

张在旭等研究发现，1990~2013年间，能源消费、经济增长和碳排放三者存在趋同增长的长期均衡关系和短期动态调整机制。碳排放对能源消费和经济增长存在单向因果关系，能源消费对经济增长存在单向因果关系，能源消费、经济增长和碳排放短期内受到碳排放的冲击影响较大，三者的主要贡献因子均为碳排放。②宋杰鲲等研究则指出，经济增长与碳排放存在单向因果关系，能源消费与碳排放存在双向因果关系。能源消费相比经济增长对碳排放影响更大。③杜祥琬等对三者之间的耦合关系进行了预测研究认为，如按假设的低碳情景发展，中国发展进入新常态，GDP预期增速虽有所下降，但经济总量仍保持良好增长态势，2020年后我国经济增长与能源消费开始呈现逐步解耦的趋势，中国煤炭和石油消费量在2030年前达到峰值，我国经济增长与高碳能源（煤炭和石油）消费将在2030年前解耦。至2050年，我国能源消费趋于饱和，增量接近零，而经济总量继续增长，经济发展与能源消费接近绝对解耦；二氧化碳排放峰值将于2030年（或之前）到达，能源消费与二氧化碳排放在2030年（或之前）实现绝对解耦。④

2. 低碳经济对能源结构的影响

低碳经济转型对能源结构的影响非常明显，这在学者们之间也取得了

---

① 肖周燕：《中国人口空间集聚对生产和生活污染的影响差异》，载《中国人口·资源与环境》2015年第3期。

② 张在旭、李明、张菲菲：《中国能源消费、经济增长和碳排放的互动关系研究》，载《中外能源》2015年第12期。

③ 宋杰鲲、张凯新、曹子建：《中国经济增长、能源消费与碳排放动态分析》，载《中国石油大学学报（社会科学版）》2015年第6期。

④ 杜祥琬、杨波、刘晓龙、王振海、易建：《中国经济发展与能源消费及碳排放解耦分析》，载《中国人口·资源与环境》2015年第12期。

基本一致的共识，即碳排放量约束对能源消费结构优化具有直接的影响。比如，吕连宏等指出，《大气污染防治行动计划》已成为当前和今后一个时期全国大气污染防治工作的行动指南，将对国家能源消费结构与布局产生深远的影响，其配套政策及相关能源发展政策的实施，有利于推动我国的能源生产和消费革命。① 柳亚琴等也指出，节能减排对能源消费结构优化调整起着促进作用，但另一方面也会对能源供给能力和高碳能源利用效率造成一定程度的负面影响，从而使碳排放约束和能源消费量约束对科技发展水平的抑制作用较大。②

---

① 吕连宏、罗宏、张型芳：《近期中国大气污染状况、防治政策及对能源消费的影响》，载《中国能源》2015 年第 8 期。
② 柳亚琴、赵国浩：《节能减排约束下中国能源消费结构演变分析》，载《经济问题》2015 年第 1 期。

下 篇

应用经济学研究新进展

第五章 国民经济学研究新进展

国民经济学主要领域的研究在2015年取得了较多新的进展,主要包括国民经济学学科建设、中国经济发展、政府治理、宏观经济调控、微观规制改革等一些热点问题。

一、国民经济学学科建设

胡乃武认为,加强国民经济学学科建设应做好以下六个方面的工作:一是紧紧围绕市场在资源配置中的决定性作用和更好发挥政府作用进行学科建设;二是加强教师队伍建设;三是坚持与时俱进的原则;四是按照学科专业培养目标所要求的坚实的基础理论和宽广的专业知识进行课程设计;五是编写高水平的系列教材和教学大纲;六是加强保障制度的建设。①

陈璋认为,国民经济学学科的发展要找准突破口,不宜在一些基本概念、对象、范围等过于抽象的理论问题上争论不休,必须针对中国现实经济问题和发展的需要,形成国民经济学发展的具体方向。国民经济学要在未来不断探索中发展自己、完善自己,实现振兴是一个长期的过程。②

黄泰岩认为,应该在中国经济学的话语体系中确定国民经济学的学科对象、学科边界。当前国民经济学面临着政治经济学、西方经济学、应用经济学、西方智库和中国实践五个方面的挑战,国民经济学的主要任务应该提供经济的路线、方针和政策。③

刘瑞认为,政治经济学是国民经济学的理论基础,国民经济学是政治经济学的原理应用,国民经济学应主要研究宏观、中观和微观问题,总量、结

---

① 胡乃武:《关于国民经济管理学的学科建设和教书育人的思考》,载《政治经济学评论》2015年第9期。
② 陈璋:《关于国民经济学学科发展问题的思考》,载《政治经济学评论》2015年第9期。
③ 黄泰岩:《国民经济学面临的新时代和新挑战》,载《政治经济学评论》2015年第9期。

构、运行、制度以及政策和战略规划,其研究范围、研究对象及研究所需知识比宏观经济学要广,国民经济学应该研究国民经济运行规律及其管理。①

宁吉喆认为,培养人才要从应用型、综合型和交叉学科型三个方面考虑,由于学科建设背景已经有了四个变化:中国已经从一个低收入水平国家逐渐向中下等收入、中等收入国家,现在是朝着中上等收入发展的国家;中国已经从计划经济体制转变到社会主义市场经济体制;中国已经从封闭型经济转变为开放型经济;中国正从粗放型增长向集约型增长转变,为此学科建设需要以中国特色社会主义理论、党的基本路线、发展经济理论为指导,教材建设要研究中国国情和中国发展阶段、重大比例关系、供求关系以及产业、城乡和区域问题,还要研究方法论问题。②

吴晓求认为,国民经济学学科发展要与时俱进,要有战略思维,具有开放包容的心态,要针对中国重大问题和重大现象开展研究。③

李稻葵认为,国民经济学面临着新的发展机遇,应该紧紧抓住中国经济的实际进行研究,人才培养强调宽口径、学科交叉和基本技能。④

李凯认为,国民经济学学科应该不断壮大,要强调理论定位、理论指导,强调管理职能。⑤ 赵丽芬认为,国民经济学学科建设要找准定位、形成特色方向、与时俱进。⑥ 张晓晶认为,国民经济学最重要的是解决中国问题,总结中国经验。⑦

二、中国经济发展

(一) 中国经济发展的挑战、机遇和新常态

1. 中国经济发展面临的挑战

李静等认为,成功跨入高收入阶段的国家在跨越临界点前至少应有10

---

① 刘瑞:《国民经济学科的发展》,载《政治经济学评论》2015年第9期。
② 宁吉喆:《关于国民经济管理学人才培养和教材建设的思考》,载《政治经济学评论》2015年第9期。
③ 吴晓求:《对如何发展国民经济学的几点建议》,载《政治经济学评论》2015年第9期。
④ 李稻葵:《国民经济学面临新一轮发展的重大机遇》,载《政治经济学评论》2015年第9期。
⑤ 李凯:《国民经济管理学科的必要性》,载《政治经济学评论》2015年第9期。
⑥ 赵丽芬:《国民经济学的定位与发展》,载《政治经济学评论》2015年第9期。
⑦ 张晓晶:《中国宏观调控的经验与创新》,载《政治经济学评论》2015年第9期。

年间均保持相对稳定增长，其连续增长减缓过程多集中于跨入高收入"门槛"之后。当前中国刚跨过中等高收入"门槛"，2008年出现增长减缓态势，2015年可能再次出现增长减缓拐点，这将使中国向高收入阶段跨越变得相对困难，为此需要适时转换经济增长动力机制，迎接下一个稳定增长的关键时期。①

张亚雄等认为，中国面临的挑战主要包括：一是全球科技产业变革加大了传统经济发展模式的转型压力；二是全球气候变化加剧生态环境约束；三是新一轮全球化高标准规则对我国国内规制形成挑战；四是经济实力提升使我国承担国际责任的压力加大。②

杨先明等认为，30多年来技术收敛对收入收敛的决定作用越来越显著，技术收敛对低收入国家收入提高的约束比高收入国家小。从长期来看，技术收敛对收入收敛的作用明确且积极，并且后期的技术进步努力更为重要。在这一期间中国与前沿国家的收入差距持续缩小，但技术差距依然很大，并且表现出总体缩小但不稳定的趋势。③

张军认为，庞大债务以及非正常渠道融资的高成本导致的利滚利，既吞噬了经济增长的成果，也侵占和抑制了有效投资需求，解决这一问题的核心应该指向债务负担的纾缓以及投融资方式的改善，应该实施更积极的有利于债务核销的财务政策、去中介化的融资方式以大力发展产业基金。④

2. 中国经济发展面临的机遇

吴涧生等认为，中国拥有的战略机遇发生了以下新的变化：一是由合作的传统机遇转变为主动管控摩擦、国际和区域和平环境的新机遇；二是由对发达经济体开放的传统机遇转向面向发达经济体与面向新兴市场和发展中国家开放并重、不断拓展对外开放空间的新机遇；三是由利用IT革命成果推动国内信息化的传统机遇转向积极参与新一轮科技革命和新兴产业发展、稳步推进新型工业化和城镇化的新机遇；四是由招商引资和扩大

---

① 李静、楠玉、江永红：《中国经济增长减缓与稳定增长动力》，载《中国人口科学》2015年第3期。

② 张亚雄、张晓兰：《从"十三五"时期国际经济环境看我国经济发展面临的机遇与挑战》，载《经济纵横》2015年第11期。

③ 杨先明、秦开强：《技术变迁、收入收敛的长期趋势与中国经济增长》，载《经济学动态》2015年第6期。

④ 张军：《中国经济的非常态：短期与中长期的出路》，载《中共杭州市委党校学报》2015年第4期。

出口的传统机遇转为"走出去"和扩大进口提升国际分工地位、更好利用国际资源和市场的新机遇等。①

张亚雄等认为,"十三五"期间,中国的主要机遇包括:一是对外经济合作领域扩大,企业"走出去"加快;二是加强全球资源整合,加速经济发展;三是新技术革命方兴未艾,新兴产业蓄势待发;四是国际金融制度改革达成共识,人民币国际化进程加快;五是全球治理面临改革调整,国际话语权有望增强。②

3. 经济发展的新常态

贾康认为"中高速"、"结构调整优化"、"创新驱动"是"新常态"的三个关键词,在走向和适应"新常态"时还要引领"新常态",调动一切潜力和积极因素,按照现代化国家治理的取向,对接"新常态",打开新局面,打造升级版,真正提高增长质量。③

刘伟认为,中国经济进入新常态,宏观经济新特征表现为既有通货膨胀巨大的潜在压力,又有经济下行的严峻危险的"双重风险"。适应新阶段经济失衡的新特点,宏观经济需要做出新调整,采取新政策、新方式、新制度,即采取积极的财政政策和稳健的货币政策;在宏观调控方式上关注需求的同时注重供给管理,关注包括产业结构、区域结构、技术结构、分配结构一系列结构政策目标的内在长期问题均衡;协调推进"四个全面"是实现我国制度创新的根本。④

金碚认为,中国经济的基本面发生了历史性的实质变化,已经进入了一个经济发展的新阶段。在这个新阶段中,将发生一系列全局性、长期性的新现象、新变化。"稳增长"着眼近期,"调结构"着眼中期,"促改革"着眼长期。在经济新常态下,最重要的改革方向和政策取向就是要形成"公平—效率"的新常态关系,这是能否实现经济新常态的特征之一——"从要素驱动、投资驱动转向创新驱动"的关键。经济新常态不仅是一种客观形势,而且是一种战略思维和战略心态,即以何种主观意识来

---

① 吴涧生、杨长湧:《我国重要战略机遇期内涵和条件变化研究》,载《中国发展观察》2015 年第 2 期。
② 张亚雄、张晓兰:《从"十三五"时期国际经济环境看我国经济发展面临的机遇与挑战》,载《经济纵横》2015 年第 11 期。
③ 贾康:《把握经济发展"新常态",打造中国经济升级版》,载《国家行政学院学报》2015 年第 1 期。
④ 刘伟:《经济新常态与经济发展新策略》,载《中国特色社会主义研究》2015 年第 2 期。

判定经济态势的正常和合意与否。①

齐建国认为,在市场经济语境下,中国经济"新常态"是从"非常态"向"常态"转变,即"计划经济常态"经过"市场化转型的市场经济非常态"进入"社会主义市场经济常态",是"旧常态—非常态—新常态"的转换,其核心在于形成新的市场经济规则、运行机制以及新的市场结构与模式,并持续演进。② 齐建国等还认为,中国经济新常态并非经济转型成功进入理想发展阶段的标志,相反,新常态表明中国经济进入诸多有利于经济增长的红利加速消失、经济增长的硬约束更强、结构转变压力加大的时期。这是经济发展的客观规律导致经济发展阶段转变和改革进入新阶段使经济增长的内在动力发生转换的必然结果。③

易森等认为,利益格局与经济发展彼此之间存在着辩证关联,都遵循着常态演变规律。正是利益格局的"反常态",激化了生产与消费之间的矛盾,使得中国经济发展"旧常态"无法持续。对利益格局进行必要调整,使其从利益分化、利益固化、利益错位的反常态转向利益整合、利益交融、利益归位的新常态,这不仅是破解消费需求不足问题的关键,更是当前中国经济发展新常态的内在要求。④

(二) 中国经济发展的主要影响因素

1. 经济结构调整

就总体结构而言,黄泰岩认为,新时期中国在"两个一百年"发展目标指引下,将于2027年左右超越美国成为世界第一大经济体,人均GDP进入高收入国家行列。为实现这一目标,必须坚持以经济建设为中心,以加快转变经济发展方式为主线,以经济结构战略性调整为主攻方向,实现工业化、信息化、城镇化、农业现代化同步发展,坚持全体人民共同富裕,坚持中国特色社会主义基本经济制度,以改革为强大动力,把握好改革与发展的平衡点。⑤ 胡鞍钢等认为,"十三五"期间经济结构调整应该

---

① 金碚:《中国经济发展新常态研究》,载《中国工业经济》2015年第1期。
② 齐建国:《中国经济"新常态"的语境解析》,载《西部论坛》2015年第1期。
③ 齐建国、王红、彭绪庶、刘生龙:《中国经济新常态的内涵和形成机制》,载《经济纵横》2015年第3期。
④ 易森、赵晓磊:《利益视域下的中国经济发展新常态》,载《财经科学》2015年第4期。
⑤ 黄泰岩:《新时期我国经济发展的目标、道路与动力》,载《经济学家》2015年第5期。

从农业与农村发展、产业结构、创新驱动发展、区域协调发展、新型城镇化建设、对外开放和参与全球治理等方面入手。① 田萍等认为在新常态下，中国的劳动力总量以及科技进步、结构优化、教育提升等影响全要素生产率的因素作用，会对经济的持续增长有正面的贡献。② 韩保江认为，中国经济中高速增长的基本动力有赖于科技创新驱动发展、扩大内需拉动发展、结构优化提升发展、城乡区域协调促进发展、生态文明推动发展、全面改革保障发展。③

就产业结构而言，邹薇等认为，中国的产业结构变迁对经济增长的影响具有阶段性特征，当前应该有效推进产业结构升级变迁，充分发挥产业结构转型升级对经济增长的持续推动作用。④ 匡远配等指出，中国产业结构合理化水平是不断向好的，但是离标准模型还有差距，同时产业高度值一直是递增的，中国产业结构优化值呈现"总体上分异、区域内聚类发展"的特点。⑤ 姜奇平认为"互联网+"将通过结构优化、业态优化和市场优化，向产业服务化方向调整，推动中国经济的转型升级。⑥ 王健认为中国应以自主创新建立完整独立的国民经济体系，重点领域主要有三个：一是社会需求巨大的领域，特别是消费需求日益增长速度及产业联动性强的产业；二是国防安全的领域，建立独立自主的国防产业体系，自主创新研究制造的传统武器和新型武器；三是机器人领域，工业机器人有服务型机器人，特别是与银发经济相关的家政机器人产业。⑦

戴觅等认为，产业结构在解释我国地区经济收敛问题中起到了重要作用，优化落后地区的产业结构，推进落后地区工业化进程有助于缩小我国地区之间经济发展的差距。⑧ 温涛等也指出，产业结构变化导致的城乡收

---

① 胡鞍钢、周绍杰：《"十三五"：经济结构调整升级与远景目标》，载《国家行政学院学报》2015年第2期。
② 田萍、张屹山、张鹤：《中国二元经济的数理印证与节点预测》，载《学术月刊》2015年第6期。
③ 韩保江：《中国经济中高速增长的"多元动力"——兼论习近平经济发展思想的基本内核与逻辑框架》，载《中共中央党校学报》2015年第6期。
④ 邹薇、楠玉：《阻碍中国经济加速增长之源：1960~2012年》，载《经济理论与经济管理》2015年第4期。
⑤ 匡远配、唐文婷：《中国产业结构优化度的时序演变和区域差异分析》，载《经济学家》2015年第9期。
⑥ 姜奇平：《"互联网+"与中国经济的未来形态》，载《学术前沿》2015年第5期（下）。
⑦ 王健：《新常态新动力：以自主创新建立完整独立的国民经济体系》，载《经济研究参考》2015年第8期。
⑧ 戴觅、茅锐：《产业异质性、产业结构与中国省际经济收敛》，载《管理世界》2015年第6期。

入差距、农民收入结构变化均对城镇化进程产生了正向效应。①

但也有人认为，当前我国经济增速下降不是结构性问题。杨天宇等认为，2008~2013年劳动力的产业间流动在总体上仍然是促进经济增长的因素，三次产业全要素生产率对经济增长的贡献率同时下降是经济增长速度放缓的真正原因，这意味着将中国经济增长速度放缓的原因归结为结构性减速是缺乏证据的。②

2. 要素配置

杨光等认为，随着生产率波动的增加，企业间资本边际报酬的差异也逐渐加大，其主要原因是调整成本所致，这意味着经济波动的增加会严重影响行业内的资源配置。③ 孙元元等指出，二元边际下省际间资源配置效率来源于产业集聚与生产率异质的互动作用，中国制造业在省际间的资源配置整体有效但却有恶化的趋势。④

于江波等认为，在全国范围内，资本和技术要素对经济增长的作用力呈现螺旋交替状态，劳动力要素作用力有限，对于区域经济而言，越靠近沿海区域技术要素的驱动力越强，资本次之，沿海地区劳动力对经济增长的作用力明显高于内陆地区。⑤

3. 金融发展

何其春等认为有两个作用决定收益分配：银行系统通过信用膨胀带来收益，吸引更多的劳动力资源进入银行业这一虚拟经济部门，从而拉低企业家创新的回报；但经济收益是通过企业家来实现的，由此使另一部分收益流向企业家，从而促进创新和经济增长。如果该收益主要流向企业家，则后者起主导作用，从而使信用膨胀促进经济增长；如果该收益主要流向银行等虚拟经济部门，则前者起主导作用，从而导致信用膨胀阻碍经济

---

① 温涛：《产业结构、收入分配与中国的城镇化》，载《吉林大学社会科学学报》2015年第4期。
② 杨天宇、曹志楠：《中国经济增长速度放缓的原因是"结构性减速"吗?》，载《中国人民大学学报》2015年第4期。
③ 杨光、孙浦阳、龚刚：《经济波动、成本约束与资源配置》，载《经济研究》2015年第2期。
④ 孙元元、张建清：《中国制造业省际间资源配置效率演化：二元边际的视角》，载《经济研究》2015年第10期。
⑤ 于江波、王晓芳：《经济增长驱动要素在空间与时间两维度的动态演变轨迹》，载《经济与管理研究》2015年第5期。

增长。①

刘锡良等认为，金融资本深化率和国外资本与开放经济条件下社会总资本比率的提高，以及金融结构与融资结构的改善对经济增长有正向促进作用，而真实资本深化率和金融资本比率的提高对经济增长却呈现出负相关关系。②

刘志彪认为，要以虚拟经济领域的改革给实体经济发展注入新动力，改革以商业银行为主导的间接融资结构，大力发展直接融资尤其是债券融资，以资本市场的适度泡沫，刺激和引导实体经济中的创新活动。③

张杰等认为，金融抑制体系导致我国实体经济维持发展所需要资本的长期化和实际获得资金的短期化之间的错配和扭曲，对经济的可持续发展造成了三方面的负面效应：一是推高了我国实体经济杠杆率的持续上升，加大了实体经济的债务成本，挤压和侵占了实体经济的利润，掏了实体经济发展的内在动力；二是对实体经济的转型升级以自主创新能力提升形成突出的抑制效应；三是对货币政策传导机制形成了突出的扭曲效应与阻滞效应。④

4. 投资需求

袁志刚等认为，投资仍旧是中国未来经济增长的重要动力之一，中国经济并没有出现投资过度，投资结构性过度主要源于非市场化的投融资体制，投融资体制改革是未来中国经济增长动转换的关键，应通过做实现金流促进传统增长动力模式转型升级，同时依靠的投融资体系改革提高投资效率，形成中国经济的新动能。⑤ 杨万平等认为，物质资本投入是现阶段中国经济保持高速增长的主要动力，但中国经济增长波动与全要素生产率的波动呈现较为一致的态势。⑥ 杨子荣等认为投资拉动经济增长确实存在着有效边界，当投资率较低时，增加投资能够有效拉动经济增长，当投资

---

① 何其春、邹恒甫：《信用膨胀、虚拟经济、资源配置与经济增长》，载《经济研究》2015 年第 4 期。

② 刘锡良、齐子漫、刘帅：《产融结合视角下的资本形成与经济增长》，载《经济与管理研究》2015 年第 7 期。

③ 刘志彪：《实体经济与虚拟经济互动关系的再思考》，载《学习与探索》2015 年第 9 期。

④ 张杰、杨连星：《资本错配、关联效应与实体经济发展取向》，载《改革》2015 年第 10 期。

⑤ 袁志刚、饶璨：《资产负债扩张与中国经济增长转型》，载《学术月刊》2015 年第 8 期。

⑥ 杨万平、杜行：《中国经济增长源泉：要素投入、效率提升还是生态损耗?》，载《西安交通大学学报》2015 年第 4 期。

率已经较高时，增加投资对经济增长的拉动作用不再显著。①

5. 消费需求

杨子荣等认为，当投资效率较低时，增加消费会抑制经济增长，只有当投资效率足够高时，增加消费才能够有效拉动经济增长。② 俞剑等认为，居民消费结构升级在产品结构升级这一途径下会促进我国制造业的增长，但会降低农业增长率，居民消费结构升级无法通过产业结构升级这一途径来影响农业的增长，这一结果表明"当前我国产业结构调整和优化是导致农业经济增速放缓"的观点是片面的。③

程虹等认为，质量是经济新常态下重要的新动力，主要表现在五个方面：产品服务质量评价的波动与我国 GDP 的年度变动趋势高度一致；质量评价的结构性差异反映了我国产业结构的变动；质量信息的不对称性抑制了我国有效需求的增长；城乡质量二元性的降低缓解了我国城乡经济的二元性；产品质量评价影响了我国区域经济增长的差异性。④

对于内需不足的原因，龙斧等认为，中国内需市场结构由于家庭核心消费范畴的形成而出现四种扭曲，核心消费范畴的形成对 GDP 增长的合理性、对日常/边际消费的价格、对家庭收入—支出的关系具有决定性影响，这四种扭曲和三大决定关系表明，正是核心消费不足导致中国消费内需不足。⑤

6. 制度建设

田国强等认为，中国经济超预期大幅下滑的深层次原因更多是制度层面上的问题，是市场化改革不够深入、政府与市场及社会治理边界不够合理、市场经济制度不够完善造成的。中国需要尽快从要素驱动转向效率驱动、创新驱动，其关键是进一步解放思想，推进改革开放，让中国沿着经济自由化、市场化、民营化道路前进，使市场在资源配置中真正发挥决定

---

①② 杨子荣、代军勋：《新常态下内需拉动经济增长是否存在有效边界》，载《经济理论与经济管理》2015 年第 12 期。
③ 俞剑、方福前：《中国城乡居民消费结构升级对经济增长的影响》，载《中国人民大学学报》2015 年第 5 期。
④ 程虹、李艳红：《质量：新常态下的新动力——基于 2014 年宏观质量观测数据的实证分析》，载《宏观质量》2015 年第 1 期。
⑤ 龙斧、王今朝：《核心消费决定论——从市场与消费的结构性扭曲看中国内需不足的根本影响因素》，载《河北经贸大学学报》2015 年第 6 期。

性作用和让民营经济发挥主要作用。市场化改革千头万绪，民营经济主体化、金融市场自由化、土地要素市场化是三大重要切入口。与此同时，为了增强改革的执行力和发展的驱动力，还需要从法治、执行力和民主监督三个维度加强综合治理，推动政府善治，建设有限、有为政府。① 任崇强等也认为，一些制度性障碍是导致经济增长系统脆弱性的主因，经济制度下有效发挥市场在资源配置中的基础作用，才可以更好地进行制度设计和制度创新，选择出适应的制度路径以促进经济增长。②

张劲松等认为，基于成本与收益的考量，地方政府往往仅从形式上保持与中央政府一致等方式象征性地执行中央政策，或通过数据造假等形式规避可能带来的风险，这一执行偏差在于中央政府与地方政府在利益上的分歧。③

潘盛洲认为，中国应该以深化改革转换经济发展动力，包括进一步深化行政审批制度改革、进一步深化以证券市场为代表的资本市场制度改革、进一步深化户籍制度改革、进一步深化房地产政策改革、进一步深化国资国企改革、进一步深化事业单位改革，以创新推动产业结构优化升级，包括优化创新环境、确保创新成果转化、积极推动新兴业态发展、大力推进农村一、二、三产业融合发展。④

（三）中国经济发展转型

1. 国家发展战略转型

欧阳峣认为，党的十八大以来提出了适合中国国情的大国经济发展战略转型，主要包括：从独立自主到内生动力的大国自主思维；从科技创新到体制创新的大国创新思维；从统筹谋划到协同推进的大国系统思维；从区域合作到新增长极的大整合思维；从稳中求进到贵有恒的大国稳健思维；从多元开放到丝绸之路的大国全球思维；从增长联动到利益融合的大

---

① 田国强、陈旭东：《中国经济新阶段的发展驱动转型与制度治理建设》，载《中共中央党校学报》2015 年第 5 期。
② 任崇强、翟国方、吴云清：《基于制度变迁的中国经济增长系统脆弱性演变过程及其影响因子研究》，载《经济问题探索》2015 年第 10 期。
③ 张劲松、杨书房：《碳强度考核背景下地方政府的行为偏差与角色规范》，载《中国特色社会主义研究》2015 年第 6 期。
④ 潘盛洲：《以改革创新推动经济平衡健康发展》，载《学习与研究》2015 年第 2 期。

国共赢思维；从平衡经济到重建秩序的大国责任思维。①

顾海兵等认为，中国经济的定位应当由大国经济调整为巨国经济，其总体规模性与内部多元差异相伴而生，规模性决定了强劲的经济发展内生动力，多元差异形成了地区间互补发展的吸引力，综合形成了独特的"巨国经济优势"。②

张占斌等认为，中国应以"两个百年"奋斗目标为逻辑线索，从经济大国不断向经济强国迈进。③ 戴翔等认为，随着中国经济增长进入新常态，开放型经济也进入转型发展新阶段，转型发展的新目标是从开放型大国向强国升级，发展效益从粗放向精致升级，开放领域从窄向宽升级，分工地位从被整合向整合升级以及话语权从被动到主动升级。④

谢安世等认为，在开放经济环境下，应制定和实施优势集聚导向的经济发展战略，形成优势集聚导向的经济发展模式，鼓励优势集聚导向的经济行为，使后发国家出现跨越式增长，加速缩小与先发国家的差距，并基于较高的长期增长率，实现经济效益和人均收入的赶超。⑤

2. 发展方式转型

徐珺等认为新常态下的中国赶超型经济增长进入了新阶段，传统速度型赶超增长模式亟待转型和创新，新常态下的中国经济赶超型经济增长的基本趋势和方向并未改变，改变的是赶超型经济增长的方式和条件，其核心是摈弃单纯的速度型赶超方式，追求可持续的、有质量、有竞争力的赶超型增长。⑥

肖翔等认为，中国未来需要克服人均资源不足、环境脆弱的不利因素，发挥大国经济的优势，尽快完成经济发展方式转变和产业结构优化升级。⑦

毛中根等认为中国需要切实提高居民收入、提高生产效率、降低消费

---

① 欧阳峣：《习近平大国经济战略思维简论》，载《学术前沿》2015年第8期（上）。
② 顾海兵、张敏：《中国经济的定位：由大国经济到巨国经济》，载《南京社会科学》2015年第10期。
③ 张占斌、周跃辉：《从经济大国迈向经济强国》，载《经济研究参考》2015年第4期。
④ 戴翔、张二震：《我国增长新阶段开放型经济的转型发展：目标、路径及战略》，载《中共中央党校报》2015年第5期。
⑤ 谢安世、于永达：《优势集聚导向的经济发展模式》，载《当代财经》2015年第9期。
⑥ 徐珺、权衡：《经济新常态：大国经济赶超型增长的新经验与新理论》，载《学术月刊》2015年第9期。
⑦ 肖翔、武力：《大国视角下中国产业结构与经济发展方式演变研究》，载《教学与研究》2014年第1期。

品价格、稳定居民预期以及完善金融服务，积极促进中国从生产大国向消费大国转变。①

曾国安等认为经济政策系统只有具有明确的坚定的支持集约型经济增长方式、限制和最终摒弃粗放型经济增长方式的性质，经济增长方式的转变才能最终实现。②

3. 政府治理转型

田国强等认为，"中等收入陷阱"从本质上讲还是制度转型困境，没有正确处理好发展与治国这两大内在逻辑关系，使政府失效、市场扭曲或失灵、社会失范同时存在和相互牵绊，以致滞留在转型途中。中国避免及跨越"陷阱"的治理之道在于国家治理模式重构，即通过合理界定和理清政府与市场、政府与社会的治理边界，来实现从发展型的全能政府向公共服务型的有限政府的转型，从要素驱动向效率驱动乃至创新驱动的转型，从传统社会向现代公民社会的转型，建立政府、市场与社会"三位一体"的国家公共治理模式，实现国家治理体系和治理能力的现代化。③

4. 制造业转型

徐广林等认为，在全球制造业逐步进入 4.0 时代的大背景下，作为制造业大国的中国则推出了"中国制造 2025"，力主在 2025 年实现由制造业大国向制造业强国的转变。当前，全球制造业的竞争已经转变成了技术和创新的竞争。随着自主创新能力的不断增强，"中国制造"向"中国智造"转型正在成为一个新的风口。④

罗仲伟等认为"十三五"及未来更长时期，中国制造业转型升级的指导思想应该是从聚焦于数量比例关系的"结构优化"向体现为产业技术和组织复杂性的"能力提升"转变，从重视低成本大规模的"平面扩张"向强调差异性多元化的"立体递进"转变。为此，需要在要素基础、制造

---

① 毛中根、杨丽姣、孙豪：《从生产大国到消费大国的传导机制——兼论美国经验》，载《哈尔滨工业大学学报》2015 年第 1 期。

② 曾国安、雷泽珩：《论经济增长方式转变的政策条件——以经济政策的根本性系统性调整促进经济增长方式的转变》，载《福建论坛》2015 年第 11 期。

③ 田国强、陈旭东：《中国如何跨越"中等收入陷阱"——基于制度转型和国家治理的视角》，载《学术月刊》2015 年第 5 期。

④ 徐广林、林贡钦：《工业 4.0 背景下传统制造业转型升级的新思维研究》，载《上海经济研究》2015 年第 10 期。

模式、产品生产和市场拓展等方面予以创新,实现要素从引进到全球整合的转型,制造模式从产品制造到产品创造和知识创造的转型,产品类型从标准化、模块化产品向一体化产品的转型,从"红海市场"向"蓝海市场"的转型。① 黄群慧等指出,中国制造核心能力提升的可能性主要表现在两个方面:一是通过架构创新和标准创新加强将一体化架构产品转化为模块化架构的能力,缩短或者破坏产品生命周期演进的路径;二是针对国外技术与中国本土市场需求不匹配的机会,充分利用中国的市场制造优势,不断提升复杂装备的架构创新和集成能力。②

(四) 中国经济发展空间

林毅夫认为,中国新常态从 2014 年开始,表现为经济中高速增长、经济结构转型,由于人均 GDP 相比发达国家仍然较低、产业升级潜力巨大,仍有 10~15 年保持 8% 增长的潜力,要使潜在增长变成现实,政府应该要用好政策,适时进行基础设施投资,完善各种配套设施,为民营经济发展、产业升级、劳动生产率的提高提供支持。③ 樊明也认为,依据当下中国和发达地区国家人均收入的巨大差距,中国还存在着巨大的经济增长潜力,在近期房地产是重要的经济增长点。④

张桂文等指出,"十三五"期间中国潜在经济增长率应该在 7%~9% 之间,要把潜在经济增长率转变为现实经济增长率,从二元转型角度看,还需在推进农业转移人口市民化、促进产业与区域结构协调发展、调整收入分配结构、促进政府治理模式转变,以及深化二元经济体制改革等方面做出不懈努力。⑤ 文礼朋等也指出,中国未来中长期增长趋势为在达到 12000 国际元的结构性减速之后,其经济增长速度要比较早时期的国家同一阶段的经验增速更快。⑥

---

① 罗仲伟、李先军:《"十三五"时期制造业转型升级的路径与政策转向》,载《价格理论与实践》2015 年第 11 期。
② 黄群慧、贺俊:《中国制造业的核心能力、功能定位与发展战略——兼评〈中国制造 2025〉》,载《中国工业经济》2015 年第 6 期。
③ 林毅夫:《新常态下中国经济的转型和升级:新结构经济学的视角》,载《新金融》2015 年第 6 期。
④ 樊明:《经济增长:数据及政治经济学分析》,载《河北经贸大学学报》2015 年第 5 期。
⑤ 张桂文、孙亚南:《二元经济转型视角下中国潜在经济增长率分析》,载《当代经济研究》2015 年第 12 期。
⑥ 文礼朋、胡胜威、秦敬云、郭熙保:《基于后发优势的中国经济中长期增长演变趋势研究》,载《贵州社会科学》2015 年第 4 期。

刘世锦等指出，改革开放以来中国全要素生产率快速提升，对高速经济增长起到了十分重要的作用，如果考虑到进口中间投入品技术含量的提升，生产率提升的贡献将更加显著。近年来中国全要素生产率增长呈现放缓趋势，这与成功追赶的经济体类似阶段的经验规律是相吻合的，但与拉美国家陷入"中等收入陷阱"时的情形有着根本区别，今后中国生产率的提升应由过去主要依靠技术追赶和要素跨部门流动，向更加注重原始创新和部门内部竞争转变。①

徐维祥等认为，我国的"四化"发展水平总体上扬，但地区差异明显，"四化"协调发展水平存在较强的空间自相关性，发展水平相似区集聚明显，"东高西低"态势依然显著，但南北发展逐渐趋于平衡，在此过程中低级别重心逐渐向西南方向移动，高级别重心较为明显地由南向北移动。②

三、宏观经济调控

（一）政府职能与作用

陈霞认为中国以经济绩效为中心的发展已经陷入一个悖论困境，社会不公成为困扰中国社会发展和社会稳定的关键点，经济呈现出发展与断裂并存的景象，中国国家自主性呈现出过度与不足的失衡局面，未来的均衡目标是有效性与有限性的结合，镶嵌性的有效国家能力和隔离性的有限国家权力是中国政府的改革方向。③白俊等认为当货币政策由宽松转为紧缩时，企业投资随之下降，但受到地方政府干扰较强的企业下降幅度较小，这一现象在政绩诉求较高的地区表现得更加明显。④

---

① 刘世锦、刘培林、何建武：《我国未来生产率提升潜力与经济增长前景》，载《管理世界》2015年第3期。
② 徐维祥、舒季君、唐根年：《中国工业化、信息化、城镇化和农业现代化协调发展的时空格局与动态演进》，载《经济学动态》2015年第1期。
③ 陈霞：《转变、困境与出路：中国经济发展与国家自主性》，载《内蒙古社会科学》2015年第3期。
④ 白俊、孟庆玺：《地方政府干扰了货币政策的有效性吗？》，载《经济学家》2015年第9期。

王志平认为，新常态下政府作用的"有退有进"需要更多勇气和智慧。就地方政府而言，要做到"三退三进"。"三退"是：从大量不必要的行政审批中退出来；从大量政府部门直接抓的产业项目中退出来；从怕经济增长速度下滑的"保速度"的习惯思维中退出来。"三进"是：在制度创新方面有所进；在社会保障建设方面有所进；在经营和消费环境建设方面有所进。① 景普秋认为政府作为资源所有者和宏观经济管理者，获取权利租金和税收，并在中央与地方、当代与后代居民之间进行再分配，以推动财富的形态转化，最终提升居民的生活水平与质量，实现资源财富共享。② 王佳等认为，地区腐败行为增加了污染物的排放量，对环境污染的总体效应显著为正，并且显著存在直接效应和间接效应，因此政府可考虑加大环境方面职务犯罪的打击力度和适时推进政治体制改革。③

张林山等认为，近年来我国的国有资本管理体制是以管资本为主加强国有资产监管，进一步完善国资监管体制，到 2020 年应基本建成以管资本为主的国有资产监管体系，进一步推进政企分开、政资分开、所有权与经营权分离，并取得决定性成果。④ 项安波等认为将强调顶层设计指引作用的"拉动式"改革和重视地方探索、容许试错的"推动式"改革相结合，在不触犯红线的前提下，鼓励地方因地制宜探索国资管理新模式，尽早释放改革红利，为丰富、完善中央顶层设计具体方案提供实践案例和探索经验。⑤

（二）宏观调控目标与机制

陆杰等认为，宏观调控是我国社会主义市场经济体系和运行机制的重要组成部分，其主要调控目标在于熨平经济周期波动，并将通货膨胀率稳定在目标范围之内。改革开放以来，我国通货膨胀与产出缺口呈同向变动关系，符合"产出—物价"菲利普斯曲线的一般规律，1981～2010 年的

---

① 王志平：《"全面深化改革"的最大障碍如何突破——新常态下政府的"退"与"进"》，载《探索与争鸣》2015 年第 12 期。
② 景普秋：《资源收益分配机制及其对我国的启示》，载《经济学动态》2015 年第 1 期。
③ 王佳、杨俊：《地区腐败、经济发展与环境质量：理论和证据》，载《云南财经大学学报》2015 年第 4 期。
④ 张林山、蒋同明、李晓琳、刘现伟：《以管资本为主，加强国资监管》，载《宏观经济管理》2015 年第 9 期。
⑤ 项安波、石宁：《鼓励地方因地制宜探索国资管理新模式》，载《发展研究》2015 年第 7 期。

宏观调控损失指数表明宏观调控有效性在 1996 年前较差，在 1996 年后得到了显著的改善，并在 2002 年后得到了进一步优化，损失指数逐渐向零收敛，基本实现了"高增长"、"低通胀"的宏观调控目标。①

张勇认为，宏观调控作为政府对市场经济的干预措施，必然要反映中国生产力发展水平的宏观要求。中国国民经济具有显著的结构化特征，即二元经济结构特征、制度化的结构特征和区域结构差异，这决定了结构优化成为宏观调控目标设定上的合理化选择。从历史经验和实践反思来看，推动国民经济协调发展，宏观结构优化应当成为国家战略、经济政策和宏观调控的总体取向。在新常态背景下，结构问题的表现更为复杂，宏观调控应该继续笃定结构优化不放松。②

郭克莎等认为，新常态下宏观调控的新特点将表现为调控思路的重大转变，即转变为主要稳定经济增速、主要防控通货紧缩、主要防范资产泡沫破裂、主要促进转型升级、主要激发市场活力。③ 张晓晶认为中国宏观调控新常态具有九大特征：突出供给思维，应对潜在增速下滑；明确"上限"、"下限"和"底线"，完善区间调控；理解经济异质性与增长非均衡，重视结构性调整；"牵手"战略规划与财政货币政策，拓宽宏观调控视野；确立调控新指挥棒，重启地方竞争；考量利益博弈，把握宏观调控政治经济学；关注大国溢出效应，践行负责任宏观政策；尊重"市场决定论"，宏观调控不能包打天下；推进"机制化"建设，构筑宏观调控基本遵循。④

（三）宏观调控政策

1. 财政政策

黄赜琳等指出，当前财政政策的主要特点表现在：政府支出冲击加剧中国实体经济波动，而税收冲击对经济波动的影响不显著；降低劳动收入和资本收入的税率都能促进经济增长和带动资本及劳动的供给增加，降低

---

① 陆杰、王立勇：《改革开放以来我国宏观调控的有效性研究》，载《宏观经济研究》2015年第 3 期。
② 张勇：《我国宏观调控的结构优化目标分析》，载《中国特色社会主义研究》2015 年第 3 期。
③ 郭克莎、汪红驹：《经济新常态下宏观调控的若干重大转变》，载《中国工业经济》2015年第 11 期。
④ 张晓晶：《试论中国宏观调控新常态》，载《经济学动态》2015 年第 4 期。

劳动收入税率有利于促进居民消费增长速度,降低资本收入税率则起到抵制作用,调整劳动收入税率的政策效果更强;资本收入税率与社会福利呈正相关和非对称性,劳动收入税率与社会福利呈负相关和非对称性,技术冲击和财政冲击的共同作用使得结构性税收调整政策的福利效应具有非对称性,两种税率的同向变动对社会福利具有放大作用,两者的反向变动对社会福利具有削弱作用。①

郭熙保等认为,四万亿投资既是一个有力的增长推动器,也是一个宏大的扶贫、减贫工程,从投资结构安排的角度看,直接面向贫困人口投资项目的减贫、扶贫效果明显。② 但是,吴秀玲等认为财政赤字对经济增长的作用是有限的,持续地增加财政赤字会增加政府的债务负担,经济的持续增长不仅有利于降低财政赤字,同时也可以有效缓解政府的债务压力。③

张万强等认为,财政固定资产投资对装备制造业发展有显著的正效应,税收的增加有明显的抑制作用,财政科技投资的短期效应不明显,紧缩性税收的政策效应相对高于其他扩张性财政政策,应进一步实施对装备制造业的财政扶持政策,特别是增加财政科技投资规模,实施定向减税政策,增强产业的内生增长动力,提升市场竞争力。④

2. 货币政策

张平认为,应对通缩机制对中国经济的挑战,应该实施"逆周期"的稳定化政策调节,特别是财政部与人民银行共同协调推进中国地方"资产购买(置换)"计划,进行地方政府的负债表修复,同时进行金融和财政体制转型,积极推动"软预算"部门改革,配合区域发展三大战略,促进经济增长进入健康状态。⑤ 祝宝良等认为从当前的经济工作来看,要继续坚持积极的财政政策和稳健的货币政策,全面深化改革,着力解决产能过剩、地方政府性债务负担加重、房地产下行、通货紧缩风险呈现等问题,

---

① 黄赜琳、朱保华:《中国的实际经济周期与税收效应政策效应》,载《经济研究》2015年第3期。
② 郭熙保、桂立、陈志刚:《四万亿投资的增长与减贫效应估算》,载《武汉大学学报》2015年第4期。
③ 吴秀玲、魏博文:《政府债务、财政赤字与经济增长的动态研究——基于中国数据的分析》,载《经济问题》2015年第7期。
④ 张万强、潘敏:《财政政策影响装备制造业发展的经验分析》,载《财经问题研究》2015年第7期。
⑤ 张平:《通缩机制对中国经济的挑战与稳定化政策》,载《经济学动态》2015年第4期。

稳定经济增长，防范经济领域风险。①

欧阳志刚等认为，影响中国通货膨胀的国际因素可以结合为六个国际共同因子，其中国际成本因子、国际能源因子、国际货币因子和对外贸易因子对当前通货膨胀形成负向非线性共同传导效应，并且国际成本因子和国际能源因子的负向共同传导效应较大，综合来看，近期因素对当前中国通货膨胀具有抑制效应。②

钱雪松等认为，从整体上看，货币政策对企业借款利率施加了显著影响，存在以 Shibor 为中介变量的显著中介效应，在融资歧视背景下，我国货币政策利率表现出显著的体制内外差异。③陈昆亭等认为持续的利率扭曲是形成阶层之间收入差距扩大的重要原因，长期持续的利率扭曲通过收入分配的长期扭曲，导致财富积累差距悬殊，从而影响长期经济增长的潜在动力，利率扭曲对长期经济的影响来源于直接的对投资的挤出和间接的收入分配两种途径。④

3. 产业政策

刘志彪认为，产业政策的转型升级，可以助推经济发展平衡地度过从旧常态进入新常态的过渡期，降低中国经济陷入"中等收入陷阱"的可能性，作为经济发展新常态的微观基础，建设统一的市场必须调整产业政策的发展方式，消除公平竞争的制度障碍，确立横向的产业政策和竞争政策在整个经济政策中的优先地位。⑤

黄群慧等认为，以产业融合为特征的制造业服务化应该消除政策歧视、打破部门分割，建立一体化的产业政策；改革服务业发展模式，培育新兴业态，鼓励重点行业突破；提升人力资本水平，打造融合发展载体等。⑥

周亚虹等认为在产业起步阶段，政府补助能带来新型产业盈利优势，产业扩张后政府扶持难以有效鼓励企业进行更多的研发投入，后果是同质

---

① 祝宝良、闫敏：《新常态下的宏观经济发展和政策取向》，载《桂海论丛》2015 年第 3 期。
② 欧阳志刚、潜力：《国际因素对中国通货膨胀的非线性传导效应》，载《经济研究》2015 年第 6 期。
③ 钱雪松、杜立、马文涛：《中国货币政策利率传导有效性研究：中介效应和体制内外差异》，载《管理世界》2015 第 11 期。
④ 陈昆亭、周炎、黄晶：《利率冲击的周期与增长效应分析》，载《经济研究》2015 年第 6 期。
⑤ 刘志彪：《经济发展新常态下产业政策功能的转型》，载《南京社会科学》2015 年第 3 期。
⑥ 黄群慧、霍景东：《产业融合与制造业服务化：基于一体化解决方案的多案例研究》，载《财贸经济》2015 年第 2 期。

化产能过剩，因此激励原始创新和转向需求培育可能是未来新型产业政策调整的方向。① 钱爱民等认为经济刺激计划的出台对政府补助资源的分配具有显著的影响，与未被支持的行业公司相比，被支持的行业公司获得了更多的政府补助，而在国有企业及市场化进程低的地区，被支持的行业公司获得的政府补助更多，进一步地，政府补助促进了微观企业投资和宏观经济增长。②

4. 国民收入分配政策

范从来等认为，中国城乡居民的工资性收入不平等系数较大且呈较小幅度的递减趋势，转移性收入不平等系数最大并有起伏波动的特征且在整体上有微弱的递减趋势，财产性收入不平等程度本身还比较小但却具有微弱的加剧态势，经营性收入不平等系数具有最为明显的递增趋势并实现了从缩小收入不平等到扩大收入不平等的根本性转变。因此，应以优化收入结构为中心，并以区域协调发展和偏向公平等措施来推进公平发展的实现。③

杨继军认为，在刘易斯拐点到来之前，无限供给的劳动力压制了工资的增长，造成国民收入分配偏向于企业和政府部门。当刘易斯拐点到来之后，劳动报酬占国民收入比重提高，居民部门消费潜力扩张，国民储蓄率随二元经济不同阶段呈先上升后下降的趋势。在社会再分配环节，居民部门社会保险净福利为负，表明财政转移支付"逆向"调节遏制了当下居民部门的消费能力。④

潘建伟等认为，居民福利的切实改善离不开收入水平的提高，居民收入水平的整体提高是居民福利水平提升的根本前提，只有在居民收入水平整体提高的基础上寻求控制差距的办法和路径，才是辩证客观的思路和做法。为更好地将福利理念纳入居民收入分配的制度与政策框架，一要增强福利意识，提升收入分配改革的目标；二要认识差异性发展的现实，提高政策优化的水平；三要关注城镇化进程，深层次探寻收入分配政策的关键

---

① 周亚虹、蒲余路、陈诗一、方芳：《政府扶持与新型产业发展——以新能源为例》，载《经济研究》2015 年第 6 期。
② 钱爱民、张晨宇、步丹璐：《宏观经济冲击、产业政策与地方政府补助》，载《产业经济研究》2015 年第 5 期。
③ 范从来、张中锦：《收入分配与公平发展的实现》，载《学术月刊》2015 年第 10 期。
④ 杨继军：《刘易斯拐点、国民收入分配结构与中国经济内外再平衡》，载《财贸经济》2015 年第 10 期。

路径与多赢点；四要推出财税新政，回归财政税收应有的调节功能。①

四、微观规制改革

（一）经济性规制

范林凯等认为，产能管制政策需要在产能过剩与国有企业"较强影响力"之间进行权衡，但单就产能过剩来说，近十年用于治理产能过剩的产能管制政策很可能取得了适得其反的效果，要从根本上化解产能过剩，需要加快产能行业的市场化改革进程。②王国立等指出，行业性产能过剩问题是制约我国经济发展的痼疾，也是政府经济性规制强调的重点问题，然而以市场失灵的传统思路提出的相关规制政策效果有限。正是政府规制失灵引发了市场失灵，从而导致了产能过剩，政府不当干预是我国行业性产能过剩的重要原因，由于政府在经济性规制上"错位"、在社会性规制上"失位"，导致行业发展不稳定、分配不公、信息不对称、外部性等问题，引发行业性产能过剩。因此，建立产能过剩治理的长效机制，政府需要在社会性规制上"补位"、在经济性规制上适度"退位"，将供求关系交由市场自我调节，减少政府干预。③

（二）环境规制

周肖肖等认为，环境规制与人均能源消费呈现倒"U"型关系，即只有超越一定门槛，环境规制的节能效用才能凸显。然而，由于环保投资增速低于工业化速度，中国大部分省份都未能跨过这一道"门槛"，仍处在环境规制的节能悖论时期，一定程度上反映出中国环境规制政策存在水平

---

① 潘建伟、赵桂芝：《我国城镇居民收入分配福利比较与动态演变》，载《中国流通经济》2015 年第 2 期。
② 范林凯、李晓萍、应珊珊：《渐进式改革背景下产能过剩的现实基础与形成机理》，载《中国工业经济》2015 年第 1 期。
③ 王国立、鞠蕾：《光伏产业产能过剩根源与对策找寻》，载《改革》2015 年第 5 期。

较低、执行力不足等问题。①

林伯强等认为，以环境治理为目标引致的能源结构转变，可以对煤炭消费和二氧化碳排放起到显著的抑制作用，煤炭和二氧化碳峰值提早出现将成为自然过程，而不会明显抑制经济发展。②

范丹认为，在以提升制造业集约化水平为宗旨的"工业4.0"时代，环境规制政策能否引导中国制造业顺利转型、改善环境污染困扰成为亟待解决的核心问题。在目前环境规制强度基础上通过分层次分析中国制造业的环境困局和环境政策，针对各行业不同污染水平，在稳增长促创新的前提下提出差异化环境规制策略，为促进制造业创新转型、完善和优化环境规制政策提供策略参考。③

杨振兵等认为，中国工业行业整体的贸易比较优势较好，环境规制强度对贸易比较优势的影响呈现先升后降的倒"U"型趋势，市场竞争、人力资本、物质资本、创新投入对贸易比较优势具有显著的积极影响，而劳动成本的升高与2008年金融危机则显著降低了贸易比较优势。重视人才战略、鼓励研发、规范行业竞争秩序对提升贸易比较优势具有重要意义。④

（三）规制体制改革

李桂华等认为，在市场化推进过程中，政府主导的资源配置格局并未发生根本改变，政府对经济活动的深度干预成为市场发挥决定性作用的最大障碍。因此，政府退出是从资源配置主导地位的退出，是为市场发挥作用释放空间的退出。政府退出的核心是放权，其依据是政府与市场明确的职责边界，这一过程是渐进的平滑过渡，其制度目标是规制利益主体行为，其内在逻辑是打造有为政府。⑤

张蕴萍指出，我国垄断行业改革也进入了攻坚克难的关键时期，尽管

---

① 周肖肖、丰超、胡莹、魏晓平：《环境规制与化石能源消耗——技术进步和结构变迁视角》，载《中国人口资源与环境》2015年第12期。
② 林伯强、李江龙：《环境治理约束下的中国能源结构转变——基于煤炭和二氧化碳峰值的分析》，载《中国社会科学》2015年第9期。
③ 范丹：《中国制造业差异化环境规制策略研究——基于创新力与经济增速均衡视角》，载《宏观经济研究》2015年第5期。
④ 杨振兵、马霞、蒲红霞：《环境规制、市场竞争与贸易比较优势——基于中国工业行业面板数据的经验研究》，载《国际贸易问题》2015年第3期。
⑤ 李桂华、郭爱萍：《市场决定性作用的发挥：政府退出的视角》，载《求实》2015年第1期。

在对垄断行业进行的政府规制改革取得了阶段性的成就,但是规制无力、无效状态依然相当严重,激励机制的扭曲是造成我国垄断行业规制效率低下的症结所在,破解的有效途径在于提升政府规制能力,建立起科学的激励性规制合同体制,在不完善的市场和不完善的政府之间寻求最优规制。①徐士英也认为,我国普遍存在的行政性垄断直接影响资源配置的效率,而传统规制行政权力的路径依赖与制度,显然不足以有效规制行政权力排除限制竞争的行为,所以探索新的规制路径十分必要,应当将规制行政性垄断置于全面规制政府经济权力运行的整体目标之下,在国家"竞争政策"的框架内建立规制行政性垄断的制度体系。②

(四) 规制体系改革

杨萍等认为,我国的经济增长将更多地依赖于内需和消费的增长,在供给方面将更多地依赖技术进步和资本增长,为此应采取供求结合的政策选择:放宽行业进入限制,不断完善市场环境,促进服务业中技术进步较快部门,加快教育、医疗、养老等社会领域的改革步伐。③

叶陈云等认为,我国国有资本投资运营公司内部审计规制体系基本内容应包括规范建设、目标导向、责权范围、执业程序、评价改进与配套支持五个有机融合的子系统,应发挥内部审计规制体系全面规范与持续制衡的功能,使其有益于我国国有资本投资运营公司内部审计监管制度的逐步完善。④

陈富良等认为,我国水务规制改革的范式应从公私合作演进到新公共服务,以公共利益作为水务规制改革的最高利益标准,将中介组织和公众纳入规制主体,对规制机构进行再规制,建立有效的规制法律体系,在规制方式上引入对话与协商。⑤

---

① 张蕴萍:《规制能力提升是深化中国垄断行业政府规制体制改革的有效途径》,载《理论学刊》2015 年第 8 期。
② 徐士英:《竞争政策视野下行政性垄断行为规制路径新探》,载《华东政法大学学报》2015 年第 4 期。
③ 杨萍、岳国强:《我国供需格局变化和政策选择》,载《全球化》2015 年第 7 期。
④ 叶陈云、杨克智:《国有资本投资运营公司内部审计规制体系构建研究》,载《审计研究》2015 年第 6 期。
⑤ 陈富良、黄金钢:《政府规制改革:从公私合作到新公共服务——以城市水务为例》,载《江西社会科学》2015 年第 4 期。

第六章　产业经济学研究新进展

2015年，学界围绕产业经济学的一些主要理论问题和实践问题，如产业组织理论、反垄断与规制、产业升级与产业转移、产业集聚与产业关联、产业发展、研发创新等进行了深入研究，取得了一些新的成果。

一、产业组织理论

（一）双边市场

1. 双边市场中的定价问题

在利率市场化和互联网金融发展的大背景下，卜军基于双边市场理论，分别从线下收单市场的混乱秩序及线上互联网金融的冲击两个危机点出发，结合目前我国监管层的政策导向，分析了国际银行卡组织的定价策略，从理论与实证角度研究了我国银行卡市场的发展方向和定价政策。[①] 戴菊贵等研究发现，垄断P2P平台的定价采取的是谁受益谁付钱、不受益不付钱的原则，而单向归属竞争性平台收取的价格是非对称的，向一方收取高价而向另一方支付补贴，双方支付的总价格与平台的保障性正相关，且包含平台支付的本金损失和保险金，本金损失和保险金承担对象的不同只改变总价格在借贷双方之间的分配，而不改变支付的总和。[②] 汪旭晖等以阿里巴巴集团为例，阐释了平台型网络市场"平台—政府"双元管理范

[①] 卜军：《互联网交易冲击下的银行卡定价策略——基于双边市场理论的实证研究》，载《财经科学》2015年第12期。

[②] 戴菊贵、蒋天虹：《基于双边市场理论的P2P平台定价研究》，载《财经问题研究》2015年第9期。

式下的平台资源配置、平台定价、税务征管、外部监管以及内部管理等问题。① 陈富良等在考虑正的组间网络外部性的基础上，引入消费者、厂商单归属和消费者多归属、厂商单归属接入两种市场结构，发现在考虑平台的产品差异化程度时，平台定价因市场结构的差异而不同；在不同的外部性约束条件下，平台的产品差异化程度对平台定价的影响也不同。②

2. 平台厂商市场势力与竞争策略

垄断行业的整体效率与垄断市场结构的形成过程密不可分，在我国的经济转型前，厂商依靠行政力量获取了垄断地位，在转型后又以市场行为获得高额利润。曲创等以中国银联为例，基于双边市场的理论框架，构建了平台厂商市场势力获取和维持的两阶段理论模型，研究了平台厂商市场势力的决定因素和竞争目标的阶段性差异，对中国银联从金融机构到商业公司的身份变迁过程进行了解读，认为"非竞争"的过去和垄断的现在引起我国支付卡行业效率低下。③

互联网时代产业边界日趋模糊，企业跨界经营现象凸显。蔡宁等以"浙报传媒"为例，分析产业融合背景下广泛发生的平台包络现象，指出竞争优势理论分析需要从"差异支撑竞争"的"供给端范式"转向"共性支撑竞争"的"需求端范式"；平台包络竞争优势的构建遵循"基础用户沉淀—网络效应激发—商业系统共生—主导架构锁定"机理链条；种群"多样性"与"稳定性"张力平衡决定平台包络边界的微观机制是以"资源竞争"和"捕食入侵"为基础的平台"双元组织机制"。④

（二）网络经济

1. 网络产业竞争与规制

现代社会形成了以信息、科技、知识为主要生产要素的网络经济社

---

① 汪旭晖、张其林：《平台型网络市场"平台—政府"双元管理范式研究——基于阿里巴巴集团的案例分析》，载《中国工业经济》2015年第3期。
② 陈富良、黄俊：《双边市场中平台产品差异化程度与定价策略研究》，载《产业经济评论》2015年第2期。
③ 曲创、朱兴珍：《垄断势力的行政获取与高额利润的市场获得——对银联身份变迁的双边市场解读》，载《产业经济研究》2015年第1期。
④ 蔡宁、王节祥、杨大鹏：《产业融合背景下平台包络战略选择与竞争优势构建——基于浙报传媒的案例研究》，载《中国工业经济》2015年第5期。

会。陈慧慧指出，网络经济社会与传统领域的不同在于，技术的标准化与兼容性成为技术竞争的有效手段、竞争与合作相互交织、消费者预期对竞争存在关键性影响以及利用转换成本锁定技术竞争优势等方面。① 为规范网络经济市场秩序、提高企业自身竞争力，江宇源认为，政府需要建立区域联动的监管执法体系和多方合作反馈的电子商务信用体系；企业需要建立完善的电子商务体系和提高数据分析、处理能力。②

2. 网络组织模式

在网络零售革命中，形成了以平台型网络零售组织居于主导地位的独特纵向均衡模式，王超贤等将其归因于组织与外部环境交互过程中产生的适应性的影响，指出平台型网络零售组织的技术和合约特性决定了其能够适应以稀疏的、多样化的、功能密集型市场需求为代表的传统需求模式和以简单产品制造、技术水平较低以及小规模的制造企业为特征的传统制造模式的外部环境，当网络零售革命爆发时，中国经济正处于从传统向现代化转型的阶段，此时以传统的需求与制造模式为主，这有利于平台型网络零售组织的生存与发展。③

（三）纵向结构

1. 电力行业纵向结构改革

2004 年东北区域电力市场进行厂网分离试点改革。刘伟等以东北三省 55 家热电企业为研究对象，运用部分非参数前沿方法，实证发现 2003～2010 年厂网分离改革提升了热电企业的生产效率，没有对五大集团热电企业规模经济产生不利影响。大多数五大集团热电企业处于规模报酬递减阶段，而大多数独立热电企业处于规模报酬递增阶段。相对于单独火力发电和单独供热企业，大多数热电企业都实现了范围经济。其中相对五大集团热电企业，独立热电企业的范围经济指数更低。④

---

① 陈慧慧：《网络企业技术竞争的特征分析》，载《经济纵横》2015 年第 12 期。
② 江宇源：《政策轨迹、运营模式与网络经济走向》，载《改革》2015 年第 1 期。
③ 王超贤、李强治：《中国网络零售组织的纵向均衡模式研究》，载《当代财经》2015 年第 11 期。
④ 刘伟、凌唱：《厂网分离改革对热电联产企业规模经济与范围经济影响分析》，载《财经论丛》2015 年第 1 期。

2. 垂直联系与FDI

外商直接投资（FDI）在行业内具有水平溢出效应，通常通过竞争效应、示范效应和培训效应等直接作用。杨红丽等发现，FDI的水平溢出效应可以借助于行业间的垂直联系效应而间接产生，即外资企业的技术先传递给上游供应商，再经由上游供应商传递给与外资企业处于同一行业的内资企业。在此基础上，基于2000~2006年中国工业企业数据库和中国海关数据库对FDI水平溢出中的直接效应和间接效应进行了分离和识别，支持了FDI间接水平溢出显著存在，随着外资企业本地化配套水平的提高，FDI的水平溢出效应显著增加。[①]

3. 纵向价格协议

跨国汽车制造商向中国市场的下游零售商植入纵向价格协议，被普遍认为是国内进口汽车价格高企的成因。对此，李世杰等将零售商服务因素引入普珀和罗森克兰茨（Puppe and Rosenkranz）理论模型中，分别考察了RPM定价和两部收费制下，无约束建议零售价和RPM口头协议对产业链利润分成及消费者福利的影响，并指出中国市场进口汽车高价的原因在于，跨国汽车制造商为追求预期产业链利润发布高水平建议零售价，并通过向下游植入RPM协议及借助零售商服务，设置高于建议零售价的真实零售价；而处于局部垄断地位的零售商面对真实零售价格受到约束，选择消极服务态度和减少特许费方式来增加自身利润，使得跨国汽车制造商设置以建议零售价为标准的价格下限。[②]

二、反垄断与规制

（一）垄断与反垄断

1. 垄断与经济效率

中国有线电视产业具有典型的自然垄断特征，同时又面临着其他网络

[①] 杨红丽、陈钊：《外商直接投资水平溢出的间接机制：基于上游供应商的研究》，载《世界经济》2015年第3期。

[②] 李世杰、蔡祖国：《考虑零售商服务的上游制造商转售价格控制机理及规制探讨——兼论中国市场中的进口汽车高价格之谜》，载《中国工业经济》2015年第3期。

型产业日趋激烈的替代竞争。朱依曦等对有线电视产业分析发现,具有高知识创新活动特征的内容制作部门比基于标准化技术的内容传送部门的效率值具有更大的差异性,市场自然垄断和行政垄断阻碍了其产业经济效率的提高,而激烈的替代竞争和价格竞争促进其经济效率的提高。[1]

"权利寻租"会增加企业的管理成本,杨继生等在测度行政垄断和权利寻租引致的国有企业效率损失基础上,发现政治庇佑显著增加国有控股企业的管理成本,其管理效率约为民营控股企业的1/3。国有控股和集体控股企业的管理成本对宏观经济和市场环境的变化不敏感,市场垄断有助于降低民营控股企业的管理成本,却显著增加国有控股企业的管理成本。[2] 吴延兵基于企业剩余索取权和剩余控制权理论,实证检验国有企业的创新效率损失大于生产效率损失的理论假说,并且国有企业在国有垄断行业中的创新效率损失远大于其在非国有垄断行业中的创新效率损失。[3]

戚聿东等对比了中国6个典型竞争性行业和6个典型垄断行业1999~2013年的利润率,发现竞争性行业的利润率基本上趋于平均化,而受到资本和劳动力进入壁垒的影响,垄断行业的利润率并没有趋于平均化;垄断行业员工工资要高于竞争性行业,且呈现逐年扩大的趋势。[4]

2. 垄断与资源配置

垄断限制了市场机制配置资源的有效性,所有制差异影响了资源配置效率。靳来群等通过考察1998~2007年数据发现,中国所有制差异所致资源错配程度总体上呈下降趋势,但资源错配情况依然严重,十年间引起了200%以上制造业TFP损失,根本原因在于政府行政权力与国有企业垄断结合而形成的行政垄断,行政部门既可以通过支配国有银行占主导的金融体系为国有企业提高低融资成本,也可以通过设置市场进入壁垒、管制要素价格促使国有企业获得垄断势力,为其高利润和员工高福利创造条件,导致资本和劳动要素的错配。[5] 刘小玄等对制造业的全部三位数行业

---

[1] 朱依曦、胡汉辉:《垄断、替代竞争与中国有线电视产业经济效率——基于 SBM – DEA 模型和面板 Tobit 的两阶段分析》,载《南开经济研究》2015 年第 4 期。
[2] 杨继生、阳建辉:《行政垄断、政治庇佑与国有企业的超额成本》,载《经济研究》2015 年第 4 期。
[3] 吴延兵:《国有企业双重效率损失再研究》,载《当代经济科学》2015 年第 1 期。
[4] 戚聿东、张任之:《行业利润率平均化判别:垄断性行业与竞争性行业》,载《改革》2015 年第 1 期。
[5] 靳来群、林金忠、丁诗诗:《行政垄断对所有制差异所致资源错配的影响》,载《中国工业经济》2015 年第 4 期。

的各所有制企业进行考察，发现大多数行业的国有企业平均成本曲线稳定地高于其他企业，国有企业与民营企业之间形成了一种制度壁垒分割下的垄断市场。国有企业的垄断力量推行的以政府为主导的发展模式，引起了资源配置的低效率，也与市场化发展目标相悖。①

对于中国的国有企业一直面临的垄断指责，张炳雷认为是模糊和偏颇的。他从时间与空间对垄断的概念进行界定，认为垄断是一种相对而非绝对的状态，其基础源于分工，是一个在与市场的相互作用下不断扩张的过程。②

3. 垄断与劳动报酬

中国垄断国有企业的高收入问题一直受到社会各界的广泛关注。国有企业管理层有动机实施对自己有利的薪酬方案，这将导致企业薪酬配置不合理。岳希明等在整个收入分布上测量垄断行业与竞争行业工资差距中的合理与不合理比重，发现垄断行业高收入中的不合理广泛存在于各个收入阶层，且不合理程度随着从业人员收入水平的上升而逐渐加大。与普通职工相比，垄断国有企业高管人员的高薪酬更加不合理。③刘长庚等实证分析了行业垄断和企业劳动报酬差距之间的关系，并通过 Oaxaca - Blinder 分解测度了垄断行业和非垄断行业之间的企业劳动报酬差距、工资差距和福利差距中不合理部分的比重，证明了垄断行业企业高工资收入和高福利的存在。国有垄断企业高劳动报酬是造成日益扩大的劳动报酬差距的重要原因，劳动报酬差距中不合理部分的比重呈现出"西部＞中部＞东部"的态势。④

4. 垄断与市场进入

寡头三级价格歧视是否会成为支配企业排斥市场进入的策略工具是价格歧视理论尚未解决的问题。唐要家等采用具有固定进入成本和不对称竞争的在位者—进入者模型并考虑政府干预影响来分析寡头三级价格歧视的

---

① 刘小玄、吴靖烨：《资源配置、垄断力量与制造业的市场壁垒》，载《改革》2015 年第 6 期。
② 张炳雷：《垄断、分工与市场》，载《财经问题研究》2015 年第 12 期。
③ 岳希明、蔡萌：《垄断行业高收入不合理程度研究》，载《中国工业经济》2015 年第 5 期。
④ 刘长庚、张松彪：《行业垄断与企业劳动报酬差距——基于中国工业企业数据库的分析》，载《经济学动态》2015 年第 3 期。

进入阻止效应，结果显示：三级价格歧视在进入成本中等的情况下，会产生伤害社会福利排他效应，而在进入成本较低和较高的情况下，有利于社会总福利提高。在进入需要支付固定成本的情况下，进入者的进入竞争并不一定与福利提高相一致，此时政府禁止价格歧视尽管可能会有利于进入，但往往会恶化社会福利。①

盖庆恩等利用1998~2007年中国工业企业数据库实证验证了要素市场扭曲不仅通过影响在位企业的资源配置效率直接降低全要素生产率，而且会通过垄断势力改变企业的进入退出行为间接降低全要素生产率。②

5. 反垄断执法

2014年以来，我国反垄断执法机关对汽车产业中的纵向价格限制、横向价格垄断等反竞争行为进行了调查和处罚。白让让在对"本身违法原则"与"合理原则"两种理念在反垄断法执法进程中地位变化分析的基础上，结合"结构性合理原则"，实证发现，我国汽车配件领域的竞标价格合谋案件虽然符合"本身违法原则"的法律要件，但并不满足"结构性合理原则"中参与者具有市场势力、相对市场份额十分稳定、企业获取超额利润等条件。③

相关市场界定是反垄断执法工作的重点和难点。唐明哲等基于价格检验法，选取2010年1月到2013年8月七个知名白酒品牌城市价格面板数据，对2013年初茅台、五粮液垄断案所涉及的相关产品市场和相关地域市场界定进行了定量分析，指出53度茅台和52度五粮液等超高端品牌酒构成一个反垄断相关市场，其地域市场为全国性市场。④

行业标准必要专利许可的FRAND原则是最近中国反垄断执法中备受瞩目和争议的问题之一。林平回顾了中国反垄断执法领域中的最新进展，介绍和评估了国际上学术界近年提出的用于确定标准必要专利FRAND许可费率的Swanson–Baumol事前竞标模型、Shapley值方法和Lemley–Sha-

---

① 唐要家、吕萃：《进入成本强度与寡头三级价格歧视的进入阻止效应》，载《产业经济评论》2015年第4期。
② 盖庆恩、朱喜、程名望、史清华：《要素市场扭曲、垄断势力与全要素生产率》，载《经济研究》2015年第5期。
③ 白让让：《合谋行为的反垄断执法：基于"结构性合理原则"的实证分析——以我国汽配价格垄断案为例》，载《经济学动态》2015年第11期。
④ 唐明哲、刘丰波、林平：《价格检验在相关市场界定中的实证运用——对茅台、五粮液垄断案的再思考》，载《中国工业经济》2015年第4期。

piro 仲裁机制方法，并总结其对中国反垄断经济学研究和反垄断执法的启示。① 唐要家等针对华为诉 IDC 公司案、高通公司案，运用纵向寡头博弈模型证明，专利垄断企业歧视性许可收费会对下游低成本企业索要高许可费，这导致低成本企业竞争优势受到抑制，产量和市场份额降低，技术创新受到阻碍，总体上不利于社会福利。②

（二） 政府规制与管制

1. 管制方法与目标

上网价格政策与配额制是可再生能源产业中最常见的两种规制方法。孙鹏等对两种规制手段效果进行比较，发现在提高可再生能源产量（装机容量）以及激励基于成本节约的 R&D 投入方面，上网价格政策较优；而在降低碳排放量以及提高消费者剩余方面，配额制优于上网价格政策。两种方式的社会总福利大小取决于负外部性的大小。③

农民专业合作社垄断问题受到了学者的关注。考虑到区域农产品行业具有的集体声誉特点，陈艳莹等研究发现，在消费者只能识别行业平均质量的情况下，具有垄断势力的农民专业合作社的存在是合意的；农民专业合作社规制中，产量规制效果优于价格规制和补贴。政府应当积极鼓励农民专业合作社的规模扩张和联合，扩大对其的反垄断豁免范围，并适当强化对垄断性农民专业合作社的产量规制。④

针对我国现存的"打车难"与出租车司机"集体停运"并存的现象，于左等指出"打车难"与数量规制、出租车供给不足有关，而"集体停运"则与收益分配不公相关。因此，应切断政府与出租车公司之间的利益链条，取消或大幅降低出租车公司收取的"承包费"和"份钱"，放开出租车行业准入，完善出租车行业的安全与质量规制，建立出租车运价与燃

---

① 白让让：《合谋行为的反垄断执法：基于"结构性合理原则"的实证分析——以我国汽配价格垄断案为例》，载《经济学动态》2015 年第 11 期。
② 唐要家、尹温杰：《标准必要专利歧视性许可的反竞争效应与反垄断政策》，载《中国工业经济》2015 年第 8 期。
③ 孙鹏、李世杰：《从价规制与从量规制孰优孰劣？——基于可再生能源产业上网价格政策与配额制的比较研究》，载《财经论丛》2015 年第 11 期。
④ 陈艳莹、桑池军：《集体声誉、市场结构与农民专业合作社的垄断规制》，载《产业经济评论》2015 年第 3 期。

料价格联动机制，完善出租车运价调整听证办法。①

购买产品的沉淀成本投资使得消费者无法自由进入退出，进而引起垄断企业与消费者双边谈判中产生敲竹杠行为，降低了消费者剩余，对此汤吉军等认为，政府管制目标需要由社会福利最大化转向消费者剩余最大化，这有助于缓解收入不公平的问题。②

2. 规制效率与影响

石明明等结合我国基本经济制度，构建了涵盖政府、国有企业、民营企业三方参与的多阶段动态博弈模型。博弈的"策略外部性"使得多种所有制经济竞争制度与民营经济竞争制度、国有企业独家垄断经营制度明确区分，扭曲了市场的资源配置方式，经典国有企业最大化社会福利这一"事前"策略将与"事后"的全局最优结果发生偏离。③

杨洪丰基于省级面板数据对我国 30 个省市区 2004~2010 年的广告业监管进行了实证分析，结果表明，广告业的合规性受到媒体的规模大小、经济发展程度、市场化程度等因素的影响。④

清洁生产标准规制是中国在节能减排压力下的重要政策选择。韩超等发现清洁生产标准规制的挤出效应具有一次性特征，其累积学习效应的边际影响呈现严格递增的 J 型特征。而规制在实施过程中受市场需求、TFP 禀赋、创新能力等因素影响。⑤

（三）并购

1. 并购能力

葛伟杰等基于企业资源理论中"资源—能力—绩效"的逻辑关系，认为并购能力反映的是企业如何将资源转换为并购价值的相对转换效率。采

---

① 于左、高玥：《出租车行业规制的困境摆脱及其走势判断》，载《改革》2015 年第 6 期。
② 汤吉军、郭砚莉：《消费者沉淀投资、垄断与政府管制目标》，载《财经问题研究》2015 年第 1 期。
③ 石明明、张小军、阙光辉：《多种所有制经济竞争、策略外部性与政府规制机制》，载《经济研究》2015 年第 7 期。
④ 杨洪丰：《我国广告业规制执法效率实证研究》，载《管理世界》2015 年第 3 期。
⑤ 韩超、胡浩然：《清洁生产标准规制如何动态影响全要素生产率——剔除其他政策干扰的准自然实验分析》，载《中国工业经济》2015 年第 5 期。

用数据包络分析方法,通过分行业计算相对转换效率度量企业的并购能力,并与首次公告日的市场反应及后续的并购绩效进行回归检验,证实了该度量方法的有效性。①

2. 并购行为

不同性质的终极控制人对企业并购行为有着不同的影响。汪炜等从政治成本与代理成本的角度出发,考察 2009～2013 年间我国上市公司的并购重组事件,发现政府控制企业更易发生专业化并购,非政府控制企业更易发生多元化并购。在行业冲击的影响下,政府干预体现出明显的选择性特征。政府会让受正向冲击的企业承担更多的政治成本,让受负向冲击的企业承担更少的政治成本;当政府控制的企业较少时,政府甚至会帮助困难企业,使其保持上市资格,以便在企业状况转好时继续承担政治成本。②

3. 并购绩效测度及影响因素分析

跨国并购已然成为中国企业走向国际化的重要方式之一,田海峰等测算了中国上市企业 2000～2012 年 126 起跨国并购事件的短期绩效,发现大多数跨国并购获得了一定的超常收益,总体上呈现出良好的并购绩效。在影响并购绩效的因素方面,东道国的经济自由化程度、股权并购比例具有显著的正向影响,企业规模、地区发达程度具有负向影响,而文化距离、有无跨国并购经验的影响并不显著。③ 刘志杰以 20 家 A 股制造业上市公司作为研究样本,经验分析发现海外横向并购后,我国制造业上市公司的绩效水平并未显著提升,而且很多公司的绩效水平出现了较大的下滑。④

徐晓慧发现国有企业采用现金支付、进行不同行业的并购可以获得正超额收益,民营企业采用股权等其他支付方式、进行完全相同(或不同)行业的并购可获得显著收益。不同行业、不同支付方式、不同区域政府干预程度下企业并购的绩效表现也受到行业分布的影响,并购双方的行业相

---

① 葛伟杰、张秋生、张自巧:《基于效率的企业并购能力度量研究》,载《财经论丛》2015 年第 3 期。
② 汪炜、陆帅:《行业冲击、政府控制与企业并购行为》,载《财贸经济》2015 年第 8 期。
③ 田海峰、黄祎、孙广生:《影响企业跨国并购绩效的制度因素分析——基于 2000～2012 年中国上市企业数据的研究》,载《世界经济研究》2015 年第 6 期。
④ 刘志杰:《海外横向并购能否提升公司绩效?》,载《财经问题研究》2015 年第 11 期。

似性与并购成功率成正比,与并购方短期绩效无关。①

(四) 环 境 规 制

1. 环境规制强度测度

王勇等从污染治理投入、污染物排放、综合评价和自然试验与替代指标四个角度对现有环境规制强度衡量的主要方法进行了总结,并指出多维性和可比性是环境规制强度测度中的两个主要问题,多维性问题主要表现在环境规制措施和污染物排放的多样性上。地区间产业结构和行业污染强度的不同会导致现有环境规制衡量的可比性偏差,行业污染排放强度的下降趋势导致环境规制强度的低估,甚至严重偏离实际环境规制强度的变化趋势。②

2. 环境规制与产业集聚

刘金林等选取2000~2012年的省级面板数据,探讨了环境规制、行业异质性对我国工业企业中17个行业集聚的影响,证实了环境规制对于不同区域不同污染程度的行业影响不同。③ 赵永亮等从微观企业区位选择视角分析"环境规制诱导型"集聚的形成机制,重点考察了企业对环境规制敏感度、企业的社会责任感以及社会责任感与环境规制敏感性的交互项对企业迁徙意向的影响,发现环境规制越严格,企业向集聚区外部迁徙的意愿越强烈;而企业的社会责任感对迁移意愿具有抑制作用。④

3. 环境规制与技术创新

目前能源环境约束下的中国钢铁工业绿色转型问题受到了学术界越来越多的关注。何枫等构建了考虑非期望产出的网络 SBM – DEA 模型,从

---

① 徐晓慧:《中国上市企业并购短期绩效研究——基于并购双方的行业相似性》,载《当代经济科学》2015年第3期。
② 王勇、李建民:《环境规制强度衡量的主要方法、潜在问题及其修正》,载《财经论丛》2015年第5期。
③ 刘金林、冉茂盛:《环境规制、行业异质性与区域产业集聚——基于省际动态面板数据模型的 GMM 方法》,载《财经论丛》2015年第1期。
④ 赵永亮、申泽文、廖瑞斌:《环境规制的认知、社会责任感与集聚区企业区位选择》,载《产业经济研究》2015年第3期。

铁前工序和铁后工序两阶段视角测算了 2009~2013 年中国钢铁企业绿色技术效率，重点探讨了环境规制强度对绿色技术效率的影响。① 王锋正等围绕产品和工艺创新，基于我国资源型产业 2003~2011 年面板数据研究发现，环境规制对绿色产品创新影响不显著，对绿色工艺创新呈显著正向影响；基于行业异质性，环境规制对开采洗选业绿色产品和工艺创新都具有抑制作用，但对初级加工业绿色产品和工艺创新都呈显著正向影响。②

王文普等分析发现，环境规制及其空间溢出对企业技术创新投入的净影响取决于替代作用和补偿作用的相对重要性。基于中国 30 个省大中型工业企业数据的实证检验表明，环境规制及其空间溢出效应对企业技术创新投入总体上有显著的负影响。③ 韩超等从节能减排与产业发展的困境出发，研究发现，技术进步能够促进整体行业的节能减排，环境规制与技术进步具有明显的交互作用，同时这一影响机制受到行业污染程度的影响存在行业异质性。④

4. 环境规制与贸易

随着全球经济一体化程度提高，环境资源对于进出口贸易发展的影响日益凸显。王杰等基于 2000~2006 年数据，考察了环境规制对企业出口发达国家的促进作用和对企业生产率的提升作用，并指出环境规制对企业出口目的地选择行为的影响并没有因为企业所有制的不同而存在差异。⑤ 任力等基于中国对 37 个贸易伙伴国家的出口数据分析发现，中国的环境规制强度与出口贸易之间具有显著的负相关关系，且影响显著性受到国家发达程度的影响。碳排放指标作为环境规制强度变量的稳健性检验也证实了上述结论。⑥

魏守道等在发展中国家和发达国家分别具有贸易比较优势和碳减排比较优势的事实下，从福利效应、贸易效应和环境效应三个方面，对发达国

---

① 何枫、祝丽云、马栋栋、姜维：《中国钢铁企业绿色技术效率研究》，载《中国工业经济》2015 年第 7 期。
② 王锋正、姜涛：《环境规制对资源型产业绿色技术创新的影响——基于行业异质性的视角》，载《财经问题研究》2015 年第 8 期。
③ 王文普、印梅：《空间溢出、环境规制与技术创新》，载《财经论丛》2015 年第 12 期。
④ 韩超、胡浩然：《节能减排、环境规制与技术进步融合路径选择》，载《财经问题研究》2015 年第 7 期。
⑤ 王杰、刘斌：《环境规制与企业生产率：出口目的地真的很重要吗?》，载《财经论丛》2015 年第 3 期。
⑥ 任力、黄崇杰：《国内外环境规制对中国出口贸易的影响》，载《世界经济》2015 年第 5 期。

家开征碳税与发达国家开征碳关税的效应，以及发达国家开征碳关税与发达国家和发展中国家先后开征碳税的效应进行比较。①

5. 环境规制对生产率的影响

环境规制加强的同时，可能给包括生产率、利润率等在内的产业绩效及增长带来影响，陶长琪等以环境规制强度和要素集聚度为门槛变量，探究环境规制、要素集聚对环境全要素生产率及其分解的影响力度。② 王杰等以 1999~2007 年中国制造业企业数据为样本，在分析环境规制对企业生产率分布影响机理的基础上，实证检验了环境规制对生产率离散程度的降低作用，同时发现影响程度受到行业污染强度、地区经济发展水平以及企业所有权属性差异等因素的影响。③ 刘传江等以 2010~2012 年中国 30 个省份的面板数据为样本，验证了环境规制与碳生产率之间均存在"U"型关系，支持了碳生产率的库兹涅茨曲线假说，并发现全国及东、中、西部地区环境规制和经济增长对于碳生产率的影响存在差异。④

查建平基于经济增长分解视角，结合 2003~2010 年省际工业产业面板数据，实证得出不同区域工业经济增长模式及其变化存在一定差异，要素投入地位有所提升。环境规制强度与中国工业经济增长模式之间存在倒"U"型变化关系，目前尚处于倒"U"型曲线左侧，环境规制强度上升有助于缓解工业经济增长模式污染化、粗放化特征。⑤

任旭东通过两阶段博弈分析发现，环境规制对中国能源产业清洁生产的激励相容存在强、弱充分条件之分，两者均内生地包括环境规制对中国能源产业清洁生产的正向激励机制和负向激励机制，不同条件得到满足时会产生不同的影响。⑥

杨振兵等基于对中国工业行业产能利用率的生产侧与消费侧分解，发

---

① 魏守道、汪前元：《南北国家环境规制政策选择的效应研究——基于碳税和碳关税的博弈分析》，载《财贸经济》2015 年第 11 期。
② 陶长琪、周璇：《环境规制、要素集聚与全要素生产率的门槛效应研究》，载《当代财经》2015 年第 1 期。
③ 王杰、孙学敏：《环境规制对中国企业生产率分布的影响研究》，载《当代经济科学》2015 年第 3 期。
④ 刘传江、胡威、吴晗晗：《环境规制、经济增长与地区碳生产率——基于中国省级数据的实证考察》，载《财经问题研究》2015 年第 10 期。
⑤ 查建平：《环境规制与工业经济增长模式——基于经济增长分解视角的实证研究》，载《产业经济研究》2015 年第 3 期。
⑥ 任旭东：《环境规制对中国能源产业清洁生产的激励机制：一个两阶段博弈分析》，载《产业经济评论》2015 年第 4 期。

现由于生产侧技术效率损失与消费侧供大于求,中国工业部门产能过剩现象普遍存在,环境规制强度的增加可以明显地缓解产能过剩程度,环境治理与产能消化在政策路径上效果一致。①

三、产业升级与产业转移

(一) 产业升级

1. 产业升级路径与对策

随着中国经济逐步步入新常态,传统产业转型升级对于推动经济增长至关重要,许多学者在分析相关产业发展的基础上,对产业升级路径与对策展开了研究。胡立法对比了中韩两国产业升级的空间结构、经济发展战略以及政策条件,发现中国存在产业升级的机会和可能性,需要借助经济发展战略、人力资本、技术创新以及私人部门融资支持等因素综合作用实现新产品生产能力。②

吕政指出,中国制造业与工业发达国家相比,在物化劳动消耗、劳动生产率、国际知名品牌、创新能力、在国际分工体系中的地位和高附加价值的技术密集型产品供给能力等方面仍然存在较大差距。因此,中国制造业结构调整升级的方向和任务是"高也成、低也就",工业的发展应转向以提高生产要素利用效率为主导,继续发展劳动密集型产业,在产业结构和技术水平上全面缩小与工业发达国家的差距,积极发展战略性新兴产业,实现从工业生产大国向制造业强国的转变。③

张舒以世界纺织业为例对传统制造业转型升级问题进行梳理,认为比较优势减弱使得工业先行国纺织业在其发展演进中普遍经历了大规模的衰退,但是他们没有停止生产并完全依赖进口。中国要素比较优势逐渐减

---

① 杨振兵、张诚:《产能过剩与环境治理双赢的动力机制研究——基于生产侧与消费侧的产能利用率分解》,载《当代经济科学》2015 年第 6 期。
② 胡立法:《产品空间结构下的产业升级:中韩比较》,载《世界经济研究》2015 年第 3 期。
③ 吕政:《中国经济新常态与制造业升级》,载《财经问题研究》2015 年第 10 期。

弱，处于战略关键期的传统制造业需进行产业转型升级。①

现代海洋产业体系是海洋产业结构体系的现代化和高级化的具体表现形式。于会娟在对我国现行海洋产业体系面临的新兴海洋产业发展不充分、区域海洋产业同构化与低度化并存等问题的深层原因考察的基础上，从要素禀赋升级、改造传统海洋产业、培育海洋战略性新兴产业、大力发展海洋现代服务业、升级海洋产业价值链，以及优化海洋产业区域布局等方面，提出推动现代海洋产业体系的升级发展路径。②

作为典型的东北老工业基地，吉林省当前存在产业结构不协调、技术创新能力薄弱、服务业发展水平相对滞后、过度依赖汽车产业等问题。尹明结合产业结构发展现状，指出需通过培育和发展战略性新兴产业、提高技术创新能力、发挥主导产业群的杠杆作用、加快主导产业向支柱产业转型等途径进行产业结构调整与升级。③

2. 产业升级的影响因素

（1）参与国际分工。张彬等通过对2002年、2005年、2007年和2010年中国制造业参与国际分工程度和产业间与产业内升级情况的分析，证明了中国制造业参与国际分工促进了产业间升级和产业内升级，且对劳动密集型行业产业内升级作用最大，对资本密集型的作用次之，对资本技术密集型的作用最小。④ 陈琳等从边际产业转移、产业关联和反向技术外溢效应三方面，阐明对外投资引致产业升级的作用机理，并实证检验2003～2012年间对外直接投资对产业间升级促进效应，同时发现对外直接投资对第二和第三产业内的生产率提升效应尚未显示。⑤

（2）技术进步。孔宪丽等实证分析了中国33个工业行业技术进步偏向特征对技术创新驱动产业结构升级作用的影响效果，发现1994～2013年中国工业行业的创新投入结构对工业结构调整有显著的引致效应，技术

---

① 张舒：《传统制造业转型升级述评——以世界纺织业为例》，载《财经问题研究》2015年第10期。
② 于会娟：《现代海洋产业体系发展路径研究——基于产业结构演化的视角》，载《山东大学学报（哲学社会科学版）》2015年第3期。
③ 尹明：《吉林省产业结构调整与升级的问题及对策研究》，载《经济纵横》2015年第12期。
④ 张彬、桑百川：《中国制造业参与国际分工对升级的影响与升级路径选择——基于出口垂直专业化视角的研究》，载《产业经济研究》2015年第5期。
⑤ 陈琳、朱明瑞：《对外直接投资对中国产业结构升级的实证研究：基于产业间和产业内升级的检验》，载《当代经济科学》2015年第6期。

进步的适宜程度将直接影响创新投入驱动工业结构调整的效率。① 孙汉杰等结合 2003 年振兴东北老工业基地战略实施以来东北地区和沿海地区的高技术产业发展实际，发现产业效率和产出能力对高技术产业的综合升级能力具有决定性的影响，投入能力和资源、环境条件对高技术产业发展不具有决定性影响。②

（3）人口老龄化。汪伟等从消费需求、人力资本积累、劳动力禀赋、劳动生产率、老龄负担五个方面总结了人口老龄化引起产业结构转变的理论机制，并实证发现 1993~2013 年人口老龄化对中国产业结构升级的净效应为正，对产业间和产业内的升级效应存在差异，且存在区域异质性，老龄化不仅促进了中国一、二、三产业间结构的优化，还推动了制造业与服务业内部技术结构的优化。③

（4）金融发展。产业结构转型升级是实现经济发展方式转变的突破口，金融作为现代经济的核心部门，对产业结构升级具有重要影响。李西江从基础性核心金融资源和实体性中间金融资源两个维度，考察了改革开放以来我国金融资源的区域配置差异，并发现我国的金融空间结构变迁对产业结构升级具有显著影响，而由东部地区主导的产业结构升级加剧了金融资源空间分布差异。④ 王立国等考察了 1992~2012 年金融发展与产业结构升级之间的关系，指出金融发展规模扩大、结构合理化促进了产业结构升级，而产业结构升级并没有对金融发展产生引致需求。⑤

（二）产业转移

1. 产业转移的影响因素

（1）劳动力流动。在中国，现阶段大规模劳动力外流和产业转移呈现鲜明的"逆流"态势。樊士德等通过劳动力流动短期均衡和长期空间均衡

---

① 孔宪丽、米美玲、高铁梅：《技术进步适宜性与创新驱动工业结构调整——基于技术进步偏向性视角的实证研究》，载《中国工业经济》2015 年第 11 期。
② 孙汉杰、李春艳、秦婷婷：《东北地区高技术产业升级能力评价比较研究》，载《经济纵横》2015 年第 12 期。
③ 汪伟、刘玉飞、彭冬冬：《人口老龄化的产业结构升级效应研究》，载《中国工业经济》2015 年第 11 期。
④ 李西江：《金融发展、金融结构变迁与产业结构升级》，载《财经问题研究》2015 年第 6 期。
⑤ 王立国、赵婉妤：《我国金融发展与产业结构升级研究》，载《财经问题研究》2015 年第 1 期。

的数值模拟以及对1993~2013年沿海地区制造业转移的经验研究发现，劳动力外流刚性阻碍了产业区际转移，不仅降低了产业转移规模，而且使得产业转移增量形成了低劳动密集度的生产安排，在其他条件不变的前提下，劳动力流动规模越大、外流刚性越强，对产业转移造成的内在障碍越明显。①

（2）对外投资。刘海云等结合2003~2012年中国对113个国家的投资和贸易面板数据，区分顺梯度和逆梯度两种类型对外直接投资（OFDI），发现前者主要为资源寻求型，会引发初级产业向发展中国家转移，导致本国出口减少，进口增加；后者主要为技术寻求型，对国内制造业生产水平具有提升作用，增加出口规模，促进与发达国家的制造业内贸易。②

2. 产业转移效应

胡伟等运用地理信息系统的空间分析方法，实证发现1996~2012年我国三次产业的空间格局发生了显著变化，重心点迁移方向与幅度迥异；中西部地区承接产业转移呈现明显的阶段性特征，已进入稳步增长阶段，但规模较小；区域三次产业结构发生了调整，非农产业的比重提升，中西部地区较为明显；区域产业转移引起的区域产业调整对经济增长的促进作用的区域差异较大。③

产业转移有利于实现地区间协调发展，缩小区域经济差距。唐根年等的研究结果表明，2000~2012年中国28个二位数制造产业发生不同程度的转移迹象，异质性大国区间产业转移存在着有利于要素空间配置效率改进的动力支撑，并指出中国异质性大国区间"雁阵模式"已形成。④ 张龙鹏等指出产业转移能否缩小区域经济差距取决于产业转移质量和接收地的产业承接能力。2000~2012年间西部地区承接的国际产业主要是资本技术密集型、区域产业主要是资源密集型，进而导致区域产业转移显著地扩大了区域经济差距，国际产业转移则表现出相反的作用。人力资本的提升能

---

① 樊士德、沈坤荣、朱克朋：《中国制造业劳动力转移刚性与产业区际转移——基于核心—边缘模型拓展的数值模拟和经验研究》，载《中国工业经济》2015年第11期。
② 刘海云、聂飞：《中国OFDI动机及其对外产业转移效应——基于贸易结构视角的实证研究》，载《国际贸易问题》2015年第10期。
③ 胡伟、张玉杰：《中西部承接产业转移的成效——基于地理信息系统的空间分析方法》，载《当代财经》2015年第2期。
④ 唐根年、许紫岳、张杰：《产业转移、空间效率改进与中国异质性大国区间"雁阵模式"》，载《经济学家》2015年第7期。

够增强产业承接能力,更能强化国际产业转移的区域经济差距缩小作用。①

从地区可持续发展角度来看,产业转移对地区的影响由地区所有利益相关主体共同决定。陈景岭等从利益相关主体行为的视角证明了产业转移过程中企业合作行为、政府干预行为和社会公众参与行为均会降低地区直接性经济风险,但只有社会公众的参与行为有助于地区扩散性经济风险的下降。②

(三) 产业结构调整

1. 产业结构调整与区域经济发展

产业结构在解释我国地区经济收敛问题中起到了重要作用,优化落后地区的产业结构有助于缩小地区之间经济发展的差距。戴觅等考虑经济收敛在不同产业的异质性特征的基础上,研究发现我国工业部门的劳动生产率在省际间表现出稳健的绝对收敛特性。受到非工业部门劳动生产率不收敛和各省份工业化程度不平衡的影响,工业部门的收敛没有导致整体经济的收敛,若缩小各省份之间工业占比的差距,省际间人均 GDP 即会出现明显的收敛。③ 徐敏等从时间维度和区域差异视角证明了产业结构升级能有效缩小城乡消费差距,作用效果受到不同时期、不同区域的影响。城镇化发展、政府行为等缩小城乡消费差距,经济开放水平和城乡收入差距等拉大城乡消费差距。④

中央战略引领下由众多地方政府推动的产业结构调整是中国经济增长的重要动力所在。黄亮雄等构建产业高度化指数来衡量中国区域的产业结构调整,并将其分解为技术效应和结构效应,验证了中国产业结构调整过程中的区际横向竞争和地方对中央政策跟进的两个层面的区域互动。⑤ 邱

---

① 张龙鹏、周立群:《产业转移缩小了区域经济差距吗——来自中国西部地区的经验数据》,载《财经科学》2015 年第 2 期。
② 陈景岭、徐康宁:《利益相关视角下的产业承接地经济风险分析》,载《财经科学》2015 年第 9 期。
③ 戴觅、茅锐:《产业异质性、产业结构与中国省际经济收敛》,载《管理世界》2015 年第 6 期。
④ 徐敏、姜勇:《中国产业结构升级能缩小城乡消费差距吗?》,载《数量经济技术经济研究》2015 年第 3 期。
⑤ 黄亮雄、王贤彬、刘淑琳、韩永辉:《中国产业结构调整的区域互动——横向省际竞争和纵向地方跟进》,载《中国工业经济》2015 年第 8 期。

风等在梳理地方保护与地区产业结构演进的关系和地方保护测度方法的基础上,指出国内市场分割程度在进一步收敛,地区间产业结构差异化程度呈现稳中有升的态势,主要受到地方保护、地区经济发展水平与开放程度、交通运输条件等因素的影响。①

2. 产业结构调整与经济增长

在我国经济增长率和税收增长率双双下降同时,产业结构调整步伐却在加速。2013 年我国第三产业占 GDP 比重首超第二产业,2014 年达到了48%。白景明从学理角度分析了税收增长与经济增长的同向非固定系数性对应关系,从结构角度探讨了产业结构调整与税收增长的关系。②

产业结构调整对于经济增长的提升作用一直备受学界关注。于斌斌基于一个两部门经济增长模型,考察 2003~2012 年中国 285 个地级及以上城市的统计数据,发现空间溢出效应是产业结构调整与生产率提升影响经济增长的重要因素。从整体层面看,中国城市经济增长动力已由产业结构调整转换为全要素生产率提升,并且产业结构"服务化"倾向的高级化调整是导致中国经济发展进入"结构性减速"阶段的重要原因。同时,产业结构调整和生产率提升的经济增长效应受到经济发展阶段和城市人口规模的约束。③

张捷等以广东省为例,在理论证明的基础上,运用投入产出模型测算了广东省 28 个产业的经济关联与碳排放关联,根据这两种关联的差异选择出需要限制发展和需要鼓励发展的产业组别,通过模拟分析发现,在兼顾碳排放关联和经济关联的基础上采取差异化的产业结构调整政策,可以在保持总投入不变的前提下,同时实现碳减排与保持经济较高增长的双重目标。④

3. 产业结构调整与就业

产业结构与就业结构之间相互调整和演进升级的过程推动了经济的发

---

① 邱风、王正新、林阳阳、盛雯雯、王倩:《地方保护、市场分割与地区产业结构差异化》,载《财经论丛》2015 年第 10 期。
② 白景明:《经济增长、产业结构调整与税收增长》,载《财经问题研究》2015 年第 8 期。
③ 于斌斌:《产业结构调整与生产率提升的经济增长效应——基于中国城市动态空间面板模型的分析》,载《中国工业经济》2015 年第 12 期。
④ 张捷、赵秀娟:《碳减排目标下的广东省产业结构优化研究——基于投入产出模型和多目标规划模型的模拟分析》,载《中国工业经济》2015 年第 6 期。

展。于晗证明了 1978～2013 年间劳动力逐渐由低效率生产部门转移到高效率生产部门的现象，灰色预测模型表明 2014～2018 年中国产业结构呈现高级化趋势，最终转化为"三二一"格局，就业结构的发展相对滞后于产业结构，在 2015 年以后，就业结构也将演变为"三二一"的优化格局。[①] 王鹏等考虑劳动力质量，对我国三次产业物质资本存量重新估算，并探讨了 1978～2013 年劳动和资本要素在三次产业结构调整中的配置效率，并验证了要素配置的"结构红利"效应。[②]

高校扩招推动了我国高等教育的不断发展，也使得高校毕业生就业问题日益突出。我国产业结构与高校毕业生就业结构的匹配也呈现出不平衡的态势。王崇锋等通过结构耦合协调度模型计算产业发展和高校就业生两个子系统的协调程度。在此基础上，构建产业关联模型和就业乘数模型，评价各产业对我国经济的带动效应以及对高校毕业生就业的带动效应。[③]

4. 产业结构调整与劳动收入份额

吴振华从产业层面对劳动收入份额波动现状进行分析，发现劳动收入份额的下降取决于第二产业劳动收入份额的增加，劳动收入份额的提升需要协调产业间的发展，以及产业内产业结构优化过程中的"规模经济"与"竞争"的问题，并注重发展第三产业。[④]

5. 产业结构调整与资源效率

张勇等基于中国 30 个省份六大产业的产值与能源消耗数据，实证研究发现，2002～2012 年地区产业结构跨期变迁整体平稳且幅度较小，同时也表现出时段波动和一定的地区差异性；产业结构的变迁升级，具有促进能源强度下降的显著结构效应。[⑤]

6. 产业结构调整与 FDI 溢出效应

杜曙光等在扩展 Baumol "非均衡经济增长模型"的基础上，基于我

---

① 于晗：《产业结构与就业结构演进趋势及预测》，载《财经问题研究》2015 年第 6 期。
② 王鹏、尤济红：《产业结构调整中的要素配置效率——兼对"结构红利假说"的再检验》，载《经济学动态》2015 年第 10 期。
③ 王崇锋、石龙：《产业关联与高校毕业生就业耦合效应分析》，载《山东大学学报（哲学社会科学版）》2015 年第 2 期。
④ 吴振华：《产业结构调整下的劳动收入份额提升路径》，载《财经科学》2015 年第 10 期。
⑤ 张勇、蒲勇健：《产业结构变迁及其对能源强度的影响》，载《产业经济研究》2015 年第 2 期。

国 1984~2013 年的相关数据，实证发现 FDI 溢出效应长期内对服务业与制造业相对价格、服务业相对就业比、服务业相对产出比都具有促进作用，且存在长期稳定的关系；短期内对服务业相对价格、服务业相对产出产生正向作用，但统计量不显著，对服务业相对就业而言，FDI 溢出效应使劳动力短暂的流向制造业部门。①

四、产业集聚与产业关联

（一）产业集聚的影响因素

1. 综合因素

吴传清等基于空间基尼系数、θi 指数、区位商三种方法，发现长江经济带工业集聚水平较高，主要受到劳动生产率、资本、创新能力的影响，本地市场和内需规模对工业集聚的影响力度也不断增大。② 王耀德等基于区位熵方法对湘鄂赣服务业资源集聚度进行评估发现，湘鄂赣区域经济基础薄弱、服务业发展条件欠佳、人才储备不足，制约了服务业的集聚效应的发挥。③

2. 专业化

袁其刚等从微观企业视角，以 1998~2007 年为考察期，证明了经济功能区的地区专业化效应与企业生产率的关系呈倒"U"型，指出适度的专业化有利于产业集聚和企业生产率的提升。④ 孙晓华等通过测算京津冀、长三角和西兰银三个典型经济区 2004~2011 年的产业集聚水平，发现不同地域呈现出差异化的产业集聚模式，这种差异归因于政府主导的他组织

---

① 杜曙光、宋建、刘刚：《FDI 溢出效应与我国产业结构调整——基于 Baumol 模型的理论分析与实证研究》，载《产业经济评论》2015 年第 3 期。
② 吴传清、龚晨：《长江经济带沿线省市的工业集聚水平测度》，载《改革》2015 年第 10 期。
③ 王耀德、易魁：《基于区位熵视角的湘鄂赣服务业资源集聚与整合》，载《当代财经》2015 年第 11 期。
④ 袁其刚、刘斌、朱学昌：《经济功能区的"生产率效应"研究》，载《世界经济》2015 年第 5 期。

机制和市场自发的自组织机制，专业化和相关多样化有利于推动地区经济发展，而无关多样化的经济效应不显著。① 李鹏等基于乡镇企业的农产品加工业 2006~2012 年的数据，利用条件 Logit 模型检验发现，现阶段隶属于乡镇企业的农产品加工业集聚现象明显，形成了以东部沿海为中心、以中西部为边缘的"核心—边缘"结构。在没有其他控制变量时，地方专业化和地方多样性对企业区位选择均有显著的正向作用，随着控制变量的加入，地方多样性的显著性作用下降甚至消失，地方专业化和多样性对于细分行业的影响存在行业异质性，不同的行业受到的控制变量的影响和约束也是不一致的。②

3. 政府作用

陈健生等基于新经济地理的分析框架，将政府部门加入中心—外围模型后，发现区域间同时存在本地市场效应和区域竞争效应，后者会通过价格、劳动力成本等方式对产业集聚产生影响。随着区域之间竞争差距缩小，两种效应共同作用，对产业份额波动产生影响。市场和产业占优的区域，在区域竞争方面也会获得相应的优势，可以有更宽松的政策选择面，政府的政策调控会加速产业集聚。③

（二）产业集聚的效应

1. 产业集聚与经济增长

金春雨等对我国产业集聚的知识溢出效应与工业经济增长之间的关系进行实证分析发现，我国工业经济增长具有显著的负向空间相关性，地区工业发展受到本地资本投入、劳动投入及知识溢出效应的正向影响和相邻地区工业产业增长的负向影响；在本地工业发展中存在显著的正向 MAR 溢出性和 Jacobs 溢出性，前者作用较大，而本地工业发展中 Porter 溢出性的影响不显著，但相邻地区 Porter 溢出性的增强对本地工业经济增长形成

---

① 孙晓华、郭旭、张荣佳：《产业集聚的地域模式及形成机制》，载《财经科学》2015 年第 3 期。
② 李鹏、胡汉辉：《产业集聚与企业空间结构的演化与变迁——基于农产品加工业的实证分析》，载《产业经济评论》2015 年第 2 期。
③ 陈健生、李文宇、刘洪铎：《区域竞争、本地市场效应与产业集聚——一个包含政府部门的新经济地理分析》，载《产业经济研究》2015 年第 1 期。

了促进效应。① 申朴等在不预设比较优势的条件下,理论上证明服务业的空间集聚将提升该地区(相对于其他地区)服务部门的劳动生产率,并利用 2006~2012 年我国 17 个服务外包示范城市的数据证实了集聚能够影响甚至决定地区间的分工和贸易模式。②

改革 30 年来,中国制造业集聚与城市化推进速度具有明显的区域异质性特点。贾兴梅等研究发现,1980~2011 年间制造业集中度与城市化水平在经济增长的不同环境背景下存在相互影响的关系。随着刘易斯转折点的到来和经济增长速度的放缓,东部沿海制造业集聚度开始下降,制造业集聚与城市化之间的相关性由正转负,而中西部通过承接东部的制造业,制造业集聚与城市化的相关性由负转正。③

2. 产业集聚与创新

杜威剑等分别构造了地方化经济集聚与城市化经济集聚指标,并结合 1998~2007 年中国工业企业数据库,证实了产业集聚对企业创新决策和新产品产出具有显著的促进作用,这种影响存在显著的行业异质性与企业异质性。④ 韩庆潇等运用曼奎斯特指数对我国制造业子行业的创新效率进行测度,基于 2003~2012 年的动态面板数据实证检验结果显示,从制造业总体来看,产业集聚对于创新效率具有提升作用,考虑要素密集度差异,只有技术密集型制造业的集聚能有效促进创新效率的提高。⑤ 万幼清等通过分析内外部环境因素,构建了产业集群协同创新风险的诱发因素模型,并根据主体的协同创新路径,分析了投入、运作和产出三部分过程的行为规律,揭示出相应的风险因素、表现形式及其内生机制。⑥

赵凯主要研究产业集群通过促进企业间信息传递,一方面促使上游企

---

① 金春雨、王伟强:《产业集聚、知识溢出与工业经济增长——基于空间面板模型的实证研究》,载《财经论丛》2015 年第 1 期。
② 申朴、刘康兵、尹翔硕:《产业集聚对我国服务外包生产率的影响:理论模型与经验证据》,载《产业经济研究》2015 年第 1 期。
③ 贾兴梅、贾伟:《中国制造业集聚对城市化的空间效应分析》,载《财经科学》2015 年第 1 期。
④ 杜威剑、李梦洁:《产业集聚会促进企业产品创新吗?——基于中国工业企业数据库的实证研究》,载《产业经济研究》2015 年第 4 期。
⑤ 韩庆潇、查华超、杨晨:《中国制造业集聚对创新效率影响的实证研究——基于动态面板数据的 GMM 估计》,载《财经论丛》2015 年第 4 期。
⑥ 万幼清、张妮、鲁平俊:《产业集群协同创新风险及其形成机理研究》,载《管理世界》2015 年第 2 期。

业对通用技术创新进行高投入提高中间产品质量,另一方面促使下游企业选择购买高质量的中间产品进行高投入、深加工,最终生产出高质量的终端商品。当整个产业链都以生产高质量产品为目标时,产业集群能够同时增加上下游企业盈利和社会福利水平,这要求产业集群要达到一定规模,且有足够完善的配套能够促进信息传递和产生正的外部性。①

3. 产业集聚与工资水平

产业集聚引起了劳动生产率的提高,一些学者在此基础上探讨了产业集聚对工资水平的影响及其作用机制。程中华等基于中国 2003～2012 年 285 个地级及以上城市的统计数据,发现制造业集聚对地区工资水平具有负向影响;生产性服务业集聚和市场潜能有利于地区工资水平的提升;从产业集聚的外部性效应来看,MAR 外部性和 Porter 外部性抑制了地区工资水平,而 Jacobs 外部性促进了地区工资水平的提升。② 谢露露基于 2005～2007 年地级市制造业空间面板数据,发现本地区和相邻地区产业集聚通过规模扩张和专业化水平提升,对本地工资分别产生了直接和间接的影响。③

4. 产业集聚与融资约束

产业集聚将固定资产的最佳使用者在同一空间内集中,茅锐证明了这种集中增强了固定资产的折变能力,降低了融资约束程度。产业对固定资产的依赖度和企业间增长的差异度对固定资产的折变能力具有一定影响,这使得产业集聚缓解融资约束的效果在产业间不同。实证检验发现,产业集聚减小了企业的投资—现金流敏感度,其效果对主产业内企业而言更大,还在固定资产占比较高、宏观周期性较弱和企业增长率变异性较大的产业中较强。④

---

① 赵凯:《信息不对称时产业链企业研发投资行为及产业集群效应分析》,载《产业经济研究》2015 年第 4 期。
② 程中华、刘军:《产业集聚、市场潜能与地区工资差距》,载《财经论丛》2015 年第 3 期。
③ 谢露露:《产业集聚和工资"俱乐部":来自地级市制造业的经验研究》,载《世界经济》2015 年第 10 期。
④ 茅锐:《产业集聚和企业的融资约束》,载《管理世界》2015 年第 2 期。

(三) 产业关联与产业融合

1. 产业关联效应

大规模外资涌入不可避免地挤占了本土企业的生存空间。基于 2000～2007 年中国微观企业数据，包群等采用生存模型研究表明，外资企业通过与当地企业构建上、下游产业关联，为内资企业创造了新的市场空间，缓解了其对内资企业存活的竞争冲击。与国有企业相比，民营企业更有可能与外资企业建立产业关联，从而较好地适应外资冲击。①

在产业融合的背景下，信息产业与制造业间的耦联推动了我国产业结构优化升级。陶长琪等研究发现，除广东省和江苏省外，我国信息产业与制造业间的耦联协调度属普遍不协调，原因在于产业转型时期低下的耦联效率；区域产业耦联对产业结构优化升级表现出空间相关性及与区域经济发展的一致性，这得益于东部发达的经济体、中部"两型社会"的创新政策特权和"中部崛起战略"以及西部和谐的政府管制政策。②

随着国际分工的不断深化和细化，制造业全球价值链分工体系已经形成。张咏华基于 1995～2011 年的国际投入产出表，在计算国际产业关联的基础上，通过对制造业全球价值链的勾画发现，制造业全球价值链呈明显的区块分布，区块间的联系主要通过不同区块内经济体的关联产生；在制造业全球价值链动态演变过程中，中国已融入其中并成为重要的中心国之一，但影响力较小。③

2. 产业融合路径

产业融合变革是产业的发展趋势，随着新工业革命和互联网信息技术的融合推进，新产业、新技术、新业态和新商业模式不断产生。产业融合发展正成为产业结构由低级向高级有序演进的重要路径。唐德森通过对产业融合发展机理和融合变革驱动力的分析，探索产业融合变革的新路径，

---

① 包群、叶宁华、王艳灵：《外资竞争、产业关联与中国本土企业的市场存活》，载《经济研究》2015 年第 7 期。
② 陶长琪、周璇：《产业融合下的产业结构优化升级效应分析——基于信息产业与制造业耦联的实证研究》，载《产业经济研究》2015 年第 3 期。
③ 张咏华：《制造业全球价值链及其动态演变——基于国际产业关联的研究》，载《世界经济研究》2015 年第 6 期。

为我国在新工业革命与互联网融合情景下的产业变革提供新的路径参考。①

随着产业之间的边界日渐模糊,以产业共生融合为特征的制造业服务化趋势逐渐显现。黄群慧等从产业融合的视角分析了一体化解决方案的内涵、动力及路径,并利用多案例研究比较分析一体化解决方案的主要模式和产业融合路径。②

现阶段,我国农业保持了平稳发展态势,同时也面临成本不断上升、生态环境持续恶化、资源条件高度紧张、国内外价格倒挂等严峻挑战。一、二、三产业融合互动是转变农业发展方式和加快农业现代化建设的必然要求。张义博基于农业现代化视野,通过对我国一、二、三产业融合互动相关政策演进的梳理,指出农村市场化改革、新兴技术的普及、农业多功能性需求崛起以及工商资本大量进入农业为一、二、三产业融合互动创造了条件,在此基础上提出了一、二、三产业融合互动的实践模式。③

五、产业发展

(一) 战略性新兴产业的发展

1. 战略性新兴产业发展现状

自20世纪90年代中期引起广泛讨论的"东亚奇迹"争辩后,中国近年来出现的"战略性新兴产业也过剩"现象,一些学者以光伏产业为例考察了中国战略性新兴产业产能过剩情况。王辉等发现中国光伏产业的资本产出弹性偏低,产业发展陷入了传统劳动密集型产业处于低端环节的发展老路;2005~2012年间,中国光伏产业的产能过剩经历了四个阶段的升降交替,但总体上并未脱离新兴产业发展规律而出现严重的发展危机,并认为光伏产业产能过剩归因于结构性过剩和体制性过剩,具体表现为供需结

---

① 唐德淼:《新工业革命与互联网融合的产业变革》,载《财经问题研究》2015年第8期。
② 黄群慧、霍景东:《产业融合与制造业服务化:基于一体化解决方案的多案例研究》,载《财贸经济》2015年第2期。
③ 张义博:《农业现代化视野的产业融合互动及其路径找寻》,载《改革》2015年第2期。

构失衡、过度投资和用传统产业的发展思路发展新兴产业等。①

余东华等在"市场失灵论"和"体制扭曲论"的基础上提出"政府不当干预论",从政府行为、产业内部环节和供给视角分析,不仅支持了光伏产业结构性过剩和体制性过剩的观点,还提出近年来,政府对战略性新兴产业的不当干预,引致和加剧了光伏产业的产能过剩,但对其内部各环节产能过剩的影响程度存在明显差异。②

孙晓华等从新旧技术范式转换的视角,将战略性新兴产业的演化过程分为范式导入期、范式构建Ⅰ期、范式构建Ⅱ期和范式成熟期四个阶段。并指出新能源汽车产业技术突破面临创新因子储备不足、创新主体合作缺失、创新资源供给有限、创新环境建设滞后四大障碍。③

赵玮基于2006~2013年战略性新兴产业微观数据,在双边随机边界模型统一框架下,研究表明,平均而言,政府R&D资助未完全抵消融资约束对研发投入的负面效应,战略性新兴产业企业研发投入仍存在缺口,且政府R&D资助的激励效果在企业之间具有显著异质性。④ 黄先海等发现以竞争兼容方式施行的补贴可通过扩大竞争,抵冲补贴对创新的负面影响并获取创新激励效应,但存在一个有效竞争阈值,当竞争程度过高时,继续补贴后企业对竞争压力的敏感性降低,可能"为补贴而生产",进而产生产能过剩风险,即产业政策存在一个以行业竞争程度等行业异质性为特征的最优实施空间。⑤

世界范围内稀有矿产资源供求关系趋紧,主要工业大国在稀有矿产资源领域的竞争加剧。李鹏飞等基于战略性新兴产业发展的视角,分析稀有矿产资源供求关系的变化趋势,并从资源供应潜力、资源开发及供应能力两个维度,以及供应潜力、社会发展水平、矿产监管政策、矿业发展的政治环境、全球供应集中度5项指标,发现钨的全球供应风险最高,石墨次

---

① 王辉、张月友:《战略性新兴产业存在产能过剩吗?——以中国光伏产业为例》,载《产业经济研究》2015年第1期。
② 余东华、吕逸楠:《政府不当干预与战略性新兴产业产能过剩——以中国光伏产业为例》,载《中国工业经济》2015年第10期。
③ 孙晓华、刘小玲:《范式转换与新兴产业培育:自新能源汽车观察》,载《改革》2015年第9期。
④ 赵玮:《融资约束、政府R&D资助与企业研发投入——来自中国战略性新兴产业的实证研究》,载《当代财经》2015年第11期。
⑤ 黄先海、宋学印、诸竹君:《中国产业政策的最优实施空间界定——补贴效应、竞争兼容与过剩破解》,载《中国工业经济》2015年第4期。

之,铯最低。①

2. 战略性新兴产业核心竞争力与绩效提升

战略性新兴产业是由产品链、技术链、价值链和生态链构成的复杂价值网络,"四链"高级化是战略性新兴产业升级的表现形式和基本路径。张其春等以我国稀土产业为例,探讨"四链"协同耦合对于战略性新兴产业核心竞争力的提升作用,指出把握终端市场需求、技术专利化和主导技术标准、垂直一体化运作和发展循环经济分别是战略性新兴产业的产品链、技术链、价值链和生态链升级的重要手段。②

曲永军等指出后发地区战略性新兴产业成长动力由政府推动力、需求拉动力、创新带动力和企业驱动力构成,后发地区战略性新兴产业的形成、成长、成熟和变革不同时期有其独特的内在规律,每一种动力的作用强度也会存在明显的差别。③

赵玮等基于2005~2013年间我国战略性新兴产业上市公司微观数据,实证检验结果表明,风险投资介入、风险投资家数对企业绩效具有显著的抑制作用,高持股比例、高声誉的风险投资对公司绩效具有显著改善作用。④

3. 战略性新兴产业与经济协同发展

新型城镇化和战略性新兴产业推动了经济社会进步。何立春通过对经济发展中的新型城镇化和战略性新兴产业的全面阐述,引申出新型城镇化和战略性新兴产业高度结合的"产城融合"的发展模式,并对其内在支撑依据和战略意义进行了总体说明。⑤

战略性新兴产业发展与传统产业改造升级将倒逼产业协同规律的识别与政府功能定位。李少林将政府行为、资源环境约束纳入产业协同发展的

---

① 李鹏飞、杨丹辉、渠慎宁、张艳芳:《稀有矿产资源的全球供应风险分析——基于战略性新兴产业发展的视角》,载《世界经济研究》2015年第2期。
② 张其春、郗永勤:《基于"四链"协同升级的战略性新兴产业发展研究——以我国稀土产业为例》,载《当代财经》2015年第5期。
③ 曲永军、周晓斐:《后发地区战略性新兴产业成长动力演化分析》,载《财经问题研究》2015年第12期。
④ 赵玮、温军:《风险投资介入是否可以提高战略性新兴产业的绩效?》,载《产业经济研究》2015年第2期。
⑤ 何立春:《新型城镇化、战略性新兴产业与经济发展》,载《财经问题研究》2015年第5期。

影响因素分析框架中,并以高技术产业作为新兴产业的代表,利用1998~2011年的省际数据对新兴产业与传统产业协调度的影响因素的经验研究结果表明,新兴产业科技活动经费筹集额中政府资金所占比重对新兴产业相对传统产业比重无显著影响;环境规制在一定程度上并未有效抑制传统高污染行业的增长,传统产业的高能耗特征依然显著;人力资本的增长对于实现产业协同效果显著;市场化改革对新、旧产业协同效果不显著,随着经济的发展,新兴产业相对传统产业产值的比重将持续提高。①

(二) 制造业的发展

1. 制造业的"空心化"

在制造业"空心化"威胁以及经济发展新常态特征的背景下,余珮等基于"全球工厂"理论框架,指出以上海为中心的总部经济产业升级和从长三角地区延伸至中部、西部地区的产业转移是我国制造业的两条主要发展道路。② 刘海云等探讨了制造业 OFDI 的"离本土化"和"离制造化"两类空心化效应发生机制,并结合 2003~2013 年中国省际面板数据,运用系统 GMM 方法进行实证检验。③

王展祥以英国和美国为例,探讨发达国家去工业化特点及影响,结合当前中国去工业化的倾向,指出需要在产业政策、财税政策上进行思路调整与改革,构建一体化劳动力市场,发挥大国优势,充分利用区域去工业化和结构性去工业化的机会,从根本上提高社会整体劳动生产率,避免去工业化对中国经济可能产生的负面影响。④

2. 制造业的竞争力提升

在我国国内劳动力、资本、土地、环境等要素成本持续攀升和国际市

---

① 李少林:《战略性新兴产业与传统产业的协同发展——基于省际空间计量模型的经验分析》,载《财经问题研究》2015 年第 2 期。
② 余珮、王俊杰:《新常态下中国制造业可持续性发展路径研究——基于"全球工厂"的视角》,载《当代财经》2015 年第 7 期。
③ 刘海云、聂飞:《中国制造业对外直接投资的空心化效应研究》,载《中国工业经济》2015 年第 4 期。
④ 王展祥:《发达国家去工业化比较及其对当前中国的启示——以英国和美国为例》,载《当代财经》2015 年第 11 期。

场需求持续低迷的情况下，出口产品质量的进一步提高和升级是我国出口贸易进一步增长的动力。李有检验结果表明，2001~2013年出口产品质量的升级显著地促进了我国出口产品在贸易伙伴国中市场份额的提高；出口产品质量升级在提高出口产品在贸易伙伴国中的市场份额方面存在收益递减；与发达国家的垂直高质量贸易产品的竞争力效应大于与发展中国家的垂直高质量贸易产品的竞争力效应。①

3. 全要素生产率

制造业对于国民经济的发展和转型至关重要，许多学者围绕制造业生产率问题进行了研究。杨汝岱实证研究发现，中国制造业1998~2009年全要素生产率增速存在较大的波动，年均增长3.83%，其生产率增长主要来源于企业成长，需依托资源配置效率改善提高增长空间，同时企业的效率受到所有制类型的影响，其中国有企业表现最差，投资效率低。②张翼等构建了一个进口中间品通过数量、种类和价格效应影响全要素生产率的理论模型，并利用中国制造业相关数据进行检验，结果表明，中国中间品进口不能对制造业全要素生产率产生显著的数量和种类效应，价格效应对出口依存度较小的行业有显著影响，但对出口依存度较大的行业影响不显著。③熊瑞祥等通过使用1998~2007年中国制造业企业层面的数据，实证研究发现，"干中学"显著促进了企业全要素生产率的增长，这种促进作用具有企业异质性，企业同技术前沿的技术差距越大，"干中学"效应越大。④

（三）生产性服务业的发展

1. 生产性服务业与经济发展

作为经济发展新常态下稳增长的关键领域，生产性服务业对经济持续

---

① 李有：《出口贸易产品质量与国际竞争力——基于中国制造业的实证研究》，载《当代财经》2015年第12期。
② 杨汝岱：《中国制造业企业全要素生产率研究》，载《经济研究》2015年第2期。
③ 张翼、陈雯、骆时雨：《中间品进口对中国制造业全要素生产率的影响》，载《世界经济》2015年第9期。
④ 熊瑞祥、李辉文、郑世怡：《干中学的追赶——来自中国制造业企业数据的证据》，载《世界经济文汇》2015年第2期。

发展的重要作用，引起了学术界持续的关注。金晓雨研究发现，在我国城市体系下，制造业内生分布使得生产性服务业对城市生产率的作用受到了城市规模的影响，大城市相比小城市对生产性服务业有更高的需求。大城市发展生产性服务业，改善了结构的不平衡，通过前后向关联提升城市生产率，小城市发展生产性服务业却造成产业结构和需求结构不平衡，资源和要素过度集中于低生产率的服务业，反而降低城市生产率。利用门槛面板模型实证发现，规模超过261.2万人的城市，生产性服务业发展提升城市生产率，而规模低于50.96万人的城市，生产性服务业发展反而降低城市生产率。①

在工业效率提升的目标导向下，中国各城市生产性服务业发展面临在专业化与多样化发展模式之间进行选择。席强敏等实证研究发现：随着城市规模的扩大以及工业对生产性服务业需求规模的上升和门类的增加，生产性服务业发展模式逐渐由专业化向多样化转变。生产性服务业多样化程度越高的城市，对周边城市工业劳动生产率提升的空间溢出效应越强，但受交易成本和"面对面"接触需求的影响，空间溢出效应随距离增加而衰减。②

2. 生产性服务业与制造业

在大数据、物联网和云计算等高新技术的驱动下，生产性服务业在促进制造业升级方面发挥着越来越关键的作用。白清基于生产性服务业与制造业的产业关联特征，从全球价值链视角分析结果显示，生产性服务业促进制造业升级的实现机制包括：生产性服务业外包促进制造业核心竞争力形成以及效率提升；生产性服务业集聚与制造业协同定位促进制造业规模收益递增；生产性服务业与制造业价值链融合促进制造业附加值提升；知识密集型生产性服务业提供的高级要素投入促使制造业创新能力提升。③

---

① 金晓雨：《中国生产性服务业发展与城市生产率研究》，载《产业经济研究》2015年第6期。

② 席强敏、陈曦、李国平：《中国城市生产性服务业模式选择研究——以工业效率提升为导向》，载《中国工业经济》2015年第2期。

③ 白清：《生产性服务业促进制造业升级的机制分析——基于全球价值链视角》，载《财经问题研究》2015年第4期。

（四）文化创意产业的发展

1. 文化创意产业的发展现状

雷原等运用随机前沿分析对深沪交易所 68 家文化创意上市公司 2001～2013 年投入产出效率进行评价，发现我国文化创意上市公司整体技术效率偏低，企业效率由高到低分别为创意设计服务、文化出版传媒、文化创意生产、文化休闲娱乐，产出主要依赖于劳动力投入，其次是市场推广与研发投入，而对固定资产投入的敏感度不高。①

2. 文化创意产业的集聚效应

文化创意产业的集聚发展能产生集聚效用，从而提升文化创意企业的竞争力。王庆金等分析了文化创意产业价值链的纵向延伸、横向延伸以及价值链、创新链和资金链"三链"融合的集聚演化路径，探讨了网络化价值扩散的集聚演化路径，研究了市场拉动和文化推动下的空间演化路径，从法律法规、文化创意产业集聚区与区域经济的互动发展、投融资机制、文化创意企业的培育以及文化创意产业的协同创新平台体系等方面提出了文化创意产业集聚发展的策略。②

六、研发创新

（一）研发

1. 研发投入与研发绩效

企业研发与绩效关系的研究一直是学术界关注的焦点。汤学良等运用

---

① 雷原、赵倩、朱贻宁：《我国文化创意产业效率分析——基于 68 家上市公司的实证研究》，载《当代经济科学》2015 年第 2 期。
② 王庆金、侯英津：《文化创意产业集聚演化路径及发展策略》，载《财经问题研究》2015 年第 2 期。

中国制造业企业数据实证分析企业 R&D 行为与绩效双向因果关系,发现相对于不做 R&D 的企业,做 R&D 的企业总量和效率较优,且优秀的企业更倾向于做 R&D;做 R&D 后企业规模和工业产值的扩张速度显著提高,但人均效率指标的增速变化不大;新进入 R&D 的企业 TFP 增速最快,持续做 R&D 对提高 TFP 增速影响不大;做 R&D 可使企业经营失败的风险下降。①

韩亚峰等构建知识资本动态积累模型,对四个不同行业的高新技术企业研发绩效进行测算。分析发现,企业 R&D 投入对技术形成的贡献弹性为 0.02～0.05,行业内不相关企业间的技术外溢减弱了企业的研发绩效,同行业的关联企业或企业集团间的技术外溢能提升企业的研发绩效。② 郑慕强等区分国际外溢网络、本地外溢网络和台商外溢网络,以在闽粤投资的 91 家台资企业为样本,实证检验结果显示,国际外溢网络和台商外溢网络对企业创新绩效具有显著正向的影响,R&D 投入对其均起到调节作用;而 R&D 投入对本地外溢网络与企业创新绩效之间的调节作用不显著。③

2. 研发激励与知识产权保护

行业异质性往往导致知识产权保护在各个行业中的创新效应也不尽相同。宗庆庆等通过 Probit 模型和 Tobit 模型研究发现,对于我国全样本工业企业,知识产权保护程度的提高推动了研发活动。但知识产权保护对企业研发投入的影响受到行业市场结构的影响:在垄断程度较高的行业中,两者呈倒"U"型关系;在竞争程度较高的行业中,知识产权保护促进了企业研发。④

张杰等对中国情景下政府创新补贴政策对企业私人研发投入的影响效应及其作用机理分析发现,政府创新补贴对中小企业私人研发并未表现出显著的效应。知识产权保护制度的完善程度,会影响到中国情景下政府创

---

① 汤学良、周建、吴万宗:《优秀企业做 R&D 还是 R&D 让企业更优秀?——基于中国制造业企业数据的研究》,载《财经论丛》2015 年第 12 期。
② 韩亚峰、樊秀峰、周文博:《R&D 投入、技术外溢对高新技术企业研发绩效的影响——基于知识资本积累模型》,载《财经论丛》2015 年第 8 期。
③ 郑慕强、杨程玲、姜文辉:《逆向外溢网络、R&D 与台资企业创新绩效》,载《财经论丛》2015 年第 1 期。
④ 宗庆庆、黄娅娜、钟鸿钧:《行业异质性、知识产权保护与企业研发投入》,载《产业经济研究》2015 年第 2 期。

新补贴政策对企业私人研发的作用效应。知识产权保护制度完善程度越弱的地区，政府创新补贴政策越能促进企业私人研发的提升。此外，政府创新补贴政策类型对企业私人研发挤入效应也存在着差异。①

3. 研发外包与自主创新

随着生产环节的不断细化和分割，外包作为一种有效的组织和生产方式逐步兴起。陈启斐等在测算历年我国制造业的研发外包率的基础上，利用 2003～2011 年制造业细分行业的面板数据，从创新能力和创新效率两个维度，考察了研发外包对我国自主创新能力的影响，发现研发外包可以显著促进我国制造业的创新能力和创新效率。从作用机制来看，研发外包对创新效率的正向作用主要体现在对纯技术进步率的提高上。门槛检验方法证明了只有当吸收能力和研发能力超过一定的阈值时，研发外包才能促进我国制造业创新能力的提升。②

（二）创新效率及影响因素

1. 创新效率的测度

准确测度创新效率是客观评价产业发展水平的基础。王晓红等通过把高技术产业创新过程划分为技术开发和技术成果转化两个阶段，运用 Hicks - Moorsteen 指数方法测度中国高技术产业创新效率。实证研究发现，在 1997～2010 年间不同创新阶段中技术进步和技术效率对中国高技术产业全要素生产率增长的贡献均存在明显差异。在技术开发阶段，技术效率改善的贡献显著大于技术进步；在技术成果转化阶段，技术进步水平的贡献率较高。③

2. 创新驱动因素

王海兵等研究发现，我国创新驱动发展现状不容乐观，技术进步的恶化是主要原因；地区创新驱动发展水平按照东、西、中部地区依次递减，

---

① 张杰、陈志远、杨连星、新夫：《中国创新补贴政策的绩效评估：理论与证据》，载《经济研究》2015 年第 10 期。
② 陈启斐、王晶晶、岳中刚：《研发外包是否会抑制我国制造业自主创新能力？》，载《数量经济技术经济研究》2015 年第 2 期。
③ 王晓红、陈范红：《基于 HM 指数的中国高技术产业创新效率分析》，载《产业经济研究》2015 年第 6 期。

且差异有缩小趋势,创新驱动发展水平较低地区有向水平较高地区追赶现象,但不同地区创新驱动发展的稳态水平与自身条件有关;创新驱动的发展状况在不同发展阶段有所差异;对于整体而言,对外开放水平、人力资本、非市场化程度都对创新驱动有显著正向作用。①

识别关键因素及其对企业技术创新的作用机理,有助于提高企业技术创新能力,进而获得最佳的经济效益和社会效益。唐建荣采用贝叶斯模型平均方法(BMA),从企业微观层面进行研究发现,企业管理费用、资本密集程度、企业规模、资本结构、高管年龄、董事会规模、税费返还、高管薪酬八项指标是影响企业技术创新的关键因素。②

程强等从区域视角考察国有企业形成的外部性对区域创新效率的影响。研究发现,国有企业承担更多的社会责任并面临着相对软的预算约束,能够承担不确定程度更高、外部性更大的创新活动,并通过外部性传导机制对区域创新效率发挥正向促进作用。③

3. 创新绩效与政府行为

国产化率保护(DCP)是发展中国家保护本国幼稚产业、促进自主创新的政策之一。付明卫等以中国风电制造业为样本,用中国发明专利申请数量和质量度量自主创新,实证发现,国产化率保护对自主创新促进作用,主要表现在DCP政策增加了我国风电发明专利申请数量,同时并没有降低申请质量;申请数量增加通过非学术机构实现。④

4. 创新价值链与区域创新活动

赵增耀等基于价值链活动,将创新过程划分为知识创新和产品创新两个阶段,将空间溢出和价值链溢出纳入统一的分析框架中检验中国创新效率的多维溢出效应。研究结果显示,创新价值链不同环节之间存在显著主从关联,知识创新效率和产品创新效率之间相互牵制成为制约中国创新的

---

① 王海兵、杨蕙馨:《创新驱动及其影响因素的实证分析:1979~2012》,载《山东大学学报(哲学社会科学版)》2015年第1期。
② 唐建荣、石文:《基于BMA的企业技术创新驱动因素分析》,载《财经科学》2015年第11期。
③ 程强、尹志锋、叶静怡:《国有企业与区域创新效率——基于外部性的分析视角》,载《产业经济研究》2015年第4期。
④ 付明卫、叶静怡、孟俣希、雷震:《国产化率保护对自主创新的影响——来自中国风电制造业的证据》,载《经济研究》2015年第2期。

共同因素。两阶段效率失衡问题明显,产品创新效率明显低于知识创新效率。创新价值链中知识创新的前向关联溢出效应显著,而产品创新的后向关联效应缺失。中国创新效率空间依赖性明显,具有地理空间集群特征。创新溢出和传播会受到创新主体之间地理距离的限制。①

余泳泽基于创新价值链视角,研究发现,中国区域创新活动的内部结构呈现出"轻基础研究、重实践应用研究"的现象。试验发展资本存量占比超过80%且逐年增长,而应用研究与基础研究资本存量占比不足20%。中国区域研发活动表现出明显的空间外溢效应和价值链外溢效应。应用研究资本投入与基础研究和试验发展资本投入形成了良好的"协同效应",而试验发展资本投入对基础研究资本投入具有一定的"挤占效应"。②

(三) 技术创新与技术进步

1. 技术创新与标准竞争

企业的竞争方式已从价格、规模、技术竞争发展到标准竞争。技术标准化是企业进行标准竞争的基本方式。杨蕙馨等以1985~2012年中国电子信息产业为研究对象,考察技术创新、技术标准化和市场结构三者之间的内在关系,发现技术创新和技术标准化是市场集中度的重要影响因素,而技术创新与技术标准化之间互为因果关系。③

建立标准联盟是企业参与标准竞争的重要战略手段。王硕等以"开放手机联盟"为研究对象,研究谷歌公司2010~2012年安卓系统技术升级对联盟成员企业产生的异质性影响,从成员企业角度探讨成员企业研发投入强度和技术距离在此过程中的作用。研究表明,在主导企业技术标准创新的过程中,联盟内不同类型的企业受到不一致的影响,成员企业研发投入强度与超常收益之间存在显著负向关系;技术距离以"U"型方式调节投入强度对超常收益的负向影响强度。④

---

① 赵增耀、章小波、沈能:《区域协同创新效率的多维溢出效应》,载《中国工业经济》2015年第1期。
② 余泳泽:《中国区域创新活动的"协同效应"与"挤占效应"——基于创新价值链视角的研究》,载《中国工业经济》2015年第10期。
③ 杨蕙馨、王硕、王军:《技术创新、技术标准化与市场结构——基于1985~2012年"中国电子信息企业百强"数据》,载《经济管理》2015年第6期。
④ 王硕、杨蕙馨、王军:《标准联盟主导企业标准创新对成员企业的影响——研发投入强度、技术距离与超常收益》,载《经济与管理研究》2015年第7期。

2. 技术进步与要素价格扭曲

要素价格扭曲政策促进短期经济快速增长，同时也对技术进步产生一定的影响。李平等从要素价格扭曲对技术进步影响因素的非线性特征角度展开分析，门槛回归结果显示，劳动要素扭曲对技术进步具有抑制作用；资本要素扭曲在研发资本投入、研发人员投入和国际贸易溢出数值较小的门限区间内对技术进步最为有利，在 FDI 溢出的中间值区间内有促进作用，而在专利溢出的各个区间内均呈现显著抑制作用。①

3. 技术进步与市场绩效

赵奚等采用面板门限回归模型研究发现，在两个临界值两侧，技术进步对市场绩效的影响具有显著的市场结构门限特征：高垄断行业的技术进步会巩固其垄断地位，行业绩效下降；低垄断行业的技术进步会使行业利润率趋近于零，行业绩效提高；处于两者中间的垄断程度，具有一定的不确定性。②

4. 技术进步与市场化制度变迁

技术创新和技术引进是后发国家技术进步的主要途径，而市场化制度环境是技术创新和技术引进有效运行的制度基础。李平等基于多部门假设条件，在市场化制度变迁背景下探讨自主研发和技术引进对技术进步的作用机制和实际贡献度。1998～2012 年我国的市场化制度变迁对技术创新具有抑制作用，但促进了技术引进，总体上促进了技术进步。③

（四）"互联网 +" 创新

1. "互联网 +" 金融

"互联网 +" 计划的提出指明了互联网与传统产业进行深度融合的产

---

① 李平、刘雪燕：《要素价格扭曲对技术进步影响因素的非线性研究》，载《产业经济评论》2015 年第 2 期。
② 赵奚、孙巍：《市场结构门限效应研究——以中国制造业技术进步对市场绩效影响为例》，载《财经问题研究》2015 年第 2 期。
③ 李平、刘雪燕：《市场化制度变迁对我国技术进步的影响——基于自主研发和技术引进的视角》，载《经济学动态》2015 年第 4 期。

业调整发展方向，而"互联网+银行"也成为互联网金融深化改革的具体承载。郑志来基于"互联网+零售"对传统零售业的影响视角，研究发现互联网金融对商业银行影响路径与零售业具有相似性，主要对其负债业务、中间业务、资产业务产生深刻影响，从而引起金融脱媒并危及商业银行经营业绩、商业模式，在此基础上，根据零售业苏宁模式、银泰模式的突围路径，提出自身转型优化与"互联网+"融合发展两条商业银行应对互联网金融的策略路径。①

风险管理作为银行稳健发展的核心竞争力之一，宋首文等深入分析互联网技术对传统商业银行风险管理的深远意义，探讨商业银行风险管理的现实差距，指出传统商业银行风险管理向"互联网+银行"方式下的风险管理模式的突破路径。②

何师元通过对国外关于"互联网+金融"助推实体经济发展的相关研究的梳理，发现"互联网+金融"对创业、经济增长有促进作用，需要建立一个完善的制度框架和信用数据库作为支撑，以促进银行与涉及互联网金融的企业和平台的深度合作。③

2. "互联网+"与"创造性破坏"

互联网已发展成为企业能力的衍生。"互联网+"实质是实体经济与互联网虚拟经济相融合的"跨界经营"现象。赵振在界定"互联网+"作为跨界经营的内涵后，从市场基础和产业基础两方面描述其创造性破坏表象，提出"互联网+"模式在商业生态圈、制造生态圈及研发生态圈的报酬递增三重正循环反馈模型，探讨了"跨界经营"现象的"创造性破坏"作用机理，发现顾客社群、低交易成本的外部经济性和网络效应、由IT到DT（Data Technology）引发的平行互动、制造技术与IT技术的迭代演进成为正反馈循环的关键因素；情感、知识及虚拟中间产品所具有的"非消耗性"特征成为支撑报酬递增和创造性破坏的根本机制。"场景+产品"的有机组合有助于保障创造性破坏的持续发生，将成为互联网时代

---

① 郑志来：《互联网金融对我国商业银行的影响路径——基于"互联网+"对零售业的影响视角》，载《财经科学》2015年第5期。
② 宋首文、代芊、柴若琪：《互联网+银行：我国传统商业银行风险管理新变革》，载《财经科学》2015年第7期。
③ 何师元：《"互联网+金融"新业态与实体经济发展的关联度》，载《改革》2015年第7期。

企业建立隔绝机制的关键路径。①

3."互联网+"与信息基础设施

"互联网+"的发展使国民经济各领域对信息基础设施产生新的更高需求。我国信息基础设施落后使"互联网+"的能量难以充分发挥出来。杜振华研究发现,信息基础设施建设中数字鸿沟不断扩大,信息基础设施建设落后且缺少群众的支持,使我国出现了信息化快速发展与信息化应用水平排名呈下降趋势的矛盾,为此需要加快信息基础设施建设,应引入PPP模式,将其作为全民配合的行动,以促进"互联网+"的发展。②

---

① 赵振:《"互联网+"跨界经营:创造性破坏视角》,载《中国工业经济》2015年第10期。
② 杜振华:《"互联网+"背景的信息基础设施建设愿景》,载《改革》2015年第10期。

第七章 财政学研究新进展

财政是国家治理的基础和重要支柱,科学的财税体制是优化资源配置、维护市场统一、促进社会公平、实现国家长治久安的制度保障。党的十八大和十八届三中全会以来,明确将财税体制改革作为经济体制改革的重要组成部分,2014年6月中央政治局审议通过的《深化财税体制改革总体方案》中又对财政改革提出了具体的行动指南,一时间财政改革动向再次成为社会各界关注的焦点。学术界也围绕财政问题进行了深入的讨论和研究,仅2015年国内顶尖经济学期刊上便涌现出百余篇优秀论文,涉及财政领域的各个方面,本章将从财政学的学科属性与发展、财政分权、税制改革、财政政策效果以及社会保障五个领域对相关研究成果做简要的总结和归纳。

一、财政学的学科属性与发展方向

财政学的学科属性和发展方向是长期以来被忽视的基础性问题,近年来又重新进入学术研究的视野。李俊生认为,当前主流财政学教材都将财政学视为经济学的一个分支,认为财政学是隶属于经济学的"二级学科",但从学说史的发展历程来看,政治经济学产生于财政学、经济学产生于政治经济学,而当前财政学与经济学之间地位颠倒的主要原因在于财政学被严重"经济学化",由此产生的不利后果是,现代财政理论丧失了解释和预测财政现象的能力。[①]

随后诸多学者对李俊生的观点表示了认同。陈共认为,过去我国财政

---

① 李俊生:《盎格鲁—撒克逊学派财政理论的破产与科学财政理论的重建——反思当代"主流"财政理论》,载《经济学动态》2014年第3期。

理论界对财政学对象的研究存在明显的倾向性,表现为侧重经济层面、忽视政治层面;重视从经济学角度研究财政学、轻视从政治学角度研究财政学;强调财政学是研究财政运行规律,忽视财政收支治理的实践。因此,借鉴十八届三中全会《中共中央关于全面深化改革若干重大问题的决定》中所提出的"国家治理"观点,主张从经济学与政治学的结合和交叉的角度研究财政问题和建立财政学。① 张晋武也认为,财政学的核心问题是研究经济与政治的关系,经济学的发展经历了一个从早期政治经济学到现代经济学再到新政治经济学兴起的过程,这其中暗含着从去政治化到政治观回归的演变过程,从而使得财政学获得了新的生机,因而认为未来财政学发展与建设的方向,应是按照经济与政治密切结合的原则重构财政学的内容体系,真正现代化地复归财政学的政治经济学传统。② 牛富荣等也认为,应该回归传统的财政理论,主张立足政治经济学、社会学的视角重构财政基础理论③。因此,有关财政学学科属性和发展方向的问题,成为2015年财政学理论研究的一个重点领域,对此学者的观点较为一致,普遍认为当前财政学发展过度关注经济层面、忽视政治层面,对政治问题的关注也将成为今后财政学研究的新方向。

二、财政分权

财政分权与地方政府竞争是近年来财政学研究的核心领域。西方传统财政联邦制理论认为,地方政府参与竞争的理论基础来源于基于居民流动而产生的"用脚投票"理论④和基于选举而产生的标尺竞争理论⑤,但二者在解释中国经济问题上却缺乏适用性。针对我国特殊的政治体制,周黎安等提出了"晋升锦标赛"理论⑥⑦,而以1994年分税制为代表的财政分

---

① 陈共:《财政学对象的重新思考》,载《财政研究》2015年第4期。
② 张晋武:《财政学的政治观:历史回溯与现实反思》,载《财政研究》2015年第9期。
③ 牛富荣、崔满红:《社会分工视角下的现代财政功能研究》,载《财政研究》2015年第10期。
④ Tiebout, C. M., 1956, "A Pure Theory of Local Expenditures", *Journal of Political Economy*, Vol. 64, pp. 416 – 424.
⑤ Salmon, P., 1987, "Decentralization as an Incentive Scheme", *Oxford Review of Economic Policy*, Vol. 3, pp. 24 – 43.
⑥ Li, H. and L. Zhou, 2005, "Political Turnover and Economic Performance: the Incentive Role of Personnel Control in China", *Journal of Public Economics*, Vol. 89, No. 9 – 10, pp. 1743 – 1762.
⑦ 周黎安:《中国地方官员的晋升锦标赛模式研究》,载《经济研究》2007年第7期。

权为检验该理论提供了实践的契机。后期许多研究对此予以证实,将分税制以来中国经济的高速增长归因于地方政府发展经济的动机被激活,地方政府"为增长而竞争"成为学术界普遍接受的定理式结论,学术研究的重心就此转向了以地方政府竞争为核心的方向上,这已经成为研究中国财政问题的基本路径。

(一) 新政治经济学

1. "晋升锦标赛"理论的实证检验

"晋升锦标赛"理论认为,上级政府对多个下级政府部门行政长官的选拔机制是一场晋升锦标赛,竞赛优胜者获得晋升,考核的标准为各辖区的 GDP 增长率。罗党论等重新阐释了官员晋升与经济增长业绩间的关联性,利用 1999~2009 年的地市级数据进行研究发现,官员在任期内相对于其他省份的经济增速与其晋升显著正相关,而前任官员的经济绩效被视为当期官员的"标杆",这在一定程度上也具有标尺竞争的属性。而且,基于经济效率提升(TFP 增大)的经济增长更有利于晋升。同时,具有高校或高管背景、拥有交流经历、政治生涯表现更好的官员晋升概率更大,但它们不会弱化经济绩效与晋升的关系。[①]

2. 政治周期与官员变更

在中国,党代会的召开通常伴随着大规模的人事调动。因此,诸多学者将党代会召开的时间作为地方官员的政治周期来进行研究。中央党代会每 5 年举行一次,实际中,约 50% 的省级官员变更发生在中央党代会当年及其后一年中。陈卫东等最早将党代会的召开时间与经济问题联系起来,利用 1953~2008 年的年度数据研究发现,12 次党代会的年份对应 12 个财政支出增长率峰值、11 个货币供给增长率峰值和 10 个 GDP 增长率峰值。[②]

随后政治周期问题成为研究中国财政问题的突破点。在官员晋升唯

---

① 罗党论、余国满、陈杰:《经济增长业绩与地方官员晋升的关联性再审视——新理论和基于地级市数据的新证据》,载《经济学(季刊)》2015 年第 3 期。
② 陈卫东、苗文龙:《政府换届、经济政策与政治经济周期》,载《经济经纬》2010 年第 4 期。

GDP 是论的假定下，肖洁等构建三级政府的政治生命周期模型，并假定市级官员不仅要考虑省级官员对自身的考核，还要考虑省级官员本身的晋升问题。研究发现，在省级党代会召开时，市级财政总支出增长率显著增加，其中主要来自生产性支出比重的增加，而福利性支出比重显著减少。[①]干春晖等也发现，任期的第 4~5 年为地方官员晋升的关键时期，为了追求经济绩效，地方官员有激励向企业提供相对较多的土地和融资优惠，而相比于非本地提拔的官员，本地提拔的官员能够给企业提供更多的土地和融资优惠；相比于其他企业，国有企业获取土地和融资更为便利。[②]

谭之博等研究发现，省级信贷投放与固定资产投资都随省委书记和省长的任期呈倒"U"型变化，而官员任期后半阶段信贷投放与固定资产投资的下降，作者将其解释为地方官员不愿意让自己的努力被继任者"搭便车"。[③] 肖洁等的研究结果与之相似，认为市委书记和市长变更对财政支出增长率有显著的负向影响，原因在于，离任官员和新任官员去向已定，没有动机增加生产性支出[④]。罗党论等研究也同样发现，市委书记或市长变更会减少地方发债规模，原因被解释为官员更替所引发的不确定性增加[⑤]。杨海生等在此基础上研究了官员变动与财政效率的关系，发现市长任期对财政效率呈"U"型影响，拐点以 1 年期为界，新市长上任 1 年内，由于官员变更造成地方经济政策的不连续性，进而引发效率损失，1 年后地方财政效率逐步回升。[⑥]

随着"八项规定"的出台和反腐的不断深化，肖洁等又将廉洁程度纳入中央考察省级官员的考核指标当中，基于经济和廉洁两方面的晋升激励，构建了一个政治生命周期模型来刻画中国省级官员的财政支出决策行为，并利用中国 1990~2010 年数据进行实证检验。结果显示，财政支出具有政治周期性，由于基本建设支出既能拉动经济增长，又容易滋生腐败行为，因而在中央党代会之前，省级官员倾向于扩大基本建设，以便得到

---

① 肖洁、龚六堂、张庆华：《分权框架下地方政府财政支出与政治周期》，载《经济学动态》2015 年第 10 期。
② 干春晖、邹俊、王健：《地方官员任期、企业资源获取与产能过剩》，载《中国工业经济》2015 年第 3 期。
③ 谭之博、周黎安：《官员任期与信贷和投资周期》，载《金融研究》2015 年第 6 期。
④ 肖洁、龚六堂、张庆华：《市委书记市长变更、财政支出波动与时间不一致性》，载《金融研究》2015 年第 6 期。
⑤ 罗党论、佘国满：《地方官员变更与地方债发行》，载《经济研究》2015 年第 6 期。
⑥ 杨海生、才国伟、李泽槟：《政策不连续性与财政效率损失——来自地方官员变更的经验证据》，载《管理世界》2015 年第 12 期。

上级领导的赞赏,而在党代会当年往往采取保守策略,减少基本建设支出,增加行政管理和科教文卫支出。① 与此同时,基于经济业绩与廉洁程度的双向激励,不仅仅体现在财政支出层面,收入层面亦是如此。余靖雯等探究了政治周期与地方政府土地出让行为间的关系,发现党代会召开前一年,土地出让面积下降约8.7%;党代会召开后一年,土地出让面积增加约10.1%②,作用机理与前者相似。

3. 腐败与寻租

腐败和寻租是各国财政长期以来亟须解决的重点问题。中国腐败问题以行政管理费居高不下最为代表,并主要集中于县级政府开支中。宋小宁等借鉴"中心—外围"理论研究发现,区位劣势显著地诱发了县域行政管理费的增长,交通状况的改善则可以有效弱化二者间的关系。③

李雪莲等探究了公务员家庭从事创业的寻租动机。研究发现,有职位的公务员家庭显著增加了创业概率,而且其创业的投资回报明显超过企业平均利润,而当党的十八大加大反腐力度后,有职位公务员家庭创业活力下降3.2%,由此认为,寻租动机可能是有职位公务员家庭较高创业活力的真正原因。④

潘越等从政企关系的视角对寻租予以解读。他们利用2006～2012年沪深两市地方国有企业样本发现,市委书记更替导致市委直管国有企业的高管发生非正常变更的可能性显著增加,影响显著存在于制造业和房地产业中,而且相比于外地官员继任,本地官员继任更可能引发企业高管变更。⑤ 申宇等以超额管理费用衡量企业寻租活动强弱,发现新市委书记上任显著增加了企业的寻租费用。其中,民营企业寻租费用高于国有企业、低市场化程度地区的企业寻租费用高于高市场化程度地区的企业、空降书记的寻租费用高于内升的市委书记、临近退休的市委书记的寻租费用高于

---

① 肖洁、龚六堂、张庆华:《财政支出的政治周期与激励机制》,载《财政研究》2015年第7期。
② 余靖雯、肖洁、龚六堂:《政治周期与地方政府土地出让行为》,载《经济研究》2015年第2期。
③ 宋小宁、陈斌、梁琦:《区位劣势和县域行政管理费增长》,载《经济研究》2015年第3期。
④ 李雪莲、马双、邓翔:《公务员家庭、创业与寻租动机》,载《经济研究》2015年第3期。
⑤ 潘越、宁博、肖金利:《地方政治权利转移与政企关系重建——来自地方官员更替与高管变更的证据》,载《中国工业经济》2015年第6期。

未临近退休的书记。[①]

4. 权力平衡与政府机构膨胀

机构臃肿、人员冗杂是造成我国行政管理费用长期居高不下的重要因素。高楠等认为，地方决策层基于一定权力结构和利益分化所进行的博弈和权力平衡需要，是屡次机构精简改革成效不彰、政府机构规模居高不下的一个重要原因，进而通过构造 1992~2011 年间省级决策层内部门利益分化程度的年度指标进行实证研究发现，部门利益分化程度显著增加了高级干部职数。[②]

（二）地方政府竞争

地方政府竞争主要涉及收入竞争和支出竞争两个方面，这是财政分权问题研究中出现争议较多的领域，文献中的观点经常彼此对立和矛盾，长期以来一直是学者关注的焦点。

1. 税收竞争

谢贞发等认为，中国分税制不存在类似于西方财政联邦制中的纵向税收竞争问题，税收竞争主要表现为横向税收竞争，共享税制下中央政府有动机集中税收征管权来压缩地方政府税收竞争的空间，进而实证检验了 2002~2007 年间中央税收征管权集中对地区间横向税收竞争的影响，结果显示，在所有权重下地区间均存在一定程度的横向税收竞争关系，而且中央集中税收征管权会降低地区间横向税收竞争程度。[③]

王凤荣等选择以企业异地并购作为研究税收竞争与资本跨区流动问题的切入点，由此兼顾了资本流动的方向性和投资方式的异质性，首先运用因子分析度量了我国各省份的税收负担和环境得分，并利用 2009~2011 年间上市公司收购非上市公司数据研究发现，地区间税收竞争促进了资本跨区流动，而企业异地并购未获得节税收益，环境效应则成为企业异地并

[①] 申宇、傅立立、赵静梅：《市委书记更替对企业寻租影响的实证研究》，载《中国工业经济》2015 年第 9 期。

[②] 高楠、梁平汉：《为什么政府机构越来越膨胀？——部门利益分化的视角》，载《经济研究》2015 年第 9 期。

[③] 谢贞发、范子英：《中国式分税制、中央税收征管权集中与税收竞争》，载《经济研究》2015 年第 4 期。

购的成长动因①。

2. 支出竞争

传统的经济学理论认为，基于政绩考核下的政府竞争将导致地方政府公共支出结构的扭曲，即过分注重基本建设而轻视人力资本投资和公共服务②③。对此，刘建民等、吴俊培等分别从财政分权与环境污染的角度予以证实，结果显示，财政分权造成了环境质量的下降④⑤。

（三）省直管县

"省直管县"是我国2004年开始实施的一项财政体制改革，其意图在于通过将县财政与省财政直接挂钩，省略掉市级政府的干预，实现精简纵向财政层级结构的目标。理论上认为，省直管县的制度功能有两点：一是提高县级财政的税收留成比例，从而加强县级政府自主财力；二是赋予县级政府更多的支出责任，进而促进县域经济发展。理论上，省直管县是一项强化县级财政分权的改革。

1. 财政竞争效果

从收入的角度来看，杨龙见等认为，省直管县减少了地级市对转移支付的截留，增加了县级转移支付的可达性，因而提高了县级财力与支出责任匹配度，平均提高10.2个百分点。⑥ 王小龙等检验了省直管县下的县级政府税收竞争情况，研究发现，财政省直管县使得县域工业企业实际有效税率显著降低约0.45个百分点，而且从动态角度看，该项改革的效应具

---

① 王凤荣、苗妙：《税收竞争、区域环境与资本跨区流动——基于企业异地并购视角的实证研究》，载《经济研究》2015年第2期。
② 傅勇、张晏：《中国式分权与财政支出结构偏向：为增长而竞争的代价》，载《管理世界》2007年第3期。
③ 乔宝云、范剑勇、冯兴元：《中国的财政分权与小学义务教育》，载《中国社会科学》2005年第6期。
④ 刘建民、陈霞、吴金光：《财政分权、地方政府竞争与环境污染——基于272个城市数据的异质性与动态效应分析》，载《财政研究》2015年第9期。
⑤ 吴俊培、丁玮蓉、龚旻：《财政分权对中国环境质量影响的实证分析》，载《财政研究》2015年第11期。
⑥ 杨龙见、尹恒：《县级政府财力与支出责任：来自财政层级的视角》，载《金融研究》2015年第4期。

有持续性。①

从支出的角度来看，贾俊雪等、宁静等、谭之博等分别检验了省直管县下县级政府财政支出竞争情况。贾俊雪等、宁静等的研究都认为，省直管县财政体制改革具有较强的职能扭曲效应，强化了县级政府以经济增长为导向的支出行为偏差，导致县级财政的基本建设支出比重增加，教育支出比重和医疗卫生支出比重下降。②③ 另一方面，谭之博等的研究则认为，省直管县改革有助于缩小城乡收入差距，提高县中学在校生比重，增加社会福利院床位数，因此有利于民生建设，其给出的理由有两点：一是改革缓解了经济建设资源过度向市区集中的问题，从而缩减了城乡收入差距；二是县级政府具有信息优势，更能掌握本地居民对公共物品的偏好。④

需要特别说明的是，省直管县改革构成了一项自然实验，该领域多数实证研究采用了项目评估的方法。从当前财政领域的发展来看，实证研究的重心已经从解释变量间的相关关系发展为解释因果关系，诸如断点回归、双重差分、倾向得分匹配和工具变量等计量方法为研究这类问题提供了良好的工具，这也成为近些年来财政学研究的新方向。

2. 扩权模式选择

从实践的角度来看，省直管县改革存在两种扩权模式，一种是对所辖区县进行一致性放权，即"全面直管"；另一种是在所辖区县中选取特定区县进行试点改革，未被选取的区县不参与改革，即"省内单列"。宫汝凯等通过构建理论模型分析了省直管县改革的扩权模式选择问题，认为当县级政府面临着较大的经济发展机会收益时，省内单列优于全面直管模式；反之，则全面直管模式占优。当进一步地考虑县级政府间的异质性和县域经济发展的交互影响时，在县级政府之间存在较强的异质性和负向（较弱的正向）交互影响，或者较弱的异质性和较强的正向（较弱的负向）交互影响的情形下，省内单列优于全面直管模式；反之，则全面直管

---

① 王小龙、方金金：《财政"省直管县"改革与基层政府税收竞争》，载《经济研究》2015 年第 11 期。

② 贾俊雪、宁静：《纵向财政治理结构与地方政府职能优化——基于省直管县财政体制改革的拟自然实验分析》，载《管理世界》2015 年第 1 期。

③ 宁静、赵国钦、贺俊程：《省直管县财政体制改革能否改善民生性公共服务》，载《经济理论与经济管理》2015 年第 5 期。

④ 谭之博、周黎安、赵岳：《省管县改革、财政分权与民生——基于"倍差法"的估计》，载《经济学（季刊）》2015 年第 3 期。

优于省内单列模式。由此得出结论，省级政府需因地制宜，综合考虑潜在的经济发展机会、县级政府的异质性和其间的交互影响 3 个维度，以此合理选择扩权模式。①

（四）转移支付

分税制改革的结果是财权上划中央、事权下放地方，地方财力缺口主要通过转移支付制度予以弥补，时至今日，随着基本公共服务需求的增加，地方财政对转移支付的依赖愈发严重，转移支付逐渐成为学者们研究的又一重点领域。

1. 粘蝇纸效应

早期理论认为，转移支付和居民收入对公共支出的影响是相同的，两者间存在"等价性定理"，随后实证研究却发现，转移支付会更多地刺激地方政府扩大支出，这种现象被称为"粘蝇纸效应"。吕炜等的研究证实，过高的转移支付依存度会刺激地方政府扩大支出规模并降低财政资金的使用效率，西部和东北部等转移支付依存度高的地区的粘蝇纸效应更大。②有关"粘蝇纸效应"影响机制的解释主要包括 4 个理论，分别是"财政幻觉"假说、垄断型政府假说、压力集团假说和税收成本假说，毛捷等的研究认为，税收成本假说比较符合中国实际，即当地方政府获得较多的转移支付时，可以减少征税，此时公共服务的提供价格将相对降低，地方政府倾向于选择较高的公共支出水平。③

2. 财力均等化效果

贾晓俊等通过基尼系数分解的方法考察了我国转移支付的地区间财力均等化效果，研究发现，一般性转移支付和专项转移支付在资金分配上均向财力较弱的地区进行了倾斜，具有财力均等化效应，在强度上，一般较专项要强。在构成一般性转移支付的诸多子项目中，农村税费改革转移支

---

① 宫汝凯、姚东旻:《全面直管还是省内单列：省直管县改革的扩权模式选择》,载《管理世界》2015 年第 4 期。
② 吕炜、赵佳佳:《中国转移支付的粘蝇纸效应与经济绩效》,载《财政研究》2015 年第 9 期。
③ 毛捷、吕冰洋、马光荣:《转移支付与政府扩张：基于"价格效应"的研究》,载《管理世界》2015 年第 7 期。

付向财力较弱地区的倾斜程度最强，教育转移支付次之，紧随其后的分别是基本财力保障机制奖励补助以及调整工资转移支付，但由于均衡性转移支付规模较大，其财力均等化效应最强。① 贾晓俊等还进一步分析了一般性拨款、分类拨款和项目拨款三种转移支付机制对基本公共服务均等化的影响，研究发现，分类拨款的效果最佳，不仅可以避免中央政府过度干预地方政府支出，也可以消除项目拨款在资金分配过程中的种种弊端。②

3. 转移支付与地方政府竞争

目前国内外有关转移支付与地方政府间财政竞争关系的研究，多数停留在理论层面，李永友基于中国县级截面数据，利用空间系统估计方法，对转移支付融资和分配机制与相邻县之间财政竞争关系进行了实证研究，结果显示，中国转移支付整体上并不具有协调地方政府间财政竞争的作用，而在控制了区位、经济发展水平等因素影响后，转移支付机制在整体上强化了地方政府间的税收竞争，尽管一般性转移支付对地方政府间税收竞争有显著的弱化效果，但所占比重较低，无法从整体上矫正地方政府的竞争行为。③

（五）土 地 财 政

1. 形成机制

土地财政是中国财政体制中所特有的现象，有关土地财政的成因主要存在两种假说，一是认为地方政府面临巨大的财政压力，出让土地获得收入是地方政府的无奈之举；二是认为地方官员因晋升而引发的投资冲动，以出让土地作为筹集资金的方式。两种观点的支持者均不在少数。宫汝凯的研究认为，地方政府面临的财政不平衡是引致其积极追求土地财政的制度性因素，而土地财政进一步推高了房价。④ 赵文哲等的实证研究发现，当面临较高的财政缺口压力时，地方政府会以较低的价格向国有企业增加

---

① 贾晓俊、岳希明：《我国不同形式转移支付财力均等化效应研究》，载《经济理论与经济管理》2015 年第 1 期。
② 贾晓俊、岳希明、王怡璞：《分类拨款、地方政府支出与基本公共服务均等化——兼谈我国转移支付制度改革》，载《财贸经济》2015 年第 4 期。
③ 李永友：《转移支付与地方政府间财政竞争》，载《中国社会科学》2015 年第 10 期。
④ 宫汝凯：《财政不平衡和房价上涨：中国的证据》，载《金融研究》2015 年第 4 期。

土地出让,尤其是在经济增长下滑阶段、地方政府利用财政政策刺激经济的时候,财政缺口增加导致国有企业比重高的城市协议土地出让比例更高。① 杨其静等的实证研究结果显示,辖区间土地引资竞争在很大程度上是地方领导晋升竞争的产物。② 但以上几篇文献在很大程度上只能验证某一种假说的正确与否,却无法否决另一种假说,具有片面性。

就这一问题,论证方法较为清楚严谨的文献来自于范子英的研究,他利用1998～2007年部长更换的自然实验进行检验。研究发现,新任部长会显著降低其来源地城市的财政压力,这些部长会利用排他性的权力对中央的转移支付分配产生影响,使得其来源地的城市获得的转移支付增加12%;部长来源地的财政压力变化没有对这些地区的土地出让行为产生影响,无论是土地出让面积还是土地出让收入都没有随着财政压力的下降而减少;即使是中央指定用途的转移支付,都被用于生产性的基础设施建设,而不是基本公共服务的提供。综合以上结论,认为土地财政的真实原因是投资冲动。③

2. 收入分配效果

土地财政伴随着城镇化,因此检验土地财政对城乡收入差距的影响也是学术研究的重点。从土地财政规模的角度来看,杨灿明等的理论分析表明,土地财政对城乡居民收入差距的影响是复合型的,既存在逆向再分配效应,也存在正向再分配效应,而实证结果显示二者间呈现U型关系,即在一定范围内,随着土地财政规模的增大,城乡居民收入差距不断缩小,但拐点之后,城乡居民收入差距不断扩大。④ 从土地财政影响期限上来看,吕炜等认为,土地出让收入和土地出让面积的增加在短期内会加剧城乡收入差距的扩大,长期影响逐渐减弱。⑤

---

① 赵文哲、杨继东:《地方政府财政缺口与土地出让方式——基于地方政府与国有企业互利行为的解释》,载《管理世界》2015年第4期。
② 杨其静、彭艳琼:《晋升竞争与工业用地出让——基于2007~2011年中国城市面板数据的分析》,载《经济理论与经济管理》2015年第9期。
③ 范子英:《土地财政的根源:财政压力还是投资冲动》,载《中国工业经济》2015年第6期。
④ 杨灿明、詹新宇:《土地财政的再分配效应——来自中国省级面板数据的经验证据》,载《经济学动态》2015年第11期。
⑤ 吕炜、许宏伟:《土地财政、城市偏向与中国城乡收入差距》,载《财贸经济》2015年第6期。

（六）地方债

2014 年是我国地方债改革较为集中的一年。2014 年 8 月新《预算法》出台，允许地方政府自主发债。同年 9 月国务院下发《国务院关于加强地方政府性债务管理的意见》，提出中央政府对地方政府的债务实施不救助原则。10 月财政部又下发《地方政府性存量债务清理处置办法》，要求地方政府将存量债务纳入预算管理甄别清理。法律法规的密集发布，将地方债问题推上风口浪尖，相关学术研究也接踵而至。

1. 地方债规模测算

我国地方政府债务由于存在统计口径复杂、债务分散、数据敏感、隐性债务等问题，使得数据往往难以获取。杨灿明等测算了我国地方债的规模，得出从金融借贷的角度计算，2012 年地方债余额约为 126450.56 亿~132875.78 亿元；从政府财政收支的角度计算，2009 年地方债余额约为 90169.03 亿元。[①]

2. 地方债与经济增长

正确评估地方债对经济增长的影响，是制定地方债政策的关键。理论研究方面，程宇丹等将政府债务引入包含两级政府的财政分权模型，通过构建斯塔克伯格博弈，在内生增长框架下研究地方政府债务对经济增长的影响，研究发现，地方政府债务/GDP 的改变对经济的影响依赖于地方政府获取税收的方式，倘若征收扭曲税，地方政府债务规模的改变同时通过税收、支出和转移支付来影响经济增长，地方政府债务/GDP 的扩大在长期损害经济增长；倘若征收非扭曲税，地方政府债务规模的变化仅影响非扭曲税的税率，地方政府债务/GDP 的扩大对经济增长的影响是中性的。[②]

实证研究方面，吕健认为举借地方债务，能够增加经济中的流动性，并通过地方政府事权、基础设施投资、官员政绩竞赛三条渠道提高投资规模，进而推动地方经济增长。实证结果显示，年新增债务占 GDP 的比重小于 6% 时，地方债务能够成为有效的财政政策工具，为地方经济增长服

[①] 杨灿明、鲁元平：《我国地方债数据存在的问题、测算方法与政策建议》，载《财政研究》2015 年第 3 期。

[②] 程宇丹、龚六堂：《财政分权下的政府债务与经济增长》，载《世界经济》2015 年第 11 期。

务；但依靠大规模的举债投资拉动经济增长的做法在长期内只会取得完全相反的结果。①

3. 发行方式

王永钦等研究了地方政府债券在不同发行方式下的效率、福利效应和最优信息准确度管理问题，认为就地方债券的发行方式而言，自主发债可以通过减少软预算约束来提高地方经济发展的绩效，但相比于统一发债，自主发债可能因为"马太效应"而加剧地区之间的不平衡性；对于地方政府融资平台和地方政府债券的金融设计来说，打包融资在信息不对称的情况下能促进流动性增加，而"拆包"则相反，这一研究为中国和其他新兴市场国家的政府债券体系设计提供了重要的参考价值。②

三、税制改革

税制改革是我国经济体制改革的核心环节，党的十八届三中全会《决定》中明确提出，要从增值税、消费税、个人所得税、房地产税、资源税和环境税6个方面完善税收制度。从我国当前宏观税制结构来看，以2013年为例，主要存在三方面的问题：一是间接税比重过大（70%）；二是企业税收负担过重（90%）；三是个人税收负担过轻（6%）③，对此，高培勇建议可以通过"营改增"、个人所得税和房地产税改革来解决上述问题。④ 因此，"营改增"、房地产税和个人所得税改革又成为税制改革的重中之重。

（一）"营改增"

围绕"营改增"问题的讨论主要集中在两个方面：一是针对部分行业

---

① 吕健：《地方债务对经济增长的影响分析——基于流动性的视角》，载《中国工业经济》2015年第11期。
② 王永钦、戴芸、包特：《财政分权下的地方政府债券设计：不同发行方式与最优信息准确度》，载《经济研究》2015年第11期。
③ 需要格外补充的是，有关中国税负主要由企业承担的论断并非既定事实，如王德祥和戴在飞则认为，由于存在税负转嫁，我国企业所得税税负在短期有65%由企业员工承担，在长期则约有50%由员工承担。参见王德祥、戴在飞：《现阶段我国企业所得税的归宿：理论模型与实证检验》，载《经济学动态》2015年第7期。
④ 高培勇：《论完善税收制度的新阶段》，载《经济研究》2015年第2期。

的"营改增"进行制度设计和改革路径选择;二是探究"营改增"的影响。鉴于自 2016 年 5 月 1 日起,中国已经全面推开"营改增",因而针对部分行业制度设计的研究,本章不予梳理。

郭均英等以 2012 年 1 月首批上海试点的上市公司为样本,检验了"营改增"对税负水平和企业经营业绩的影响,研究结果显示,"营改增"降低了该部分上市公司的税负水平,提高了股东权益收益率。① 刘成杰等通过构建 CGE 模型,考察了"营改增"对国内就业的影响,研究结果显示,其对三个产业的就业和经济增长都有显著的促进作用,对第三产业就业的促进作用更为明显,其中"营改增"促进第二产业就业的机理,作者将其解释为增值税抵扣链条完整化后,第二产业企业成本降低的结果。② 李成等从企业的视角对"营改增"的政策效应作了较为全面的研究,结果显示,由于存在进项税额"抵扣效应","营改增"改革显著提高了试点地区企业的固定资产投资;"税负转嫁效应"导致试点地区企业人均销售额显著增加;试点企业有动机加大技术要素投入,全要素生产率显著提升;不同行业间"税负转嫁"难易程度导致试点企业间投资、销售、全要素生产率的提升幅度存在显著差异。③

(二) 房地产税

从世界范围来看,房地产税的开征存在两种模式:一是为地方政府提供收入来源,税制特点为"宽税基、低税率",如美国;二是调节收入分配,税制特点为"窄税基、累进税率",如韩国。然而,两个模式之间彼此对立、相互矛盾。我国房地产税制的模式选择长期以来都存在争议,许多学者分别从"财政收入效应"和"收入分配效应"两个方面对房地产税予以研究。

杨飞等认为,房地产税可以提高政府财政收入。④ 闫勇等也认为,通

---

① 郭均英、刘慕岚:《"营改增"对企业经济后果影响研究——以上海市首批实行"营改增"上市公司为例》,载《财政研究》2015 年第 4 期。
② 刘成杰、张甲鹏:《"营改增"对国内就业影响的再认识》,载《税务研究》2015 年第 6 期。
③ 李成、张玉霞:《中国"营改增"改革的政策效应:基于双重差分模型的检验》,载《财政研究》2015 年第 2 期。
④ 杨飞、裴育:《房地产税改革对地方经济的影响——基于江苏省 CGE 模型的实证研究》,载《财政研究》2015 年第 8 期。

过开征保有环节房地产税可以为地方政府提供稳定持久的税收,进而减少对土地财政的依赖。① 另一方面,也有不少学者关注房地产税的收入分配效应。詹鹏等利用 2002 年和 2009 年城镇住户调查数据估算了不同房产税方案下的收入再分配效应,发现累进税率明显好于固定比例税率的房产税;按家庭总面积作为减免依据的税制优于按人均住房面积的税制;虽然房产税再分配效应可能只有个人所得税的 21%~41% 左右,但仍有利于缩小居民间的收入差距。② 范子英等利用 2011 年房产税试点的自然实验,估计了房产税对住房价格和居民储蓄率的影响,研究结果显示,改革使得大面积住房价格下降的同时,小面积住房价格反而上升,由此导致低收入阶层的储蓄率增加了 0.9 个百分点,并且低收入群体主要是通过压缩衣着和交通通信支出,来提高其储蓄水平。③

(三) 个人所得税改革

当前诸多文献建议我国个人所得税由分类计征转变为分类与综合相结合的模式④⑤。高亚军运用中国健康和营养调查数据,比较了九级累进税率、七级累进税率和综合个人所得税三种情况下的居民收入分配调节效果,研究结果显示,综合征收的个人所得税制最有利于缩小居民收入差距。⑥ 杜莉则利用国家统计局 2012 年城镇住户调查数据,在对隐性收入进行近似测算的基础上,对实行单一个人所得税制对我国个人所得税再分配效应的影响进行了模拟分析,结果显示,若税率水平适当,单一个人所得税制虽将减弱个人所得税对于高收入群体的均等化效应,总体均等化效应却比当前分类税制及分类综合、综合等其他税制类型更强,也更有助于抑制两极分化。⑦

---

① 闫勇、姚思宇:《征收房地产税对地方公共财政和土地出让的影响研究》,载《财政研究》2015 年第 1 期。
② 詹鹏、李实:《我国居民房产税与收入不平等》,载《经济学动态》2015 年第 7 期。
③ 范子英、刘甲炎:《为买房而储蓄——兼论房产税改革的收入分配效应》,载《管理世界》2015 年第 5 期。
④ 罗涛:《概论个人所得税制改革》,载《税务研究》2015 年第 3 期。
⑤ 崔军、张雅璇:《个人所得税分项收入的占比结构与税收负担》,载《税务研究》2015 年第 3 期。
⑥ 高亚军:《我国个人所得税调节居民收入分配的有效性研究》,载《税务研究》2015 年第 3 期。
⑦ 杜莉:《实行单一个人所得税制不利于调节收入分配吗——基于 2012 年城镇住户调查数据的模拟分析》,载《财贸经济》2015 年第 8 期。

四、财政政策效果

2015 年财政领域另一个热点问题在于考察财政政策效果。政府作为市场经济的主要参与者,评估各项政策法规对经济社会产生的影响是古老而恒定的话题,现主要从经济周期、资源配置和收入分配三个方面进行阐释。

(一) 财政政策与经济周期

实证研究方面,考察我国财政政策是顺周期还是反周期,是评估政府宏观调控效果的重要内容。曾晓安等认为,1995~2014 年间,一般公共预算的反周期性年份比例仅占 75%。[1] 闫坤等认为,我国财政政策在经济衰退期采用的是反周期的扩张性调控,而在经济繁荣期采用的则是顺周期的财政政策,其中,经济衰退期以基建支出扩张为主,经济繁荣期以行政管理支出扩张为主。[2]

理论研究方面,黄赜琳等在实际经济周期模型中分别引入政府支出冲击和税收冲击,并将模型与中国宏观经济波动进行比对,研究发现,政府支出冲击加剧中国实体经济波动,而税收冲击对经济波动的影响并不显著。[3][4]

(二) 财政政策与资源配置

税收优惠和财政补贴是财税激励政策的两种主要政策工具,被广泛应用于激励产业发展,柳光强等利用信息技术和新能源产业上市公司数据比

---

[1] 曾晓安、王志刚、胡祖铨:《中国财政政策:顺周期还是反周期?》,载《财政研究》2015 年第 11 期。
[2] 闫坤、刘陈杰:《中国财政政策顺周期行为:财政分权与预算软约束》,载《经济学动态》2015 年第 8 期。
[3] 黄赜琳:《中国经济周期特征与财政政策效应——一个基于三部分 RBC 模型的实证分析》,载《经济研究》2005 年第 6 期。
[4] 黄赜琳、朱保华:《中国的实际经济周期与税收政策效应》,载《经济研究》2015 年第 3 期。

较了两种工具的激励效果,研究结果显示,税收优惠、财政补贴均能促进产业发展,但激励效果彼此差异,表现为税收优惠对新能源产业的影响更大,而财政补贴对两个产业的影响基本相似。①

财政补贴能够增加企业研发投入吗?张杰等利用中小企业样本进行研究发现,知识产权保护制度的完善程度会影响到政府创新补贴对企业研发的作用效应,知识产权保护制度完善程度越弱的地区,政府创新补贴越能促进企业研发的提升;贷款贴息类型的政府补贴对企业研发造成了显著挤入效应,而无偿资助类型的政府补贴却未产生如此的挤入效应,在金融发展越是滞后的地区,贷款贴息类型的政府创新补贴对企业私人研发的挤入效应越强。② 周亚虹等认为,补贴效果随企业发展阶段的不同而存在差异,对于新兴产业而言,起步阶段政府补助能带来盈利优势,但产业扩张后政府扶持则难以有效鼓励企业进行更多的研发投入。③

财政补贴对企业发展究竟是好是坏呢?一方面,财政补贴意味着政府向企业无偿提供资源,有助于企业摆脱融资约束;另一方面,财政补贴通常具有定向性,可能扭曲企业投资行为。魏志华等针对这一问题进行的实证研究显示,总体而言财政补贴对公司业绩具有显著正向影响,尤其对于那些融资约束水平较高、过度投资水平较低的企业,财政补贴的积极作用更为突出。④

财政补贴的真正受益人是谁呢?魏志华等的另一研究认为,就中国新能源概念类上市公司而言,财政补贴对公司经营业绩并不存在显著的正向影响,也无助于投资者获得更高的市场回报率,但财政补贴却帮助民营上市公司高管获得更高薪酬,并显著降低国有上市公司高管的薪酬业绩敏感性。⑤

---

① 柳光强、杨芷晴、曹普桥:《产业发展视角下税收优惠与财政补贴激励效果比较研究——基于信息技术、新能源产业上市公司经营业绩的面板数据分析》,载《财贸经济》2015年第8期。

② 张杰、陈志远、杨连星、新夫:《中国创新补贴政策的绩效评估:理论与证据》,载《经济研究》2015年第10期。

③ 周亚虹、蒲余路、陈诗一、方芳:《政府扶持与新兴产业发展——以新能源为例》,载《经济研究》2015年第6期。

④ 魏志华、赵悦如、吴育辉:《财政补贴:"馅饼"还是"陷阱"?——基于融资约束VS.过度投资视角的实证研究》,载《财政研究》2015年第12期。

⑤ 魏志华、吴育辉、李常青、曾爱民:《财政补贴,谁是"赢家"——基于新能源概念类上市公司的实证研究》,载《财贸经济》2015年第10期。

(三) 财政政策与收入分配

居民收入的形成过程，经历了基于市场的初次分配阶段和基于财政的再分配阶段，因此财政政策对居民收入差距具有重要影响。耿晋梅等利用 2008~2010 年 29 个国家的宏观数据分析了政府再分配政策对居民收入分配的影响，研究发现，政府的支出政策，主要是社会福利支出对调节居民收入有显著的正效应，且贡献较大；政府的收入政策，社会保障缴费则显现出显著的负效应，而收入税对调节居民收入的影响并不显著。①

蓝相洁等利用 2004~2013 年 31 个省（市）的样本数据检验了民生性财政支出与城乡居民消费差距的关系，研究结果显示，民生性财政支出对城镇和农村居民消费均具有正向的"挤入效应"，且对农村居民的影响更大，这主要归咎于农村居民较高的边际消费倾向。② 兰永生的研究也认为，财政支农支出能显著提高我国农村居民消费，并且经济衰退期的效果更加明显。③ 万海远等探讨了财政支出对农村内部收入分配的影响，发现财政资金从乡镇到村庄再到农户的纵向分配中，富裕村庄和高收入农户容易从中获利，由此扩大了村庄间和村庄内部的收入差距。④

鉴于教育是收入的主要影响因素，因此考察教育资源分配的均等化程度对于研究收入分配问题同样十分重要。赵力涛等评估了义务教育财政体制改革后西部某省的教育资源配置情况，认为随着选取衡量不平等的指标的不同，教育资源配置的均等化效果存在差异，但总体而言，普惠式经费投入具有较好的均等化效果，特惠式投入却可以帮助薄弱学校提升办学条件，缩减教育设备值的城乡差距和地区差距。⑤

---

① 耿晋梅、岳树民、岳希明：《政府再分配政策调节居民收入作用的比较分析》，载《地方财政研究》2015 年第 12 期。
② 蓝相洁、陈永成：《民生性财政支出与城乡居民消费差距：理论阐释与效应检验》，载《财政研究》2015 年第 3 期。
③ 兰永生：《财政支农支出对农村居民消费的影响分析——基于经济周期的视角》，载《财政研究》2015 年第 3 期。
④ 万海远、田志磊、徐琰超：《中国农村财政与村庄收入分配》，载《管理世界》2015 年第 11 期。
⑤ 赵力涛、李玲、黄宸、宋乃庆、赵怡然：《省级教育经费统筹改革的分配效果》，载《中国社会科学》2015 年第 11 期。

五、社会保障

社会保障是财政学的重要组成部分之一,但 2015 年的研究成果相比于之前几个领域而言较为稀缺,现有研究主要围绕养老保险和医疗保险两个方面展开。

(一) 养老保险

养老保险对老年家庭消费决策和劳动力市场扭曲程度的影响,是学术界长期以来争论的焦点问题。张川川等利用中国健康与养老追踪调查(CHALS)中的 2011 年全国基线调查数据研究发现,"新农保"养老金收入能够提高农村老年人收入、减少贫困、提高主观福利,并在一定程度上促进家庭消费、减少老年人的劳动供给。① 然而,解垩同样是利用中国健康与养老追踪调查 2008 年和 2012 年的面板数据,研究结果却显示,"新农保"难以增加消费,也不会改变老年人的劳动供给决策和劳动供给时间。②

随着人口老龄化加剧和预期寿命延长,我国养老保险体系面临预期养老金支付严重不足的挑战。张琴等对比了"延长退休年龄"和"增加缴费基数"两种改革模式对未来 30 年中国基础养老金收支状况的影响,研究结果表明,两种方案都能缓解养老金支付压力,但各有弊端,"推迟退休年龄"将会增加就业压力,而"增加缴费基数"可能存在推行困难和产生新财政压力的问题。③

(二) 医疗保险

医疗保险的研究领域相对而言较为丰富。医疗保险覆盖下,家庭可能

---

① 张川川、John Giles、赵耀辉:《新型农村社会养老保险政策效果评估——收入、贫困、消费、主观福利和劳动供给》,载《经济学》(季刊) 2015 年第 1 期。
② 解垩:《"新农保"对农村老年人劳动供给及福利的影响》,载《财经研究》2015 年第 8 期。
③ 张琴、郭艳、李美玉:《延长退休年龄还是增加缴费基数:养老金改革的路径选择与政策效应》,载《经济理论与经济管理》2015 年第 2 期。

会调整资产结构、减少预防性储蓄量,周钦等探究了医疗保险对家庭资产选择的影响,发现参保家庭更加偏好较高风险水平的资产。①

赵绍阳等检验了医疗保障的福利效果,发现当报销水平较低时(如新型农村合作医疗保险),提高保障程度会提升参保居民住院服务利用率;当报销水平较高时,提高保障程度并不会显著提升参保居民住院服务利用率。②

彭晓博等检验了保险领域中常见的道德风险问题,发现新农合提高了被保险人吸烟、饮酒、久坐、摄入高热量食物等不健康行为的倾向。③

王天宇等考察了"新农合"对生育意愿的影响,理论模型显示,影响效果存在两方面的作用机理,即收入效应和挤出效应,前者导致生育意愿提高,后者导致生育意愿下降,实证研究结果证明,挤出效应占据主导地位,参加"新农合"使得居民生育意愿降低3%~5%。④

---

① 周钦、袁燕、臧文斌:《医疗保险对中国城市和农村家庭资产选择的影响研究》,载《经济学》(季刊)2015 年第 3 期。
② 赵绍阳、臧文斌、尹庆双:《医疗保障水平的福利效果》,载《经济研究》2015 年第 8 期。
③ 彭晓博、秦雪征:《医疗保险会引发事前道德风险吗?理论分析与经验证据》,载《经济学》(季刊)2015 年第 1 期。
④ 王天宇、彭晓博:《社会保障对生育意愿的影响:来自新型农村合作医疗的证据》,载《经济研究》2015 年第 2 期。

第八章 金融学研究新进展

2015年,学界在货币理论、货币政策、金融发展与金融体制改革、金融市场、金融风险与金融监管、商业银行经营与管理、人民币汇率、国际资本流动等方面进行了深入的细化研究,取得了一些有价值的成果,推动了金融学学科的理论发展和对实践的指导。

一、货币理论与货币政策

次贷危机以来,主要发达国家中央银行先后实施量化宽松的货币政策,堪称货币理论的重大自然实验,我国实体经济和货币经济运行同样显示出与传统货币理论不一致甚至相悖的特殊现象,由此引发对货币理论基础和货币政策框架的系统反思,深入讨论货币政策应该盯住单一目标还是权衡多种目标、应该选择数量型工具还是价格型工具、是否以及应当遵循怎样的政策规则,全面检验货币政策的总量和结构影响以及长期和短期影响。

(一) 货币理论

陈彦斌等构建含有房地产部门和地方政府债务的动态一般均衡模型,以分析货币数量论失效的形成机理以及货币数量论恢复有效的宏观经济影响,发现房地产泡沫会增强家庭和政府持有货币的意愿,使货币流通速度出现永久性下降,而以土地租金作为举债基础的地方政府债务水平上升会使房地产泡沫膨胀,进一步导致货币数量论失效。[1]

---

[1] 陈彦斌、郭豫媚、陈伟泽:《2008年金融危机后中国货币数量论失效研究》,载《经济研究》2015年第4期。

罗煜认为金融市场发展使得笼统依据 MV＝PY 计算的货币收入速度日益失去经济意义，需要重视由 MV＝PT 分商品市场和金融市场计算的货币的交易速度，并且构建了货币流通速度的新测算方法。在考虑金融交易因素后，20 世纪 90 年代后中国货币流通速度没有持续大幅下降，而是呈现出先降后升趋势。[①]

（二）货币政策框架

伍戈等认为，单一目标和单一工具的货币政策框架在后危机时代已经受到质疑，中国货币政策框架实际上是"多目标、多工具"。以利率代表内部均衡调控工具，以汇率代表外部均衡调控工具，分别建立货币政策计量反应函数。[②]

王晋斌等采用非对称偏好函数研究开放条件下货币政策对产出缺口、通胀缺口和汇率缺口的损失偏好，证明货币政策偏好的多目标制，不存在产出和通胀上的显著非对称损失偏好，但存在汇率上的显著非对称损失偏好。[③]

卞志村等比较数量型货币政策工具和价格型货币政策工具的调控效果，发现价格型工具在诸多方面优于数量型工具，认为应该逐渐增加价格型工具的调控比例，建立以利率进行短期调控、以货币供应量进行长期调控的货币政策调控机制。[④]

王宇等分析在我国货币政策工具从数量型向价格型转变后的货币政策框架重构问题，认为应当构建以中央银行基准利率为核心的利率调控体系，将隔夜银行间市场质押式回购利率作为央行的基准利率，依据泰勒规则确定基准利率水平，通过公开市场操作和利率走廊机制使市场实际交易的短端（隔夜）利率接近其目标水平。[⑤]

---

① 罗煜：《中国真实货币流通速度估算》，载《金融研究》2015 年第 3 期。
② 伍戈、刘琨：《探寻中国货币政策的规则体系：多目标与多工具》，载《国际金融研究》2015 年第 1 期。
③ 王晋斌、刘婧蓉：《中国货币政策是偏好多目标制还是偏好单一目标制?》，载《金融研究》2015 年第 6 期。
④ 卞志村、胡恒强：《中国货币政策工具的选择：数量型还是价格型?》，载《国际金融研究》2015 年第 1 期。
⑤ 王宇、李宏瑾：《利率市场化条件下的中央银行基准利率——兼论价格型货币调控机制》，载《金融评论》2015 年第 2 期。

(三) 货币政策效应

代冰彬等研究紧缩性货币政策是否会增加个股的暴跌风险,发现货币政策紧缩会增加个股的暴跌风险,并且基金流动性不足和个股流动性不足会增加紧缩性货币政策的股价暴跌风险影响,其他机构投资者却能够缓解紧缩货币政策的股价暴跌风险影响。①

余华义等使用全局向量自回归(GVAR)模型,分析中国35个城市房价对货币供应量冲击的异质性反应,发现货币供应量冲击对一线城市和东部城市房价有较大正向影响,而对中西部城市房价影响较弱。②

林朝颖等研究货币政策对企业风险承担影响的机制和效应,证明不同规模企业对货币政策的风险敏感程度存在差异,发现货币政策对企业风险承担影响存在门限效应,即宽松货币政策背景下企业风险承担水平上升,紧缩货币政策背景下企业风险承担水平下降,并且小企业对货币政策的风险敏感性强于大企业。③

段军山等分析2004~2012年间134家国内银行的微观特征与货币政策信贷反应,实证研究货币政策的银行信贷反应影响,发现我国商业银行的货币政策信贷反应方向与货币政策调控方向是一致的,而银行微观特征会影响银行信贷对于货币政策的反应。④

二、金融发展与金融改革

随着我国经济发展程度和对外开放水平的持续提升,我国金融抑制问题更加凸显,加速金融发展、改革金融体制、提升和扩宽金融体系深度和广度的实际要求更为迫切。我国金融发展与改革研究采取宏观经济、中观

---

① 代冰彬、岳衡:《货币政策、流动性不足与个股暴跌风险》,载《金融研究》2015年第7期。
② 余华义、黄燕芬:《货币政策效果区域异质性、房价溢出效应与房价对通胀的跨区影响》,载《金融研究》2015年第2期。
③ 林朝颖、黄志刚、杨广青、石德金:《基于企业微观的货币政策风险承担渠道理论研究》,载《国际金融研究》2015年第6期。
④ 段军山、丁志强:《基于商业银行微观特征的货币政策信贷反应研究》,载《国际金融研究》2015年第8期。

产业、微观企业和个人层面的多维视角，深层次探讨我国利率和汇率市场化改革、国际资本账户开放以及相应风险管控和化解问题。

（一）金融发展

王宇鹏等从信贷市场、资本市场和金融衍生品市场三个角度阐释金融发展缓和经济波动的主要机理，认为金融发展降低信贷市场信息不对称性，缓解金融加速器效应，分散资本市场风险，最终降低宏观经济波动性，并且验证金融发展与 GDP、投资、消费增速波动率的负向统计关系。①

易信等将经典熊彼特内生增长模型扩展为包含金融中介部门的多部门熊彼特内生增长模型，实现卡尔多事实与库兹涅茨事实相容，发现金融发展能够通过技术创新的水平效应与结构效应加速产业结构转型与促进经济增长。②

张杰研究金融发展对企业融资约束和出口产品质量的实际影响，发现在金融发展相对较快的地区中，企业融资约束和出口产品质量间呈现出负相关关系，但在金融市场化进程相对较慢的地区中，由于政府干预对企业融资约束的扭曲作用较大，企业融资约束和出口产品质量间呈现倒"U"型关系。③

姚耀军等研究金融发展对中小企业的融资约束的影响，认为金融结构的优化比单纯金融总量的扩张更为重要，应该更多地依靠由中小银行所推动的银行业结构变化来改善中小企业的融资约束。④

申广军等在"资本—技能互补"假说上构建金融发展对教育回报率的影响机制，表明金融发展导致企业更多使用资本，从而提高高技能工人的技能溢价和教育回报率，基于 CFPS 数据的实证研究，证实金融发展程度对教育回报率的正向影响。⑤

---

① 王宇鹏、赵庆明：《金融发展与宏观经济波动》，载《国际金融研究》2015 年第 2 期。
② 易信、刘凤良：《金融发展、技术创新与产业结构转型》，载《管理世界》2015 年第 10 期。
③ 张杰：《金融抑制、融资约束与出口产品质量》，载《金融研究》2015 年第 6 期。
④ 姚耀军、董钢锋：《中小企业融资约束缓解：金融发展水平重要抑或金融结构重要？》，载《金融研究》2015 年第 4 期。
⑤ 申广军、龚雅娴、姚洋：《金融发展与教育回报率的地区差异》，载《金融研究》2015 年第 3 期。

（二）金融体制改革

姚洋等分析了顺利推进利率市场化改革的两大前提条件，即有效实施显性存款保险制度和大量存在对利率敏感的融资主体，否则利率市场化将提高金融机构的道德风险，并且非市场化的融资主体在与市场化的融资主体竞争资金时处于优势地位，必然降低资金配置效率和加剧金融风险。①

纪洋等为研究利率市场化改革的存贷款利率影响而构建利率双轨制模型，讨论"计划轨"存款利率影响"市场轨"贷款利率的微观机制，发现放宽存款利率上限将提高存款利率、增加居民部门收益和降低贷款利率，先放开存款利率上限再降低银行准入门槛能够平缓利率变动，而在放开存款利率上限前开放资本账户，将导致融资成本大幅上升。②

李宏瑾研究利率市场化对商业银行的主要挑战，认为利率完全开放后商业银行可能面临利差和盈利减少、信贷增速放缓、定价能力和风险管理、业务转型等冲击。③

缪海斌认为，利率市场化会显著地增加银行的风险承担，但随着利率市场化的加速推进，其负向冲击会逐渐减小。由于利率市场化对经济增长结构性减速和社会融资结构表外化的冲击会增加银行的风险承担，对银行资产负债表结构的冲击却会减少银行的风险承担，三种结构冲击效应叠加最终会显著增加银行风险。④

许荣等通过研究利率市场化的政策性银行融资模式影响，认为利率市场化将推高商业银行的资金成本和政策性金融债的回报率要求，增加利率波动性和长期性政策性金融债风险，推动新增债券市场产品替代政策性银行债券。⑤

王曦等研究资本账户开放的国际经验，将影响一国资本账户开放的因素归纳为经济动因因素和体制政府因素，发现一国经济发展水平越高、通

---

① 姚洋、徐高、林念、王艺伟：《我国利率市场化的前提条件与推进策略研究》，载《金融监管研究》2015 年第 3 期。
② 纪洋、徐建炜、张斌：《利率市场化的影响、风险与时机》，载《经济研究》2015 年第 1 期。
③ 李宏瑾：《利率市场化对商业银行的挑战及应对》，载《国际金融研究》2015 年第 2 期。
④ 缪海斌：《市场化与银行风险承担》，载《金融监管研究》2015 年第 5 期。
⑤ 许荣、何林、马晓轩、刘泽洋：《利率市场化对政策性银行融资模式的影响及对策研究》，载《金融监管研究》2015 年第 1 期。

货膨胀水平越低、对外净资产头寸越大、贸易开放保持适度水平、民主程度越高,将越有利于资本流出和流入项目开放,认为我国资本账户流出和流入项均可以更加宽松开放。①

刘晓辉等研究发现,资本账户自由化程度越高的发展中国家采用缺乏弹性的汇率制度,实际资本控制程度越高的经济体采用更有弹性的汇率制度,实际资本控制程度越低的经济体不可能提高汇率弹性,在汇率市场化改革过程中应该允许适当的资本管制。②

三、金融风险、金融稳定和金融监管

次贷危机再次展现系统性金融风险的巨大破坏力量。房地产风险蔓延,市场流动性枯竭,重要金融机构破产,金融保险工具失效,次贷危机期间这些鲜明的实际事例,对金融风险、金融周期和金融稳定既有研究成果的合理性和可操作性造成颠覆性影响。次贷危机以来我国金融风险进一步积累,金融监管随着巴塞尔Ⅲ的实施而调整,同样需要及时务实地开展有关国内金融监管框架、国内金融监管效果和国际金融监管动态的理论和政策研究。

(一) 系统性金融风险

高波等研究拆借市场和回购市场流动性风险的动态相关性,以利率作为融资流动性指标,发现时变 Copula 模型能够更加准确地描述流动性风险的动态相关结构,并且回购市场对系统流动性风险的贡献高于拆借市场。③

王辉等测度我国房地产行业与银行业系统性风险的传染性,发现房地产行业与银行业组成的金融系统比单独银行系统更加脆弱,风险传染速度更加迅速。虽然银行个体机构的抗房地产行业风险能力不断历时增强,但

---

① 王曦、陈中飞、王茜:《我国资本账户加速开放的条件基本成熟了吗?》,载《国际金融研究》2015 年第 1 期。
② 刘晓辉、张璟、甘顺利:《资本账户自由化、实际资本控制与汇率制度选择》,载《国际金融研究》2015 年第 7 期。
③ 高波、任若恩:《基于时变 Copula 模型的系统流动性风险研究》,载《国际金融研究》2015 年第 12 期。

是银行业与房地产行业组成的金融系统的稳定性并未相应增强。应对系统性风险传染时，微观审慎监管失效而宏观审慎监管不可或缺。①

孔丹凤等研究金融危机时期信用风险转移工具的金融风险转移效力，信用风险转移工具（CRT）转移银行个体风险能力的统计检验表明，CRT保护头寸在正常时期能够降低银行个体风险，在次贷危机时期却增加银行系统性风险暴露，使得更多CRT保护头寸的银行实际上经历更高程度的个体风险上升。②

（二）金融监管制度

王兆星指出，当前国际金融监管改革吸取本轮金融危机教训，通过金融监管制度安排和机制设计，在防范下一次危机发生的同时，最大限度地降低危机所造成的冲击和破坏，追求操作性与简单性、复杂性与可比性、金融体系安全与支持实体经济的监管标准平衡。我们应当采取"跟随战略"，将对于国际监管新标准有效转化为内生性监管要求。③

綦相总结当前国际金融监管改革的微观审慎层面、宏观审慎层面和弥补监管真空三条路线，以及资本监管为核心、提升系统重要性金融机构监管力度、关注非银行金融中介、强调标准实施国际一致性和关注简单与复杂的平衡五大趋势。④

王胜邦分析后巴塞尔Ⅲ时期资本监管改革的风险加权资产计量技术，认为现行计量方法的复杂性和计量结果的不可比性问题容易低估风险。巴塞尔委员会从计量规则、信用披露和持续监控三个方面推动风险加权资产框架改革，力求实现简单性、风险敏感性与可比性的平衡。⑤

王国刚认为，我国金融系统存在债务率过高、融资成本不降反升、金融自我服务比重继续上升、不规范金融运作等问题，提出包括公司债券回归直接金融、调整央行资产结构、金融监管功能监管转型、金融专业化发

---

① 王辉、李硕：《基于内部视角的中国房地产业与银行业系统性风险传染测度研究》，载《国际金融研究》2015年第9期。
② 孔丹凤、孙宇辰、马驰骋、秦大忠：《信用风险转移工具真的转移了风险吗?》，载《金融研究》2015年第2期。
③ 王兆星：《国际金融监管改革的内在逻辑与理念平衡》，载《金融监管研究》2015年第1期。
④ 綦相：《国际金融监管改革启示》，载《金融研究》2015年第2期。
⑤ 王胜邦：《后巴塞尔Ⅲ时期资本监管改革：重构风险加权资产计量框架》，载《金融监管研究》2015年第2期。

展、防范和化解系统性和区域性风险在内的应对措施。①

杨再平认为,有效的银行监管机制必须瞄准股东、董事、董事长、行长等利益攸关角色,设计既符合关键角色行为规律又符合监管目标、与银行业稳健运行发展"激励兼容+信息有效"的制度机制。作为有效监管机制的基本前提,银行业金融机构的完善治理结构能够强化股东和董事的利益压力,并且赋予其足够的动力和权力,使之内在地追求投资者利益最大化进而追求银行长期稳健价值最大化。②

于爽构建银行理财业务的分级监管体系,发现当前我国银行理财业务主要存在信用风险、市场风险、流动性风险、操作风险、政策风险、法律合规风险、声誉风险等问题,并且构建了相应的分级风险预警机制。③

王博等研究我国融资租赁业风险与监管问题,发现我国租赁业务发展存在三类租赁公司业务发展不平衡和不协调、杠杆率水平偏高、售后回租业务占比较高、行业集中度较高、长期融资来源匮乏、资金流不匹配等风险问题。为适应商业银行在资本和流动性管理方面更为严格的风险监管要求,必须规范和清理融资租赁公司的粗放式发展模式。④

潘敏等从事前、事中和事后监管流程角度,检验监管强度提升对我国商业银行风险承担行为的实际影响,发现银行业监管部门事前发布监管公文和事后违规惩戒措施的风险抑制效应较为有效,并且对大银行和国有控股商业银行的风险抑制作用更为明显。对于上市银行和非上市银行,监管公文发布对上市银行风险承担的抑制效应弱于非上市银行,而违规惩戒措施效果与之相反,现场审查效果则无显著差异。⑤

卞志村等检验流动性监管工具对于银行活期存款风险的监管效果,发现流动性比例无法反映活期存款风险,并且其调整会促使活期存款规模进一步扩大,存贷比与活期存款比例的相关性最弱而控制活期存款风险效果最差,90天流动性缺口率是监管活期存款风险最有效的指标。⑥

---

① 王国刚:《新常态下的金融风险防范机制》,载《金融研究》2015年第2期。
② 杨再平:《有效银行监管机制问题探析》,载《金融研究》2015年第2期。
③ 于爽:《基于风险预警的银行理财业务分级监管体系与实现路径》,载《金融监管研究》2015年第6期。
④ 王博、刘永余、刘澜飚:《我国融资租赁业风险与监管研究》,载《金融监管研究》2015年第3期。
⑤ 潘敏、魏海瑞:《提升监管强度具有风险抑制效应吗?来自中国银行业的经验证据》,载《金融研究》2015年第12期。
⑥ 卞志村、王颖:《活期存款、流动性监管与银行风险承担》,载《金融监管研究》2015年第6期。

四、金融市场

次贷危机以及次贷危机以来发达国家金融市场的崩溃和修复过程,构成具有历史意义的金融市场失败事件而挑战传统有效市场假说。我国金融市场迅猛发展,也累积了严重的金融风险尤其是地方融资平台风险。同时,债券刚性兑付被打破,而债券评级公司未能有效提供客观信息。我国IPO仍然是行政垄断性稀缺资源,难以避免权力寻租。在长期存在IPO高溢价外,融资融券交易、国内外市场联动和股票价格崩溃也是当前我国股票市场的热点和焦点现象。大量涌现的金融市场研究成果正是由国内外广泛关注的各种金融市场突出问题引致和导向的。

(一) 债券市场

高强等研究企业债与公司债的二级市场定价问题,比较研究无风险利率、信用风险、流动性风险、宏观系统性风险对企业债和公司债收益率的实际影响,发现企业债对流动性风险敏感而公司债对信用风险敏感,二者在无风险利率方面的信息有效性不足、在二级市场上的信用利差与国企背景无关以及对风险代理变量的反应显著不同。[①]

汪莉等构建包含代表性借款人和贷款人的无限期递归模型而纳入隐性担保,分析政府隐性担保对贷款人债务违约风险预期和债券利率的可能影响,发现政府隐性担保影响依赖发行人所在地的经济发展状况,当区域经济发展状况不理想时,债券利率并不受政府隐性担保影响,但随着经济发展状况改善,政府隐性担保更加可信而有利于债券利率降低。[②] 韩鹏飞等强调政府隐性担保的负面效果。由于地方融资平台公司承担部分政府职能,在一定程度上激励政府帮助地方融资平台公司获取资金,甚至向地方融资平台公司虚假出资或不实出资,必然提高地方融资平台的债券投资者风险。[③]

[①] 高强、邹恒甫:《企业债与公司债二级市场定价比较研究》,载《金融研究》2015年第1期。
[②] 汪莉、陈诗一:《政府隐性担保、债务违约与利率决定》,载《金融研究》2015年第9期。
[③] 韩鹏飞、胡奕明:《政府隐性担保一定能降低债券的融资成本吗?》,载《金融研究》2015年第3期。

寇宗来等以各地区评级机构的竞争程度作为债券评级的工具变量,研究信用评级的发债成本影响而避免债券评级和发债成本同时决定的内生性问题,发现信用评级的发债成本效应在统计上不显著,评级膨胀并不会降低企业发债成本,从而表明我国信用评级机构并未获得市场认可的公信力。①

(二) 股票市场

1. IPO 定价

汪昌云等使用 IPO 公司在上市前主流财经媒体报道的正负面词汇数据构建公司层面投资者情绪的代理变量,检验个股层面投资者情绪的 IPO 抑价率影响,发现负面语气下降能够提高 IPO 抑价率、超募资金比例和承销商费用占比。② 邵新建等研究发行企业媒体公关费用的 IPO 定价影响,发现媒体公关费用越多,新闻报道量越大,能够提高个体投资者的关注程度和煽动其乐观情绪,导致最终发行价格大幅度上调。③

王克敏等研究地方政府对企业上市的干预行为,发现地区市场化水平越低,地方政府越偏好干预公司上市进程,为 IPO 公司提供的补助也越多,然而 IPO 公司获得的政府补助越多,上市后盈余持续性、会计业绩和市场业绩也越差。④

杨其静等研究在推介公司上市中的 VC 作用,发现创业型企业引入 VC 时看重的是 VC 与相关监管部门的特殊关系。因此,在 IPO 之前,财务绩效越好的公司,引入 VC 的意愿越弱;而 IPO 之后,VC 不能有效地帮助公司改善经营绩效;在 IPO 时,资本市场不会给予 VC 资助公司更高的估值。⑤

---

① 寇宗来、盘宇章、刘学悦:《中国的信用评级真的影响发债成本吗?》,载《金融研究》2015 年第 10 期。
② 汪昌云、武佳薇:《媒体语气、投资者情绪与 IPO 定价》,载《金融研究》2015 年第 9 期。
③ 邵新建、何明燕、江萍、薛熠、廖静池:《媒体公关、投资者情绪与证券发行定价》,载《金融研究》2015 年第 9 期。
④ 王克敏、杨国超、刘静、李晓溪:《IPO 资源争夺、政府补助与公司业绩研究》,载《管理世界》2015 年第 9 期。
⑤ 杨其静、程商政、朱玉:《VC 真在努力甄选和培育优质创业型企业吗?》,载《金融研究》2015 年第 4 期。

2. 分析师作用

巴曙松等发现,分析师能够正确处理应计利润信息而调整盈利预测,市场也会正确反映分析师的一致性信号而获得显著的对冲收益。在无分析师的一致性信号情况下,市场往往对应计利润信息做出机械反应,并且与美国市场存在差距,公告后价格漂移时间较长。①

谭松涛等研究媒体报道对分析师预测的实际影响,发现媒体提升上市公司关注度,能够降低分析师预测的乐观度和偏差,并且其作用对于财务信息透明度较差的上市公司更加明显。同时,媒体关注越高,则媒体分歧越小,而媒体分歧下降降低分析师预测的乐观度和偏差。② 伊志宏等考察女性分析师关注与股价同步性问题,发现女性分析师关注度越高,则股价同步性越低。由于女性分析师的盈余预测更为谨慎,女性分析师的关注强化分析师谨慎性与股价同步性的负向关系。③

胡军等则考察特质性信息披露与股价同步性问题,发现开通微博的公司股价同步性更低,微博信息披露也有利于提高分析师的盈余预测精度。不过,投资者无法准确理解微博信息,需要通过分析师的解读作用进入股价。④

3. 融资融券交易

陈海强等对比真实波动率与反事实波动率路径,发现融资融券制度有效降低融资融券标的个股波动率,并且融资交易和融券交易对股市波动率的影响存在非对称性,即融资交易降低股市的波动率,而融券交易增加股市的波动率。⑤

李志生等认为,融资融券交易机制有效提高我国股票价格的稳定性,融资融券标的股票的价格波动率和振幅均显著下降。融资融券交易不仅降低股票价格的跳跃风险,有利于防止股票价格的暴涨暴跌和过度投机,而

---

① 巴曙松、王超、杨思乐:《分析师对于盈余构成信息市场定价效率的影响分析》,载《金融监管研究》2015年第4期。
② 谭松涛、甘顺利、阚铄:《媒体报道能够降低分析师预测偏差吗?》,载《金融研究》2015年第5期。
③ 伊志宏、李颖、江轩宇:《女性分析师关注与股价同步性》,载《金融研究》2015年第11期。
④ 胡军、王甄:《微博、特质性信息披露与股价同步性》,载《金融研究》2015年第11期。
⑤ 陈海强、范云菲:《融资融券交易制度对中国股市波动率的影响》,载《金融研究》2015年第6期。

且在抑制股票价格异质性波动上发挥实质性作用，有助于增加上市公司信息透明度和市场信息效率。①

靳庆鲁等考察卖空机制如何影响公司投资行为和公司价值，发现对于可卖空公司，当投资机会较差以及管理层错误决策时，潜在投资者卖空公司股票而提高公司投资与投资机会间的敏感性。②

李志生等比较融资融券标的股票和非融资融券标的股票以及股票加入和剔除融资融券标的前后的定价效率，发现融资融券交易有效改善中国股票市场的价格发现机制，融券卖空量与定价效率之间存在明显正相关关系。③

4. 国内外股市联动

闻岳春等分析国际金融危机前后国内股市与主要国际股市以及主要国际大宗商品市场间的相互作用，发现国际股市不仅直接影响国内股市的收益与波动，而且通过国际大宗商品市场间接影响国内股市的收益与波动。伴随着国际大宗商品市场金融化程度提高，国际大宗商品市场对于国内股市的溢出效应不断增加。④

龚金国等否定中美股市联动的市场传染假说，认为中国金融自由化并不导致中美股市联动性，反而对中美股票市场联动起微弱的阻碍作用，中美股票市场联动的主要原因是中美间的贸易强度。⑤

5. 股价崩溃风险

叶康涛等考察内部控制信息披露是否能降低股价崩盘风险，发现随着企业内控信息披露水平提高，未来股价崩盘风险显著下降，在信息不对称程度高和盈利能力差的公司中，二者负相关关系更加显著。⑥

---

① 李志生、杜爽、林秉旋：《卖空交易与股票价格稳定性》，载《金融研究》2015年第6期。
② 靳庆鲁、侯青川、李刚、谢亚茜：《放松卖空管制、公司投资决策与期权价值》，载《经济研究》2015年第10期。
③ 李志生、陈晨、林秉旋：《卖空机制提高了中国股票市场的定价效率了吗?》，载《经济研究》2015年第4期。
④ 闻岳春、王婕、程天笑：《国内股市与国际股市、大宗商品市场的溢出效应研究》，载《国际金融研究》2015年第8期。
⑤ 龚金国、史代敏：《金融自由化、贸易强度与股市联动》，载《国际金融研究》2015年第8期。
⑥ 叶康涛、曹丰、王化成：《内部控制信息披露能够降低股价崩盘风险吗?》，载《金融研究》2015年第2期。

江轩宇等从微观层面分析企业过度投资对股价崩盘风险的可能影响，表明企业过度投资加剧股价未来的崩盘风险，而股东与经理人间的代理冲突而非管理者过度自信是导致二者正相关的主要原因。不过，企业过度投资对未来股价的崩盘风险影响是长期性的，其对股价未来暴涨不具有预测能力。①

刘春等考察税收征管作为外部治理机制能否降低股价暴跌风险，表明在民企以及市场化程度较高地区的公司中，更强的税收征管力度促使上市公司及时释放坏消息，显著降低其股价暴跌风险，从而能够保护投资者利益。②

顾小龙等分析现金股利与股价崩溃间的可能联系，发现过度支付现金股利会增加上市公司的股价崩溃风险，并且在"两权分离"状况下股东更有可能对公司提出过度股利的要求，从而使得公司面临更大的股价崩溃风险。③

（三）保险市场

薛华等使用一般跳跃—扩散模型描述中国股票市场的市场突变现象，探讨金融市场突变时均衡保费和内嵌期权价值变化及其对寿险公司实际资本和偿付能力充足率的影响机理，表明金融市场向上突变增加最低利率保证期权价值，降低退保期权价值，增加万能寿险价值，并且导致偿付能力充足率上升。④

五、商业银行经营与管理

发展直接融资是我国金融体制改革的战略取向，然而无论是从历史起点还是从未来趋势来看，我国金融体系不可能改变其由商业银行主导的间接融资结构特征。即使在作为次贷危机根源的发起—分配模式（O-D）

---

① 江轩宇、许年行：《企业过度投资与股价崩盘风险》，载《金融研究》2015年第8期。
② 刘春、孙亮：《税收征管能降低股价暴跌风险吗?》，载《金融研究》2015年第8期。
③ 顾小龙、李天钰、辛宇：《现金股利、控制权结构与股价崩溃风险》，载《金融研究》2015年第7期。
④ 薛华、郑海涛、王钰琼：《金融市场突变对万能寿险、定价及偿付能力的影响》，载《金融研究》2015年第4期。

房地产抵押贷款中,由商业银行发起的房地产抵押贷款的事前和事后资产质量,也明显超过由其他金融机构发起的房地产抵押贷款。激进以至极端的商业银行消亡论是不可取的,直接融资与间接融资比较优势的传统观念应该依据我国实际情况和参考国际最新经验认真审视和修正。商业银行运营的贷款管理、风险管理、盈余管理和实际效率,长期以来是我国金融学的重点研究领域,学术积累深厚,为我国商业银行经营与管理、我国金融业发展与改革提供重要的理论和经验支持。

(一) 商业银行贷款管理

李小荣等考察企业 CEO 权力如何影响银行贷款决策,发现虽然银行通常降低 CEO 权力较大企业的贷款规模,更愿意给其短期贷款而不是长期贷款,但是国有控股企业的 CEO 权力与银行贷款规模的负相关关系下降,同时在香港上市企业的 CEO 权力与银行贷款规模的负相关关系不再存在,并且 CEO 权力与银行贷款规模的负相关关系仅在经济下行期存在。①

辛兵海等考察资产价格的银行信贷投放影响,发现股票价格对银行信贷投放产生正向影响,但房地产价格无显著影响。上市银行与非上市银行相比以及外资银行与中资银行相比,信贷投放对股票价格更为敏感。②

钱先航等考察法律保护和法律执行的银行贷款决策影响,发现法律保护不利于个人和中小企业融资,而在法律执行好的地区,银行降低审查要求且有较少的不良贷款,从而表明法律执行比法律保护更为重要。③

潘敏等分析商业银行高管团队政治关联对信贷投放行为影响的周期性特征,发现我国商业银行的信贷投放呈现逆周期特征,并且这种逆周期特征随高管团队的政治关联程度提高而增强,随高管团队成员的年龄提高而弱化。④

马理等分析信贷配给条件下定向降准的银行信贷决策影响,构建包含

---

① 李小荣、董红晔、张瑞君:《企业 CEO 权力影响银行贷款决策吗》,载《财贸经济》2015 年第 7 期。
② 辛兵海、张晓云、陶江:《异质性条件、资产价格和银行信贷》,载《国际金融研究》2015 年第 9 期。
③ 钱先航、曹廷求:《法律、信用与银行贷款决策》,载《金融研究》2015 年第 5 期。
④ 潘敏、魏海瑞:《高管政治关联会影响商业银行信贷投放的周期性特征吗》,载《财贸经济》2015 年第 4 期。

农业贷款收益与非农贷款收益的商业银行跨期效用函数，显示当央行通过定向降准提供有限流动性时，商业银行行为选择不确定，仅当农业贷款可贷区间的利率上限较大时，商业银行加大对农业贷款的力度。①

(二) 商业银行风险管理

李宏等研究活期存款与贷款承诺间的风险对冲机制，发现我国活期存款降低贷款承诺风险的传统风险对冲效应，在非危机期间并不显著，在次贷危机期间却在政府刺激政策促进作用下明显增强。②

许友传等分析应急资本限制银行风险承担的机制和作用，发现在特定资本区间，应急资本债权人具有市场约束激励，股东也有动机限制其风险承担或转移倾向，但只有当银行资本水平足够高时，应急资本才能充分发挥风险约束功能。③

郭品等分析互联网金融的商业银行风险承担影响，揭示互联网金融主要通过"减少管理费用"渠道和"抬高资金成本"两个渠道作用于商业银行，二者分别减小和增大商业银行风险承担。互联网金融的商业银行风险承担影响呈现先降后升的"U"型趋势。④

(三) 商业银行盈余管理

张敏等考察金融生态环境对我国商业银行盈余质量的实际影响，认为银行所处地区的金融生态环境越好，即政府经济干预越少、实体经济基础更为发达、金融发展程度越高和信用文化建设更加完善，银行治理机制及其对银行盈余管理约束会更加有效。良好的金融生态环境抑制商业银行利用贷款损失准备的盈余平滑行为，并且减少银行出于盈余管理目的计提的操纵性贷款损失准备。⑤

---

① 马理、娄田田、牛慕鸿：《定向降准与商业银行行为选择》，载《金融研究》2015年第9期。
② 李宏、张健：《活期存款与贷款承诺之间风险对冲机制分析》，载《国际金融研究》2015年第11期。
③ 许友传、苏峻：《应急资本工具在限制银行风险承担中的作用》，载《金融研究》2015年第6期。
④ 郭品、沈悦：《互联网金融对商业银行风险承担的影响：理论解读与实证检验》，载《财贸经济》2015年第10期。
⑤ 张敏、谢露、马黎珺：《金融生态环境与商业银行的盈余质量》，载《金融研究》2015年第5期。

陈超等研究我国商业银行计提贷款损失准备的影响因素及其盈余平滑行为，发现我国商业银行会对贷款损失准备进行前瞻性计提，并且与非上市银行相比，城市商业银行更为明显利用贷款损失准备来平滑盈余。①

(四) 商业银行经营效率

粟芳等测度和分析我国商业银行的资金使用效率、盈利能力效率和业务扩张效率，发现股份制银行的资金使用效率最高、城商行和国有银行次之而外资银行最低，内部资金的使用效率较高而外部资金使用效率较低。同时，金融深化程度、市场结构和银行规模对银行资金使用效率具有正效应，经济发展对银行稳定性具有负效应。②

沈悦等研究互联网金融对商业银行全要素生产率的技术溢出效应，认为互联网金融通过示范、竞争、人员流动和业务联系效应的技术溢出，显著提升我国商业银行的全要素生产率。不同类型商业银行的技术溢出效应能力存在差异，其中股份制商业银行最强、城市商业银行次之而大型商业银行较弱。③

六、汇率与资本流动

次贷危机是加速而不是中止人民币的国际化进程。次贷危机以来，人民币市场离岸稳步发展，对外投资规模迅猛扩大，人民币最终加入特别提款权（SDR）的货币篮子。我国经济开放趋势和世界经济的全球化趋势不可逆转，随着各国经济景气逐渐正常化，各种形式的贸易保护主义政策和资本流动管理（CFM）名义下的国际资本管制将自然消退。当前我国经济下行压力较大而增长前景恶化，特别是我国经济与美国经济的复苏态势分化，使得我国经济外部平衡面临着人民币贬值、资本外流和外汇储备下降的严重冲击。分析和测度人民币汇率和国际资本流动的短期变动原因和长

---

① 陈超、魏静宜、曹利：《中国商业银行通过贷款损失准备计提进行盈余平滑吗？》，载《金融研究》2015 年第 12 期。
② 粟芳、初立苹：《中国银行业资金使用效率的测度及改进分析》，载《金融研究》2015 年第 1 期。
③ 沈悦、郭品：《互联网金融、技术溢出与商业银行全要素生产率》，载《金融研究》2015 年第 3 期。

期发展趋势，分析和防范货币贬值和货币错配的可能汇率风险，具有重要的现实意义和直接的政策参考价值。

（一）人民币汇率波动

谭小芬等考察非贸易品相对价格变动对人民币双边实际汇率波动的解释能力，发现非贸易品价格对人民币实际汇率的解释程度较小，人民币实际汇率变化主要受贸易品价格偏离一价定律影响。贸易联系越紧密、财政支出占比越低、制造业占比越高的国家和地区，非贸易品价格对双边实际汇率的影响越大，但人均 GDP 差异对非贸易品价格的实际汇率波动作用没有影响。①

朱孟楠等认为，美国政治周期通过资本渠道、贸易渠道、中国政府反应渠道作用于人民币汇率，依据所构建的美国政治周期外溢效应模型，发现美国政治周期对人民币汇率通过资本流动与政策调控传导渠道在短期内有直接影响，并且人民币升值率在美国总统上任后的第一年减弱，而在中期选举后的第一年升高。②

（二）人民币汇率国际联系

朱孟楠等分析境内外人民币汇率的差异原因，发现境内外人民币汇率差会自动收敛，境内外风险偏好不同是汇率差异的重要原因，而人民银行干预的解释力较低，境内外利率差异影响不明显。③

刘华等考察离岸人民币汇率的影响力，发现离岸人民币汇率在水平值和波动溢出上对亚洲国家货币汇率有显著影响，其作用过程已经从贸易渠道逐步转向金融渠道。中央银行退出外汇市场的常规干预减弱在岸市场影响力，而离岸市场规模增大和市场化定价机制增大离岸市场影响力。④

丁剑平等分析纳入人民币的 SDR 汇率波动问题，发现在纳入人民币

---

① 谭小芬、龚力丹、杨光：《非贸易品相对价格能解释人民币双边实际汇率的波动吗》，载《国际金融研究》2015 年第 8 期。
② 朱孟楠、赵茜、王宇光：《人民币汇率变动的政治诱因》，载《管理世界》2015 年第 4 期。
③ 朱孟楠、张雪鹿：《境内外人民币汇率差异的原因研究》，载《国际金融研究》2015 年第 5 期。
④ 刘华、李广众、陈广汉：《香港离岸人民币汇率已经发挥影响力了吗？》，载《国际金融研究》2015 年第 10 期。

后，SDR 与主要商品价格波动的协方差减小而与各国有效汇率的关联度增大，从而提升 SDR 汇率与主要贸易国和流动性提供国的货币联系。①

王鹏等分析国际 8 种主要汇率日收益率的非对称特征，发现 CNY/USD 汇率的日收益率分布具有明显的非对称特征，而其余 7 种汇率的日收益分布均具有对称特征。②

贺力平定义估值效应和货币错配概念，分别指在资产与负债或收入与支付流的非对称币种构成条件下汇率变动对净值的正面影响和负面影响，必须联系交易风险、换算风险和经营风险来分析二者的经济意义。③

（三）国际资本流动

张明认为，2014 年第二季度开始的资本外流是本国企业部门和外国居民共同主导的，主要原因包括人民币贬值预期形成、中美经济增速以及利差收窄、全球投资者风险偏好下降、中国房地产市场下行和中国资本账户开放加快。中国政府应该更加审慎地开放资本账户，尽快建立健全宏观审慎监管与微观审慎监管框架，加快人民币汇率形成机制改革。④

葛奇分析国际资本流动对新兴市场的风险效应，认为新兴市场国家利用外债为其国内信贷扩张提供融资的发展模式，容易受到发达国家利率和汇率冲击而破坏金融稳定。根据新兴市场国家脆弱性指标的情景分析，若国际资本流动等金融市场条件发生不利变化，巴西、印度尼西亚、俄罗斯、南非和土耳其将面临较大的金融风险。⑤

潘敏等考察反市场预期的人民币汇率操作如何影响短期资本流入，发现其短期资本流入数量影响存在与国际宏观经济环境不确定性与否对应的两区制特征。相对于正常的国际宏观经济环境，在金融危机全面爆发背景下，人民币汇率操作对短期资本流入规模的抑制作用更为明显，但总体效

---

① 丁剑平、向坚、蔚立柱：《纳入人民币的 SDR 汇率波动：稳定性与代表性的检验》，载《国际金融研究》2015 年第 12 期。
② 王鹏、吕永健：《金融资产收益率分布是对称的吗》，载《国际金融研究》2015 年第 8 期。
③ 贺力平：《估值效应和货币错配再定义：兼论汇率风险概念的一个宏观经济新应用》，载《国际金融研究》2015 年第 9 期。
④ 张明：《中国面临的短期资本外流：现状、原因、风险与对策》，载《金融评论》2015 年第 3 期。
⑤ 葛奇：《新兴市场资本流动与金融脆弱性》，载《金融监管研究》2015 年第 2 期。

果仍然是有限的。①

张勇分析热钱流入、汇率干预、外汇冲销、货币发行、外汇储备积累与货币供给扩张间的相互关系，发现资本管制是汇率干预基础，而汇率干预对需求扩张起关键作用，导致大量热钱流入和外汇储备过度积累；热钱流入降低人民币贬值幅度，其增加的国内需求完全抵消人民币贬值幅度降低所导致的外部需求降低；反通货膨胀政策和正向供给冲击导致低利率，构成我国货币发行量居高不下的主要原因。②

七、金融计量模型与方法

成熟的计量方法、丰富的数据资源、巨大的市场需求以及经济计量学本身的标准化学习性质，共同促进我国金融计量学在相对较短时间内长足进步，已经能够运用国际先进金融计量技术来分析、比较和总结我国金融发展和改革的经验规律和理论意义，有关期货、基金、定价问题的经验和方法研究均显示纯熟的计量分析水平。可以乐观期待，我国金融计量学在以中国实际经验检验既有理论假说的基础上，将能够构建可计量的中国理论假说和设计问题导向的新型计量技术。

（一）期货市场分析

周强龙等分析市场知情交易概率与未来流动性水平和波动状况间的相互关系，发现中国股指期货市场的知情交易概率值处在相对较低水平，对流动性水平和波动状况均具有预测作用，并且对极端走势具有预警功能。③

田利辉等考察我国大宗商品期货市场的羊群行为，发现我国商品期货市场的羊群行为在低波动率区间内存在，并且在市场下跌时更为明显，但在高波动率区间内不存在。政府很少干预的工业金属品市场的羊群行为显著，而政府监管相对严格的农产品市场的羊群行为较弱，一定程度上表明

---

① 潘敏、唐晋荣：《反市场预期的人民币汇率操作能有效遏制短期资本流入吗?》，载《国际金融研究》2015 年第 2 期。
② 张勇：《热钱流入、外汇冲销与汇率干预》，载《经济研究》2015 年第 7 期。
③ 周强龙、朱燕建、贾璐熙：《市场知情交易概率、流动性与波动性》，载《金融研究》2015 年第 5 期。

金融监管有助于遏制羊群行为。①

(二) 基金分析

郭春松等分析基金家族的业绩关联和溢出效应，发现我国基金行业中同一家族中成员基金的业绩关联性超过非同一家族基金的业绩关联性，而基金共同技能效应和共同噪声效应与所属家族的技能水平和资源质量正相关，与基金经理的个人投资经验负相关。共同技能效应对基金资金流有正向影响，共同噪声效应却对基金资金流有负向影响。②

李科等考察基金家族共同持股的股票收益影响，发现基金家族共同持股提高股票回报率。基金家族共同持股能够降低股票的意见分歧，从而提高投资者的相关性，但不具有信息优势。③

孟庆斌等考察基金经理职业忧虑的投资风格影响，发现基金经理的职业忧虑越高，基金的投资风格越保守。不过，由于我国基金经理的高流动性，优秀的基金经理不会因为职业忧虑而采取保守的投资风格，能力较差的基金经理则倾向于通过承担更多风险获取更高投资收益，只有中等水平的基金经理投资风格最保守。④

---

① 田利辉、谭德凯、王冠英：《我国大宗商品期货市场存在羊群行为吗?》，载《金融研究》2015年第6期。
② 郭春松、蔡庆丰、汤旸旸：《基金家族的业绩关联与溢出效应》，载《金融研究》2015年第5期。
③ 李科、陆蓉、夏翊：《基金家族共同持股：意见分歧与股票收益》，载《经济研究》2015年第10期。
④ 孟庆斌、吴卫星、于上尧：《基金经理职业忧虑与其投资风格》，载《经济研究》2015年第3期。

第九章 区域经济学研究新进展

我国的区域经济学学科是在引进西方发达国家的理论研究基础上不断发展起来的，作为一门独立的经济学分支学科，只有30多年的历史，在学科的基础理论研究方面还处于起步阶段。不过随着一系列现实区域问题的出现，区域经济学科有了长足的发展，2016年3月17日，新华社发布了《国民经济和社会发展第十三个五年规划纲要》，提出到2020年中国经济社会发展的七大类目标、33个主要指标，充分体现了"创新、协调、绿色、开放、共享"的新发展理念。《规划纲要》有两个篇章专门讲述区域发展问题，分别是第八篇"推进新型城镇化"和第九篇"推动区域协调发展问题"。提出的区域发展的总体思路是："以区域发展总体战略为基础，以一带一路建设、京津冀协同发展、长江经济带发展为引领，形成沿海沿江沿线经济带为主的纵向横向经济轴带，塑造要素有序自由流动、主体功能约束有效、基本公共服务均等、资源环境可承载的区域协调发展新格局。"在研究进入"新常态"后中国的区域经济发展战略组合问题时，国内区域经济学学科进一步发展，取得了许多有益的成果。

一、区域经济学的基础理论研究

从2015年中国知网期刊数据库的文献搜索情况来看，我国学者对区域经济学的理论研究基础还较为薄弱，且相关研究成果较少，说明我国关于区域经济学理论的研究队伍还不够强大，研究内容还有待进一步的丰富和发展。

（一）区域经济学理论的趋势探索

安虎森等认为，在我国，区域经济学是为了适应我国区域经济发展需要而产生和发展起来的。随着我国改革开放的不断深入，我国出现了一系列的区域性问题，例如区际差距、城乡差距、产业转移、区域协调发展、城乡统筹、城市化等一系列问题，在研究和解决这些区域性问题的过程中，我国区域经济学科逐渐形成和完善。尽管我国还没有完全建立起适合于我国的区域经济学理论框架，但在有关区域经济学研究对象以及研究内容方面，逐渐趋向类同，这是一门学科走向成熟的表现。①

梅冠群等认为，区域经济学从传统区位论到区域科学，是从微观分析到宏观分析的转变，是现实社会问题不断变化的必然结果。在区域经济学理论发展历程中，发生了一次意义深远的转折，其研究对象从区位转变为区域；研究假设从均质转变为非均质，以及由完全竞争转变为不完全竞争；研究目标由局部均衡转变为一般均衡，区域问题的研究假设条件逐步放宽，研究方法也逐渐丰富起来。②

（二）区域经济发展模式理论

国内外对区域经济发展模式的研究较早，但对区域经济发展模式内涵的理解及评价标准却存在争议。

尚勇敏等对国内外学者对区域经济发展模式内涵研究进行了总结，并对经济发展模式相关概念进行了辨析，综合得出区域经济发展模式为："实现一定发展目标的途径"，并且，区域经济发展模式应包括经济发展具有可持续性、具有可借鉴性、具有一定边界。③ 曾刚等认为，经济发展是一个不断演化的过程，由于经济要素、发展环境的不同，不同区域经济发展模式的演化路径也存在差异。从要素、制度、关系三个维度构建区域经济发展模式类型划分的概念框架，根据三个维度指标的不同组合方式，区域经济发展模式可划分为资源—市场—内生型模式等 8 种类型。中国各区域经济发展模式向更加注重人力资本等无形生产要素、市场力量和外生力量转变，总体上由"资源—政府—内生型"模式、"资源—政府—外生型"模式、"人力资本—政府—外生型"模式等模式向"人力资本—市

---

① 安虎森、肖欢：《我国区域经济理论形成与演进》，载《南京社会科学》2015 年第 9 期。
② 梅冠群、陈伟博：《从传统区位论道区域科学的逻辑演变脉络透视》，载《商业经济研究》2015 年第 25 期。
③ 尚勇敏、曾刚：《区域经济发展模式内涵、标准的再探讨》，载《经济问题探索》2015 年第 1 期。

场—外生型"模式演变，经过多样化的发展和演化过程，各模式间的学习、融合加深，并走向"殊途同归"。①

（三）区域经济一体化理论

孙久文认为，从实践上看，区域经济一体化是指在特定区域内的各地区通过达成经济合作的某种承诺或者组建一定形式的经济合作组织，谋求区域内商品流通或要素流动的自由化及生产分工最优化，并且在此基础上形成产品和要素市场、经济和社会政策或者体制等统一的过程。区域经济一体化在实践中有一个由浅入深的过程，其切入点是区域合作，协同发展是区域合作的一种高级形式。区域经济一体化的实现一般要经过四个阶段：一是贸易一体化阶段；二是要素一体化阶段；三是政策一体化阶段；四是完全一体化阶段。我国各地区进入完全一体化阶段还需要一个相当长的时间。②

（四）区域协调发展理论

根据覃成林的定义，区域协调发展是指各区域间经济联系紧密，分工合理，经济社会发展差距日趋缩小，经济整体效率不断提高的过程。对于区域协调发展的主要前提"利益共享"，田艳平等提出，目前关于区域间利益共享的研究大多停留在一般政治学意义上，相关研究也处于起步阶段，具体的区域协调发展和利益共享机制建设还缺乏成熟的架构。通过地方政府之间博弈与夏普利值模型分析区域协调机制，在利益共享机制下，合作可能带来"溢出效应"、利益增大和公平分配，这符合地方政府追求利益最大化的动机，因而合作策略能够作为地方政府的偏好选择；相反，在缺乏利益共享机制的情形下，地方政府则可能采取对抗策略，最终将不利于自身和他方利益。因此，利益共享机制是实现地方政府间有效合作的基础，只有通过完善利益共享机制来消除地方政府的种种顾虑，才能激发地方政府的合作意识与合作动机，区域间才能确立长期稳定的合作关系，

---

① 曾刚、尚勇敏、司月芳：《中国区域经济发展模式的趋同演化——以中国16种典型模式为例》，载《地理研究》2015年第11期。

② 孙久文：《区域经济一体化：理论、意义与"十三五"时期发展思路》，载《区域经济评论》2015年第6期。

最终推进区域协调发展和一体化。①

(五) 区域协同发展理论

区域经济协同发展，是指区域之间或同一区域内各经济组分之间协同共生，合力推进大区域经济实现由无序至有序、从初级到高级的动态转变，形成"互惠共生，合作共赢"的内生增长机制，并最终促进大区域高效有序发展的过程。李琳等认为，区域比较优势、域经济联系以及区域产业分工是区域经济协同发展的主要驱动因素，其中最关键的驱动因素即序参量遵循区域比较优势—区域经济联系—区域产业分工的动态演变路径。在序参量的支配作用下，驱动因素间的协同作用作为连接序参量与其他变量的重要纽带贯穿始终，即在各区域依托资源禀赋的区域比较优势的基础上，借助一定程度的跨区域要素流动，使各个区域充分参与到大区域经济的产业分工中，同时参与到整体网络的产业分工又将反作用于各区域的比较优势及经济联系，三者相互促进、相互引导、相互依托的协同作用使整体网络协同运转，使整个系统实现初级—中级—高级的协同演变，此即区域经济协同发展的驱动机制。②

(六) 增长极理论与多极增长理论

增长极理论兴起于20世纪中叶经济学界关于经济增长方式是否应平衡的论战中，自该理论出现以来，其一直在世界各国的区域经济规划和发展中扮演着重要角色。在社会经济发展过程中，由于某些主导产业或部门优先拥有了技术创新的能力，并在某些地区的集聚，使得资本与技术高度集中，形成了增长极。③

贾善铭等提出，区域经济多极增长作为区域经济空间组织模式的一种新的形式。区域经济多极增长是在一定的空间尺度下，区域内部存在两个或者以上的增长极，这些增长极在规模和地位上并不存在明显的差异，并

---

① 田艳平、冯垒垒：《区域合作、利益共享：区域协调发展的基础》，载《学习与实践》2015年第1期。
② 李琳、刘莹：《区域经济协同发展的驱动机制探析》，载《当代经济研究》2015年第5期。
③ 张晓虎：《增长极理论对区域经济发展的启示》，载《内蒙古民族大学学报》2015年第3期。

且彼此之间相互联系,共同推动整个区域的经济发展。从本质上看,区域经济多极增长是一种区域经济现象,具有动态演化特征,在经济体或者区域不同的经济发展阶段其表现形式存在差异;从形式上看,区域经济多极增长是多个增长极共同作用,相互协调的一种空间组织格局;从结果上看,区域经济多极增长是通过非均衡发展的手段,突破单极增长的局限,实现区域经济相对均衡发展的一种方式。①

(七) 中心城市理论

中心城市指在一定地理范围内的社会经济活动中处于主要地位,具有综合功能或多种主导功能的大城市,对该地理范围内的社会经济发展发挥着集聚和辐射作用。中心城市在区域经济增长中发挥着重要的带动作用,该带动作用主要通过集聚效应和扩散效应实现。其中,集聚效应指中心城市利用优势条件吸引企业、社会机构与人口在其有限的空间中聚集,带来人口聚集、同业聚集、系统聚集等效益;扩散效应指中心城市通过输出各类生产要素向临近地区扩散其经济成果,以其自身优势的提高带动周边地区的经济协同发展。

因此,区域经济增长与中心城市的发展密不可分。中心城市作为区域经济的一部分,其发展自然构成区域经济的发展。但中心城市的经济增长与区域经济的经济增长并不完全一致,中心城市的经济增长并不必然带来整个区域经济的经济增长。②

二、区域经济学理论研究的拓展

(一) 空间经济学

随着经济发展的全球化以及以互联网技术为代表的信息技术时代的来

---

① 贾善铭、覃成林:《区域经济多极增长的概念界定与辨析》,载《兰州学刊》2015 年第 5 期。

② 高玲玲:《中心城市与区域经济增长:理论与实证》,载《经济问题探索》2015 年第 1 期。

临，区域经济学研究中对于区位同质化、实体化的假设已经越来越不适应现代区域经济问题研究的需要。基于此，一些学者认为应该拓宽区域经济学研究的视野，同时加强区域经济学与相关学科的交叉融合（空间经济学、地理政治经济学、经济地理学以及城市经济学等）。而将以上这些交叉学科进行有机的综合运用和提炼，可以发展为更加符合现代空间经济活动研究需要的广义空间经济学。

1. 空间经济学的定义

陈秀山等认为，空间经济学有狭义和广义之分。狭义空间经济学的研究对象为生产资料在地理空间的配置与生产过程。广义空间经济学是关于空间维度研究的一个系统整合过程，其研究领域覆盖了狭义空间经济学、经济地理学、区域经济学、贸易理论以及城市经济学等学科。广义空间经济学研究的内容广泛、复杂，既包括微观个体行为也包括宏观层面的经济增长与政策分析，关注的是更加一般抽象化的空间因素，既包括有形的又包括无形的，并且是用历史发展的眼光来综合研究空间结构的动态发展。为了更好地在更一般的、抽象的层面研究空间经济问题，应当从广义空间的视角对空间经济问题进行系统整合，构建从微观到宏观层面的空间经济体系。[1]

2. 空间经济学与区域经济学的关系

空间经济学与区域经济学具有共同的理论起源，即19世纪的古典区位论。蒋昭侠等认为把经济空间或区位作为研究的逻辑起点是空间经济学理论的基本特征，也是其区别于其他学科的重要的基本点。空间经济学是研究经济活动的空间分布规律，解释空间集聚动因与形成机制，其研究的经济空间属于理论层面的空间、抽象空间、匀质空间，整体空间，而区域经济学通过揭示特定地域资源的配置规律，促进地方经济的发展，其研究经济空间则属于应用层面的空间、具体空间、异质空间，局部空间。前者属理论基础性经济学科，后者是应用性经济学科。[2]

---

[1] 陈秀山、李逸飞、左言庆：《论狭义与广义的空间经济学》，载《区域经济评论》2015第5期。
[2] 蒋昭侠、蒋随：《空间经济学的逻辑起点、研究内核及研究主线》，载《改革与发展战略》2014年第12期。

(二)"新"新经济地理学

克鲁格曼的新经济地理学已经是较为成熟的理论体系,但其实是以企业和劳动力等微观主体是同质性为前提的,但现实情况却是企业的生产率、劳动者的技能水平和消费者的偏好都有所不同,这些异质性对于经济活动的空间分布有着重要的影响,因而近年融入企业异质性的"新"新经济地理学迅速发展。

"新"新经济地理学的分析框架主要有 D—S 垄断竞争框架、OTT 垄断竞争框架和 BEJK 框架,主要研究内容为企业异质性对于区位选择与空间集聚、区域政策的影响和基于微观数据的企业异质性实证研究等。陈光认为,企业异质性问题最近成为区域经济学最重要的研究方向之一。目前国外正在就以下问题进行深入研究:一是将企业异质性、劳动力异质性和偏好异质性整合到一个研究框架中从而更加贴近现实;二是将"新"新经济地理学模型与城市经济学相融合;三是从更深的层次探讨微观主体异质性的来源,如企业内部组织、生产网络等方面;四是系统研究微观主体异质性下的区域政策启示,关注对社会福利的影响;五是开展更多更准确的实证研究。与国外研究相比,国内研究刚刚起步,现有研究只是以引进介绍国外的研究成果为主,缺少系统性的研究且略显深度不足,尤其是缺乏符合我国国情的模型研究,而微观企业层面数据的难以获取导致实证研究十分匮乏,这都是未来研究需要努力的方向。[①]

(三)经济韧性问题

韧性最早出现在生态学界,后发展到经济领域,指的是经济体抵御外部冲击能力的指标。苏杭认为,在不确定的国内外环境下,一国或区域经济要实现持久发展,需要具备能够应对外部环境持续变化的经济韧性,因而推广经济韧性研究不仅有助于完善我国的经济学研究体系,还可以为我国创新宏观调控思路和方式提供理论依据,具有经济韧性的城市经济应具有受过技术培训和良好教育的人口,拥有广阔的腹地和市场,经济结构多

[①] 陈光:《基于企业异质性的"新"新经济地理学研究综述》,载《经济问题探索》2015年第4期。

元化且具有宜居性。①

三、空间计量方法的应用研究

空间计量经济学是以计量经济学、空间统计学和地理信息系统等学科为基础，以探索建立空间经济理论模型为主要任务，利用经济理论、数学模型、空间统计和专业软件等工具对空间经济现象进行研究的一门新兴交叉学科。

（一）研究方法的改进

在研究方法方面，学者最早的研究兴趣在各种检验方法的发展上，之后在估计方法上也取得显著进展，最大似然函数（ML）和广义矩阵估计法（GMM）的渐进特性研究方面取得重要进步，基于核估计的异方差自相关一致性（HAC）估计方法的研究也受到重点关注。此外，运用统一框架来同时处理空间依赖性和空间异质性的方法，也已经被研究出来了。模型设定方面，空间面板模型、空间潜在变量模型和流体模型的研究呈现明显增多的趋势。在模型研究中，王海南对空间杜宾模型进行了研究述评，认为尽管空间杜宾模型在实践中的应用不断改进，但仍然存在许多不足有待完善。一是空间权重矩阵的设定问题。不合理的权重矩阵可能导致模型参数的估计结果存在严重偏误，而在目前的文献中，几乎所有文献都是基于作者主观判断设定权重矩阵。因此，完善空间权重矩阵理论，建立准确、完善、科学的空间权重矩阵显得格外重要。二是非线性模型的空间效应设定问题，目前文献集中于对线性模型的空间效应，对非线性模型关注较少，忽略了现实中经济变量之间的非线性关系。非线性模型的空间效应问题可能成为未来研究的重要方向。三是空间异质性的处理问题。空间杜宾模型主要研究空间相关性，但对空间异质性的处理却无能为力。因此，空间异质性的处理手段将是空间计量经济学研究的重要内容。四是不同估计方法的比较研究。目前的文献较少涉及不同参数估计方法的比较研究，如 GMM 和 ML 两种方法的优劣等。此外，也有学者将贝叶斯引入空间杜

---

① 苏杭：《经济韧性问题研究进展》，载《经济学动态》2015 年第 8 期。

宾模型，这也是未来发展的重要方向之一。①

（二）研究领域的扩展

在研究领域方面，空间计量经济学方法广泛应用于多领域的实证研究，不仅应用于城市经济学、区域经济学、房地产经济学、经济地理学等领域，而且被广泛应用到劳动经济学、能源经济学、环境经济学、产业经济学以及国际贸易等传统领域。②

例如，在环境方面，安瑟兰（Anselin）详细讨论了空间计量经济学模型在环境和资源利用方面的应用问题，为后续的研究奠定了基础，鲁帕辛哈（Rupasingha）等在分析经济增长与环境污染的环境库兹涅茨曲线（Environmental Kuznets Curve，EKC）时，发现空间效应对于研究环境污染非常重要。麦迪逊（Madddison）在基于空间滞后模型（SLM）检验跨国 EKC 模型时，发现人均二氧化硫和氮氧化物的排放量将严重影响周边国家的人均排放量。在农业方面，农民不仅在种植上会由于地理上的接近和气候的类似存在着显著的空间相关性；在对土地不同用途的选择上也会考虑到空间依赖性的影响；而且对农田租赁率的研究也可以进行空间计量分析。在技术创新研究方面，很多学者通过空间计量经济学的研究 R&D 的生产和技术溢出问题，比如，安瑟兰等认为，当地大学的技术外溢效应局限于某些特定的行业，这些从中心城区的技术溢出效应超出 75 英里的范围。凯勒（Keller）证明了 R&D 活动的技术外溢与空间分布高度相关，具有明显的地域性，会随地理距离递减，大约 1200 公里递减一半，而且技术溢出的局部性随时间推移而减弱。在经济增长研究方面，一些学者尝试运用空间动态面板数据方法（Spatial Dynamic Panel Data approach，SD-PD）研究不同地区的收敛问题。巴丁格尔（Badinger）等运用 1985～1999 年的数据，分析了欧盟的区域收敛问题。伊斯梅尔（Ismail）认为，东盟五国在 1960～2004 年期间存在着显著的经济收敛。于和李（Yu and Lee）把技术外溢引入到了新古典主义的分析框架中，通过研究美国 1930～2006 年 48 个州的空间动态面板数据进行实证分析，证明收敛速度高并存在空

---

① 王海南：《空间杜宾模型研究述评》，载《市场研究》2015 年第 11 期。
② 孙久文、姚鹏：《空间计量经济学的研究范式与最新进展》，载《经济学家》2014 年第 7 期。

间相互作用。①

在国内,空间计量经济学主要研究领域在环境污染、科技创新、就业问题以及区域经济等方面。

1. 环境污染

胡宗义等将能源消耗指标和污染排放指标纳入区域经济增长的模型当中,通过结合空间地理因素和时间变动因素,利用 2000~2010 年的面板数据,考察了能源消耗、污染排放与经济增长之间的动态关系,研究结果表明:我国各省 GDP 产出呈现出明显的空间集聚现象,即东部地区最高,中部和东北地区次之,西部地区最低;我国能源消耗量与污染排放量对经济增长的推动作用不明显,能源利用效率低下,污染排放严重;人力资本、资本存量和城市化率对经济增长的推动作用较为明显。②

2. 科技创新

谷国锋等基于 2004~2013 年数据,运用空间计量经济学方法,建立两种空间权重矩阵的面板数据模型,研究我国科技创新的空间分布与创新溢出。③

3. 就业问题

郭洁等利用专利强度表征创新产出,首次在中国地级市的空间尺度上使用知识生产函数及空间计量方法,研究就业密度对创新产出的影响程度及空间分布。研究表明,就业密度与创新产出具有显著的相关性,就业密度越大,创新产出越多;适于创新的最佳城市规模为 50 万~90 万人;产业的集中或分散对创新产出没有显著影响。中国创新产出存在较强的空间自相关性,区域创新的溢出存在邻近地级市误差冲击的影响。④

---

① 颜琼、陈绍珍:《国外空间计量经济学最新进展综述》,载《经济研究导刊》2015 年第 19 期。
② 胡宗义、刘亦文:《能源消耗、污染排放与区域经济增长关系的空间计量分析》,载《数理统计与管理》2015 年第 1 期。
③ 谷国锋、李连刚、王建康:《中国科技创新的空间集聚及其溢出效应——基于面板数据空间计量分析》,载《科学决策》2015 年第 12 期。
④ 郭洁、黄宁、沈体雁:《就业密度和创新——基于中国地级市的空间计量研究》,载《经济与管理研究》2015 年第 11 期。

4. 区域经济

洪彦等运用探索性空间数据分析方法研究海西城镇体系经济增长空间格局，构建区域经济增长空间计量横截面数据模型，探索在空间效应的影响下城市化对区域经济增长的作用。[①] 周小亮等基于空间计量结果，从行为、禀赋、制度差异以及外部间接影响机制四个方面分析区域利益失衡的成因，认为我国区域间的利益增长不仅存在空间溢出效应，还存在空间抑制作用，未来政策着力点应在逐步消除空间差异，扩散增长成果方面。[②]

[①] 洪彦、王列辉、杨华玮、杨帆：《城市化对经济增长影响的空间计量分析——以海峡西岸经济区城镇体系为例》，载《地域研究与开发》2015年第5期。

[②] 周小亮、卢雨婷：《区域经济发展中利益失衡成因的空间计量分析》，载《社会科学研究》2015年第1期。

第十章　劳动经济学研究新进展

2015年学界在劳动力资源的合理配置、工资生成机制、人力资本、劳动收入占比等问题进行了深入的研究，并努力探索中国特色的劳动经济学，从而为开拓中国特色劳动经济学理论体系的新境界做出了贡献。

一、中国特色劳动力资源配置规律

（一）中国特色的广义奥肯定律

近几年，我国在GDP增速连续下滑的同时，就业形势却并未恶化。2015年中国GDP增速6.9%，创下了25年来的新低。但与此同时城镇登记失业率仅为4.05%，较2014年甚至有所下降。这一现象与奥肯定律中经济增长与失业率之间存在一种稳定关系的传统理论相冲突。针对低增长与高就业并行的问题，多位学者进行了研究。

孙文凯首先通过其他数据来源验证了中国官方公布就业数据的可靠性，然后利用2005~2011年间的省际面板数据进行了实证分析。结果显示，国有经济占比对就业和增长间关系有调节作用。在经济下行时，国有企业通过吸纳就业份额以稳定我国就业市场。①

卢锋等则认为，对于中国这样的转型经济体，在宏观经济增速较低的年份，承担和吸纳经济周期下行所带来的冲击的主要因素是农村劳动力转移放缓，而非失业率上升。基于100多个国家1980~2012年间的跨国面板数据，他们提出了适合中国目前发展阶段的广义奥肯定律，即失业率变

---

① 孙文凯：《中国近年来经济增长与就业增长间数量关系解释》，载《经济理论与经济管理》2014年第1期。

动和农村劳动力转移都是联系宏观经济周期与劳动力市场的重要变量。①

唐兆涵等则利用服务业和小微企业的快速发展进行了解释,他们认为,在工业就业能力持续萎缩的情况下,服务业和小微企业吸纳了大量的劳动力,抵消了工业劳动力下降的影响。但这样的就业流向也会产生风险,结合日本和美国的经验,如果经济持续下滑,极有可能出现滞后的就业崩溃现象。②

(二) 产业结构—就业结构的联动升级机制

随着工业化的推进和经济发展水平的不断提高,中国的工业化进程已经进入后期。在这一新的发展阶段第三产业将替代第二产业,成为经济增长的主导产业,具体表现为第三产业的增长率高于第二产业,在国民经济中的比重也超过第二产业并开始迅速提升。产业结构的这一转型带动了就业结构的升级③。

具体来看,在产业结构转型过程中,制造业的发展会带动当地服务业就业。张川川利用 1990 年和 2000 年全国人口普查数据以及 2005 年全国微观人口调查数据,证明了制造业就业的增长会带动本地服务业就业的增长。制造业就业每增加一个岗位,能创造 0.4~0.6 个服务业岗位。但制造业就业对服务业就业的带动作用因部门而异。制造业就业对批发和零售、建筑和房地产等传统部门就业的带动作用最大,对科研和技术服务新兴部门就业的影响最小。④ 袁志刚等利用中国地级城市 2003~2012 年数据也得出了类似结论,他们发现,城镇化水平的提高和城市规模的扩大,对制造业就业的乘数效应有促进作用。只有在城镇化和城市化规模达到一定水平的地区,制造业就业的扩张才会显著地促进服务业就业的增长。⑤

丁守海等利用 2003~2011 年省际面板数据考察了服务业促进就业增

---

① 卢锋、刘晓光、姜志霄、张杰平:《劳动力市场与中国宏观经济周期:兼谈奥肯定律在中国》,载《中国社会科学》2015 年第 12 期。

② 唐兆涵、丁守海、胡云:《经济下滑背景下的就业问题思考》,载《教学与研究》2015 年第 12 期。

③ 刘伟、蔡志洲:《中国工业化进程中产业结构升级与新常态下的经济增长》,载《北京大学学报》(哲学社会科学版)2015 年第 3 期。

④ 张川川:《地区就业乘数:制造业就业对服务业就业的影响》,载《世界经济》2015 年第 6 期。

⑤ 袁志刚、高虹:《中国城市制造业就业对服务业就业的乘数效应》,载《经济研究》2015 年第 7 期。

长的长效机制,并发现,中国服务业的需求收入弹性大于 1,这说明随着经济的增长和国民收入水平的提高,服务业将以更快的速度发展,吸纳更多的就业人口。同时,服务业的长期就业弹性远高于工业部门,还具有更强的就业粘性,说明服务业就业会提高就业的稳定性。①

(三) 二元经济下劳动力资源的配置问题与制度供给

改革开放以来,随着城镇化的快速发展,越来越多的农村劳动力向城镇流动,从农业生产部门转移到非农业生产部门。2002～2010 年中国农村剩余劳动力数量急剧下降②。城镇化和农村剩余劳动力转移在解决中国现阶段经济发展和就业稳定的问题中起着关键作用。

丁守海研究了乡镇层面城镇化对就业的促进作用。他利用 2009 年、2011 年、2012 年三年中河南、湖南等地的调查数据研究证明,工业化与城镇化协调推进的地区,城镇化明显增加了劳动力需求,非自愿型失业明显减少;而那些脱离周边城市的协同作用而孤立推动城镇化的地区,非农产业发展滞后,非自愿型失业现象反而加剧。因此,为增加乡镇层面城镇化的就业效应,必须促进该地区产业协调发展,以工业化促进城镇化,城镇化反推工业化。③

农村劳动力向城市转移需要一定的转移成本,随着交通和通讯等基础设施水平的提高,劳动力转移成本会降低,这会促进农业劳动力向非农部门转移④。而不同类型养老保险制度也会影响农村劳动力就业地点的选择。有研究发现,新农保制度更倾向于将农户留在农村从事农业劳动;而城镇职工养老保险制度和农民工综合保险制度更倾向于鼓励农户脱离农业和农村,积极转移到城镇从事非农就业;失地农民养老保险制度更加激励农户直接退出劳动力市场⑤。

教育也对农村劳动力转移起着重要作用。受教育程度越高的个体越可

---

① 丁守海、陈秀兰、许珊:《服务业能长期促进中国就业增长吗》,载《财贸经济》2014 年第 8 期。
② 郭金兴、王庆芳:《2002～2010 年中国农村剩余劳动结构的估算》,载《经济理论与经济管理》2014 年第 4 期。
③ 丁守海:《中国城镇发展中的就业问题》,载《中国社会科学》2014 年第 1 期。
④ 刘晓光、张勋、方文全:《基础设施的城乡收入分配效应:基于劳动力转移的视角》,载《世界经济》2015 年第 3 期。
⑤ 程杰:《养老保障的劳动供给效应》,载《经济研究》2014 年第 10 期。

能向城市迁移。有研究显示,教育人力资本更高的个体更倾向于进入本地非农业部门而不是去外地打工①。这说明了在提高农村人力资本积累的同时发展小城镇政策的重要作用。

在经济全球化的背景下,贸易开放水平也对劳动力转移产生影响。赵德昭考察了外商直接投资(FDI)对中国农村劳动力市场转移的影响。他利用中国 2008~2011 年的省际面板数据构建"门槛效应"面板模型,研究发现,外商直接投资存量与农村剩余劳动力转移之间存在显著的非线性关系,外商投资对农村剩余劳动力向城市转移具有明显的促进作用。②

城镇化和农村劳动力转移为过去 30 年中国经济增长做出了重大贡献。但由于我国长期存在的城乡二元经济社会体制,虽然越来越多的农民工到城市工作和生活,但他们却难以享受和城市居民一样的权利,无法成为真正的市民。因此,在城镇化过程中促进农民工的城市融入对我国经济持续健康发展有重要意义。解决这一问题最核心的手段是实行户籍制度改革。全面的户籍制度改革以及由此带来的劳动力自由流动,将是中国未来经济长期增长的主要源泉③。居住证制度作为对户籍制度的有效补充,也在很大程度上促进了城乡劳动力市场整合。目前农村转移劳动者和城市转移劳动者在申领居住证难度、能享受到的公共服务上都存在差别。提升农村劳动者人力资本水平,有助于农村转移劳动者成功申领居住证和享受更多的公共服务,促进农民工城市融入④。

考虑到农民工在城市中大多从事劳动强度高、工作环境差的工作,医疗保险对农民工城市融入也有重要影响。秦立建等基于国家卫纪委 2010 年 12 月的农民工城市融入状况专项调查数据,使用普通最小二乘法和分位数回归方法,考察了医疗保险和养老保险对农民工的城市融入效应。结果显示,养老保险对不同层次的农民工都很重要,具有类似门槛的效应;而对于医疗保险,随着分位点的提高,其对农民工城市融入影响的正向效

---

① 李富强、王立勇:《人力资本、农村劳动力迁移与城镇化模式——来自基于面板矫正型标准误的多期混合多项 Logit 模型的经验证据》,载《经济学动态》2014 年第 10 期。

② 赵德昭:《FDI 对农村剩余劳动力转移存在门槛效应吗》,载《财贸经济》2014 年第 11 期。

③ 都阳、蔡昉、屈小博、程杰:《延续中国奇迹:从户籍制度改革中收获红利》,载《经济研究》2014 年第 8 期。

④ 姚先国、宋文娟、钱雪亚、李江:《居住证制度与城乡劳动力市场整合》,载《经济学动态》2015 年第 12 期。

应显著增强。①

由于农民工构成了城市劳动力市场上非正规就业的主要部分,是否将非正规就业正规化会影响农民工在城市的归属感。都阳等认为,非正规就业可以提高农民工的收入水平,对减贫具有显著作用,因此应该充分利用非正规就业,不能简单地将其正规化。② 相反,王海成等则认为,非正规就业会显著地降低劳动者的主观幸福感,政府应该加强对劳动力市场的干预,将劳动力市场正规化作为政策目标。③

张宏如等研究发现,员工帮助计划会通过影响农民工心理资本、社会资本和人力资本来促进他们在城市的融入。④

(四) 国际贸易背景下中国对斯托尔帕—萨缪尔森假说的背离

根据不同类型工作所需的技能分类,劳动者总体可分为低技术劳动者、中等技术劳动者和高技术劳动者。按照技能偏向技术进步的观点,技术进步对不同生产行业的影响是非中性的,其对低技能劳动者的替代性强于中等技能劳动者和高技能劳动者。因此,随着技术的不断进步,低技能劳动者的就业增长要低于中等技能劳动者的就业增长。

但是,与以上观点不同,吕世斌等利用1998~2009年中国制造业行业面板数据研究发现,中国劳动力市场存在就业"极化"现象,即相对于中等技术行业,高技术行业和低技术行业的就业有更大幅度的增加。他们认为,外包对制造业劳动力有着重要的影响。与技术进步的影响相反,外包在阻碍高技术行业就业增加的同时,会促进低技术行业就业的增长。外包、技术进步等因素共同导致了中国劳动力市场的极化现象,也就是说,高技能工人与低技能工人的工资差距非但没有缩小,反而扩大了。这一现象对传统的斯托尔帕—萨缪尔森假说提出了挑战,当然,在其他发展中国家也出现了类似的挑战,自20世纪90年代以来,这已构成劳动经济学的

---

① 秦立建、陈波:《医疗保险对农民工城市融入的影响分析》,载《管理世界》2014年第10期。

② 都阳、万广华:《城市劳动力市场上的非正规就业及其在减贫中的作用》,载《经济学动态》2014年第9期。

③ 王海成、郭敏:《非正规就业对主观幸福感的影响——劳动力市场正规化政策的合理性》,载《经济学动态》2015年第5期。

④ 张宏如、李群:《员工帮助计划促进新生代农民工城市融入模型——人力资本、社会资本还是心理资本》,载《管理世界》2015年第6期。

一个重要研究分支。① 卫瑞等研究了外包、贸易自由化等生产国际化因素对不同劳动群体的影响。结果显示，生产国际化对低技能就业量的增加最大，但同时波动也最大，对中等技能就业量的增加较大，而对高技能就业的影响较小。从国际比较来看，虽然技能工资差距没有缩小，但中国的劳动群体从生产国际化趋势中受益最多，且主要是低技能就业者。②

二、制度经济学范式下中国特色的工资生成机制

根据新古典工资决定理论，工资水平取决于劳动力市场供给与需求，即工资完全由市场因素决定。但实际上我们可以观察到在同一劳动力市场上，城镇劳动力与农村劳动力之间，男性与女性之间，垄断行业职工与非垄断行业职工之间存在着明显的工资差别。因此，相比于新古典理论，制度学派工资决定理论的现实解释力更强。根据制度学派的工资决定理论，现实中劳动力市场呈现二元分割的格局，处于一种不完全竞争的状态。工资水平的高低并不是简单地由供求双方直接决定，还包括各种影响市场供求变化的制度性因素。近几年，中国学者对工资决定问题的研究大体可以纳入制度学派的范畴。

（一）劳动力市场分割与非效率型工资差距

在中国城镇劳动力市场上，农民工和城镇职工之间存在着明显的收入差距。诸多研究表明，这一差距在很大程度是并非源于生产率的差异，而是歧视性因素。章莉等利用中国居民家庭调查数据，采取 Oaxaca – Blinder 工资差距分解方法，研究证明，城镇职工和农民工工资差中36% 无法由可观测到的禀赋差异解释，只能归因于差别对待。这说明了户籍差异阻碍农民工和城镇职工实现同工同酬。③

陈珣等进一步研究了农民工和城镇职工工资差距的动态变化。他们利

---

① 吕世斌、张世伟：《中国劳动力"极化"现象及原因的经验研究》，载《经济学（季刊）》2015 年第 2 期。
② 卫瑞、庄宗明：《生产国际化与中国就业波动：基于贸易自由化和外包视角》，载《世界经济》2015 年第 1 期。
③ 章莉、李实：《中国劳动力市场上工资收入的户籍歧视》，载《管理世界》2014 年第 11 期。

用中国家庭收入调查项目 2007 年的数据,采用非线性工具变量回归的方法,得出了以下结论:农民工在城镇每多待一年,其相对工资增加 1.4%,但实际上,相对于他们与城镇职工的初始工资差距,农民工工资的同化速度非常缓慢。①

不同规模城市是否影响相同劳动力群体的工资水平也被多位学者研究。王建国等利用 2011 年和 2012 年中国流动人口检测调查数据考察了城市规模对农民工工资水平的影响。结果显示,排除掉不同农民工技能水平的差距,农民工工资对城市规模的弹性系数在 4.0%~4.2% 之间,即随着城市规模的扩张,农民工工资水平也在提高,且这对城市经验更长或受教育水平更高的农民工的影响更大。② 踪家峰等通过三部门 Rosen – Roback 空间均衡模型也证明了这一观点。③ 而宁光杰则得出了相反的结论。他运用 2008 年中国农村外出劳动力的收入数据,研究发现不同规模城市并不存在明显的工资升水。在考虑了不可观测的能力差异后,他认为 200 万以上人口城市的工资升水可能为负。因此,相比于在大型城市寻找工作,农村剩余劳动力在中小城市选择就业可能会获得更好的收益。④

(二) 性别歧视问题

劳动力市场性别不平等一直是重要的社会经济问题。一般认为,劳动力市场性别不平等会导致男女在工资收入和就业机会方面的差别。李实等利用 1995 年、2002 年和 2007 年中国居民收入调查数据,分析了城镇工资性别差距的演变特点和影响因素。结果显示,在 1995~2007 年期间特别是 2002~2007 年期间工资的性别差距显著扩大,其中代表性别歧视的不可解释因素的比例也越来越大,说明了在中国性别歧视问题的严重化。年纪轻、学历低、职业差、行业差的女性职工在劳动力市场上受到的歧视最为严重。⑤

---

① 陈珣、徐舒:《农民工与城镇职工的工资差距及动态同化》,载《经济研究》2014 年第 10 期。
② 王建国、李实:《大城市的农民工工资水平高吗?》,载《管理世界》2015 年第 1 期。
③ 踪家峰、周亮:《大城市支付了更高的工资吗?》,载《经济学 (季刊)》2015 年第 4 期。
④ 宁光杰:《中国大城市的工资高吗?——来自农村外出劳动力的收入证据》,载《经济学 (季刊)》2014 年第 3 期。
⑤ 李实、宋锦、刘小川:《中国城镇职工性别工资差距的演变》,载《管理世界》2014 年第 3 期。

陈东等利用2004~2011年中国家庭营养健康调查（CHNS）数据，采取双重差分法评估了2008年新《劳动合同法》的实施对女性就业歧视的影响。研究发现，新《劳动合同法》的实施虽然提升了女性就业者的合同保障程度，但却是以收入差距的显著扩大为代价的。严格的劳动保护不能完全弥补市场机制带来的待遇差别，而只是将待遇差别从劳动保障程度差异向收入水平差异的形式转变。① 郭凯明等则从同工同酬和就业平等两方面对反性别歧视政策进行了研究。结果显示，仅要求男女同工同酬的政策虽然可以降低同等职位下的性别工资差距，但会提高女性工人晋升门槛，使低人力资本水平的女性工人失业，高人力资本水平的女性工人晋升速度下降。而如果在要求同工同酬的同时能够保障就业平等，就可以降低同工同酬政策对女性就业和晋升的负面影响。因此，为解决劳动力市场性别歧视问题，要求同工同酬和保障就业平等的政策组合优于仅要求同工同酬政策。②

（三）垄断因素与行业间工资差距

目前中国不同行业间存在较为明显的工资差距，而垄断是导致这一现象的重要原因。考虑到不同行业的性质和垄断程度会不断变化，陈享光等对2004~2011年中国行业间工资差距进行了动态考察。结果显示，行政性垄断对行业间工资差距的贡献率很高，平均值在40%左右。③

刘长庚等还将企业福利纳入了劳动报酬范围，他们利用2005~2007年中国工业企业数据库的企业层面数据研究发现，垄断行业不仅获得了高收入，还获得了高福利。由行业垄断导致的企业劳动报酬差距达到了7827元，相当于工业行业平均水平的36.74%。垄断行业与非垄断行业之间劳动报酬差距中不合理部分的比例为27%，其中企业福利差距中的不合理部分高达40.41%，工资差距中不合理部分比例达到23.07%。这说明国有

---

① 陈东、刘金东：《劳动保护有助于缩小就业弱势群体的相对收入差距吗——以新〈劳动合同法〉的实施为例》，载《财贸经济》2014年第12期。
② 郭凯明、颜色：《劳动力市场性别不平等与反歧视政策研究》，载《经济研究》2015年第7期。
③ 陈享光、孙科：《我国行业间工资差距的动态考察》，载《中国人民大学学报》2014年第2期。

垄断企业高劳动报酬是造成日益扩大的行业收入差距的重要原因。①

(四) 工资中的集聚效应

在制造业空间集聚地区，往往也会出现"工资集聚"现象，该地区整体出现工资溢价。谢露露利用 2005~2007 年地级市制造业空间面板数据，采用空间面板模型研究发现，产业集聚带来的规模扩张和专业化水平提升有利于当地制造业的工资上升；另外相邻地区产业集聚的专业化效应会外溢到本地区，促进本地区制造业工资的上升，但其规模扩张效应对本地工资提升有显著的负向作用。② 进一步地，赵伟等认为一个地区集聚产业的多样性越强，越有利于促成工资增长的长效机制，且工资上涨是经济可承受的。他们利用浙江、广东两省 2003~2010 年制造业行业面板数据证明了这一观点。③

(五) 经济开放度的影响

随着我国对外开放程度不断加深和出口不断增长，贸易自由化对国内劳动力市场的影响日渐显著。李清如等利用 1998~2007 年的中国制造业企业数据，采用固定效应估计方法，证明了产成品进口关税和有效保护率的下降显著降低了制造业行业内的工资不平等程度。④ 张川川进一步发现，由于制造业部门和其他行业部门之间经济关系密切，制造业部门的就业会间接影响非制造业部门就业，出口增长的效应不仅限于制造业部门。他利用中国人口普查数据和联合国 Comtrade 数据库中进出口相关数据，证明了出口增长在显著提高了制造业和服务业从业者的工资水平的同时，也显著降低了城市内的收入不平等。⑤

---

① 刘长庚、张松彪：《行业垄断与企业劳动报酬差距——基于中国工业企业数据库的分析》，载《经济学动态》2015 年第 3 期。
② 谢露露：《产业集聚和工资"俱乐部"来自地级市制造业的经验研究》，载《世界经济》2015 年第 10 期。
③ 赵伟、隋月红：《集聚类型、劳动力市场特征与工资——生产率差异》，载《经济研究》2015 年第 6 期。
④ 李清如、蒋业恒、董鹏馥：《贸易自由化对行业内工资不平等的影响——来自中国制造业的证据》，载《财贸经济》2014 年第 2 期。
⑤ 张川川：《出口对就业、工资和收入不平等的影响——基于微观数据的证据》，载《经济学》(季刊) 2015 年第 4 期。

丁守海等从产业内贸易的角度分析了技术工人和非技术工人间的工资差距。研究表明，在劳动力无限供给条件下，产业内贸易会刺激技术劳动力的绝对需求从而扩大工资差距。而当劳动力条件转向有限供给后，工资差距取决于技术劳动力的相对需求。由于产业内贸易未必增加相对需求，这种条件下产业内贸易未必会扩大工资差距。他们利用33个行业的5年面板数据，证明了在2004年之后当劳动力条件转向有限供给时，产业内贸易有缩小工资差距的效应。①

周云波等认为，外商直接投资（FDI）会对本国企业间工资差距产生影响。一方面，外资企业由于技术水平高，管理能力出色，并依靠其较高的工资水平吸引了本国大量的高技能熟练劳动力就业，从而拉大了本国内外资企业间的工资差距；另一方面，外资企业存在技术溢出效应，这有助于提升本国内资企业的技术水平，从而缩小内外资企业间的工资差异。他们将外资企业进入本国后对当地企业间工资差距的影响分解为劳动力转移效应和技术溢出效应，利用了中国工业企业数据库中1999~2007年的数据集，采用Shapley值回归分解的方法，定量测度了FDI对中国企业间工资差距的贡献度。结果显示，FDI通过劳动力转移效应对工资差距的影响先增大后缩小，呈现倒"U"型变化；而技术溢出效应则缩小了内外资企业间的工资差距。综合两种效应，FDI对本国内外资企业间工资差距的影响呈现先增大后缩小的倒"U"型变化特征。我国内外资企业间工资差距在2004年达到倒"U"型的顶点，目前已经进入倒"U"型曲线的后半段，即外商直接投资的增加有助于缩小我国内外资企业间的工资差距。②

（六）劳动管制政策对工资的影响

最低工资政策是政府为了保障低工资劳动者的收入而采取的一种对劳动力市场人为干预的政策。我国从1993年开始实行最低工资制度，并于近几年在制度修改和制度监管方面不断完善，其中最有代表性的就是2004年颁布的新的《最低工资规定》和2008年颁布的新的《劳动合同法》，这标志着中国进入了劳动管制政策强化的新阶段。

---

① 丁守海、熊宇、许册：《产业内贸易对中国技能工资差距的影响》，载《经济理论与经济管理》2014年第10期。
② 周云波、陈岑、田柳：《外商直接投资对东道国企业间工资差距的影响》，载《经济研究》2015年第12期。

最低工资制度的效果一直是研究的热点问题。王光新等利用我国 2000~2010 年 30 个省市自治区的面板数据，以对最低工资最为敏感的其他人员的就业作为研究对象，采用可行的广义最小二乘法考察了最低工资制度的效果。结果显示，我国最低工资水平相对于社会平均工资每提高 10%，其他人员的就业在社会总就业中的比重下降约为 12.3%，说明我国的最低工资制度对我国其他人员的就业产生了负面影响。[1]

此外，多位学者还研究了最低工资的执行情况和对员工小时工资的影响。叶静怡等在官方全日制月最低工资标准之外，引入劳动市场的全日制小时最低工资标准和引入加班费的"扩展的月最低工资标准"。基于 RUMIC（2008）数据测算了三种最低工资标准在农民工群体中的执行情况。结果显示，官方月最低工资、全日制小时最低工资和"扩展的月最低工资"的违规率和违规深度呈现逐渐上升的趋势，而且最低工资的设置水平对违规率和违规深度均存在显著正向影响。因此，在提高最低工资标准的同时，尽快推行全日制小时最低工资制度，强化监管和执行，将更有利于保护受雇劳动者获得合法工资收入。[2] 叶林祥等则利用中国六省市 2009 年企业和员工匹配数据，分析认为中国月最低工资政策得到了良好遵守，低于最低工资标准的员工仅占 2.1%~3.4%。但加班工资有关的法律规定没有得到很好遵守，加班工资小于最低工资标准 1.5 倍的员工高达 17%。此外，他们还分析了最低工资对员工工资的影响机制，认为最低工资会对员工基本工资和加班工资产生显著影响，但由于业绩工资和津补贴的抵消作用，最终对员工小时工资的影响较小。不过对劳动密集型企业和港澳台商投资企业来说，最低工资对员工基本工资、加班工资和小时工资都存在着显著影响。[3]

三、人力资本问题

根据新增长理论，人力资本具有规模收益递增的特点，在经济长期增

---

[1] 王光新、姚先国：《中国最低工资对就业的影响》，载《经济理论与经济管理》2014 年第 11 期。

[2] 叶静怡、杨洋：《最低工资标准及其执行差异：违规率与违规深度》，载《经济学动态》2015 年第 8 期。

[3] 叶林祥、T. H. Gindling、李实、熊亮：《中国企业对最低工资政策的遵守——基于中国六省市企业与员工匹配数据的经验研究》，载《经济研究》2015 年第 6 期。

长中起着关键作用。而对于转型经济体来说,一国现阶段人力资本积累的水平决定了未来 10～20 年内经济转型的成功与否。因此,多位学者考察了中国人力资本的作用、现存问题和发展方向。

(一) 人力资本的溢出效应

考虑到相邻区域之间信息的交流和受教育者间的相互学习,较高的人力资本存量不仅可以提高本地区劳动生产率,还会对相邻区域产生溢出作用。姚鹏等基于中国 326 个地级及以上行政区域 2010～2012 年的数据,利用空间杜宾增长模型测算了人力资本的空间效应。结果显示,相邻区域人力资本每增加一个百分点,本地区的人均收入会增加 0.39 个百分点。即人力资本对相邻区域人均收入也会产生积极的影响。[①] 类似地,谢呈阳等利用江苏省 2000 年和 2010 年县域截面数据证明,在人力资本对地区经济增长的总影响效应中,有近 40% 来自其他地区的人力资本辐射。因此,地区共建方式既可以增加本地区人力资本总量,又能辐射周边地区,从而促进本地区和周边地区经济的共同增长。[②]

但是,骆永民等以农村人力资本为对象,发现农村人力资本在对本省农民的工资性收入和非工资性收入起到正向促进作用的同时,对邻近省份两类收入的影响均显著为负,即农村人力资本对邻近省份农民的竞争效应大于溢出效应。[③]

(二) 人力资本均等化

已有研究显示,近年来中国城乡间人力资本存在明显差别。具体来看,1985～2012 年间,虽然城镇和农村人均人力资本都呈现出显著的增长,但城镇人均人力资本显著高于农村,并且城乡间的实际人均人力资本差距在不断拉大。2012 年城镇人均人力资本折合价值为 29.795 万元,而

---

① 姚鹏、孙久文:《贸易开放、人力资本与中国区域收入空间效应——基于地级及以上行政区域经验数据分析》,载《经济理论与经济管理》2015 年第 2 期。
② 谢呈阳、胡汉辉、周海波:《区域关联视角下的人力资本与地区经济发展》,载《经济理论与经济管理》2015 年第 7 期。
③ 骆永民、樊丽明:《中国农村人力资本增收效应的空间特征》,载《管理世界》2014 年第 9 期。

农村人均人力资本为 9.637 万元①。

城乡间人力资本差距扩大的原因主要有两个方面，一是城镇化的发展导致大量农村劳动力向城市转移；二是城乡之间的教育质量和医疗水平存在差距。为此，多位学者从城乡教育回报差别等角度进行了研究。第一，王春超等利用中国居民营养和健康调查（CHNS）数据比较了农民工和城市劳动者在 2000~2009 年间教育对收入的回报状况。结果显示，农民工的教育回报明显低于城市劳动者，且近年来两个群体间教育回报的差距呈拉大趋势。② 第二，胡安宁研究了城乡居民的教育健康回报。研究发现，城镇居民的健康回报主要来自于义务教育阶段，而农村居民的健康回报则主要来自于高中阶段，这也从另一方面证明了农村在义务教育质量上低于城镇。③ 第三，张林秀等认为，在结构性和体制性障碍阻止学生在学校获得将来所需的必要能力的同时，农村严重的营养和健康问题也限制了学生人力资本的提升。④

城乡人力资本不平等会影响社会经济的正常发展。农村劳动者在人力资本上的劣势会直接导致他们在劳动力市场上缺乏竞争力。人力资本不足使得农民工难以进入城镇主流劳动力市场，缺乏在城镇的可持续生活能力⑤。因此，培育和提升农民工人力资本，缩小城乡人力资本差距有助于农民工更好地融入城镇。另外，由于现代部门与传统部门具有不同的生产效率，较低质量的农村劳动力只能在传统部门从事生产，这不仅不利于传统部门自身生产效率的提升，而且也减少了现代部门高质量的劳动供给⑥，并妨碍产业升级与长期增长。

（三）三级人力资本的均衡建设

一方面，从人力资本结构角度分析，一国人力资本结构可分为初级人

---

① 中央财经大学中国人力资本与劳动经济研究中心：《中国人力资本报告 2015》。
② 王春超、叶琴：《中国农民工多维贫困的演进——基于收入与教育维度的考察》，载《经济研究》2014 年第 12 期。
③ 胡安宁：《教育能否让我们更健康——基于 2010 年中国综合社会调查的城乡比较分析》，载《中国社会科学》2014 年第 5 期。
④ 张林秀、易红梅、罗仁福、刘承芳、史耀疆、斯科特·罗斯高：《中等收入陷阱的人力资本根源：中国案例》，载《中国人民大学学报》2014 年第 3 期。
⑤ 黄江泉、李晓敏：《农民工进城落户的现实困境及政策选择——一个人力资本分析视角》，载《经济学家》2014 年第 5 期。
⑥ 钞小静、沈坤荣：《城乡收入差距、劳动力质量与中国经济增长》，载《经济研究》2014 年第 6 期。

力资本(小学教育)、第二级人力资本(中等教育)和第三级人力资本(高等教育)。人力资本结构升级对经济发展和转型起着至关重要的作用。人力资本在结构升级过程中初级人力资本和第二级人力资本比重会相继发生倒 U 型变化。而一旦第二级人力资本比重先上升后下降的倒 U 型拐点迟迟不出现,经济就会被大量中低层次人力资本充斥,无法实现向第三级人力资本主导增长的路径跃迁。中国目前人力资本结构问题的主要表现是第二级人力资本发展过程中重数量轻质量、"壅塞"问题突出,而第三级人力资本积累严重不足[1]。

为实现人力资本结构升级,增加第三级人力资本比重,不仅要增加高等教育投入,还要特别重视义务教育的作用。研究显示,在子女义务教育阶段的投入对子女后期人力资本积累和收入的影响要大于高中和大学教育。考虑到不同家庭的收入水平存在差别,贫困家庭普遍对孩子的早期教育投入较少,使得其子女在义务教育阶段获得的人力资本存量较低,并进一步导致其高等教育参与率较低和其与高收入家庭间收入差距的扩大[2]。因此,对于占劳动力最大比例的劳动阶层来说,他们收入水平偏低,依靠自身难以实现第三级人力资本深化。考虑到这一情况,适当加大义务教育的公共支出比例,不仅可以缓解收入在代际内的不平等,还有利于解决目前存在的第三级人力资本不足问题。

(四) 部门间人力资本配置的效率差异

中国劳动力市场可以分为垄断部门、政府部门和市场部门三部分。不同的人力资本配置会对创新规模及效率产生不同的影响,市场部门人力资本对创新有促进作用,而政府部门和垄断部门人力资本对创新会产生不同程度的抑制作用。有研究认为,中国目前创新动力不足,在很大程度上与诸多高质量人力资本流入政府部门和垄断部门有直接关系[3]。相应地,要解决我国目前在创新效率不足的问题,就要让市场在人力资本配置中起决定性作用,让更多的高质量人力资本流入市场部门并致力于从事创新型工作。

---

[1] 袁富华、张平:《长期经济增长过程中的人力资本结构——兼论中国人力资本梯度升级问题》,载《经济学动态》2015 年第 5 期。

[2] 杨娟、赖德胜、邱牧远:《如何通过教育缓解收入不平等?》,载《经济研究》2015 年第 9 期。

[3] 赖德胜、纪雯雯:《人力资本配置与创新》,载《经济学动态》2015 年第 3 期。

（五）合意的人力资本投资水平

目前中国大学已全面转向收费制，而毕业生的就业形势受宏观经济影响很大，教育投资的风险不断提高；另外，中低收入家庭存在借贷约束，无法任意选择人力资本投资。才国伟等认为，由于借贷约束和收入风险，居民自己选择的教育投资水平会低于社会最优水平，而政府的公共教育投资具有融资效应和保险效应。他们利用 1980~2012 年间 OECD 国家跨国面板数据，证明了政府公共教育投资能够促进社会人力资本水平的提高，且这种促进作用在收入风险大、融资约束强的国家效果会更为突出。因此，我国应进一步扩大公共教育投资，以提高人力资本水平。① 此外，李力行等还认为，中低收入家庭的借贷约束会提高居民收入和教育的代际传递弹性，降低社会流动性。而公共教育支出可以缓解家庭层面人力资本投资的不足，提高教育水平的代际流动性。因此，增加公共教育投入不仅可以提高社会整体人力资本水平，还能够避免收入差距扩大。②

但是，人力资本投资是越多越好吗？刘伟等对这一问题进行了研究。他们利用带外部性的 Uzawa – Lucas 模型研究发现，人力资本持续不断地从物质生产部门转移到教育部门确实可以加快人力资本的积累速度。然而，快速的人力资本积累不一定都能促进经济增长和提升社会整体福利水平。因此，政府发展教育的规模和速度应当和经济发展阶段相适应，避免在教育投资方面的过度投入。③

进一步地，吴俊培等考虑了中国目前存在的人口老龄化问题，并将公共健康投资纳入分析范围，认为能够促进经济增长的最优公共人力资本投资规模会受到人口老龄化的影响。他们利用 1998~2012 年除西藏外的省际面板数据，采取广义矩估计方法，分析认为，中国现阶段政府人力资本投资占 GDP 比例偏大，会通过挤出私人投资和公共物质投资而抑制经济增长。同时在人力资本投资结构方面，在考虑了老龄化问题后，政府公共

---

① 才国伟、刘剑雄：《收入风险、融资约束与人力资本积累——公共教育投资的作用》，载《经济研究》2014 年第 7 期。
② 李力行、周广肃：《家庭借贷约束、公共教育支出与社会流动性》，载《经济学》（季刊）2014 年第 1 期。
③ 刘伟、张鹏飞、郭锐欣：《人力资本跨部门流动对经济增长和社会福利的影响》，载《经济学》（季刊）2014 年第 2 期。

健康支出比例偏大，挤占了公共教育投资，也间接抑制了经济增长。①

四、劳动收入份额下降问题的新探索

劳动收入份额是国民收入分配中最根本的问题之一。目前已有大量研究证明，自 20 世纪 90 年代中期以来，中国劳动收入在国民收入中的比重逐渐降低。由于劳动报酬是中低收入人群的主要收入来源，这一现象也反映出中国收入差距扩大的问题。国际经验表明，经济发展停滞与收入分配恶化之间具有互为因果和互相强化的关系，可能导致一些曾经高速增长的国家落入中等收入陷阱②。因此，找到劳动收入份额下降的原因并进行相应政策调整对维持中国经济中高速发展意义重大。近年来，国内一些学者在已有研究成果的基础上，对劳动收入份额下降的原因提出了新的见解。

在中国经济发展过程中资本偏向型技术进步使企业倾向于采用资本替代劳动，另外考虑到长期实行的低利率政策通过降低资本使用成本而促进资本深化，罗楚亮等认为，资本深化是中国劳动收入份额下降的重要解释因素。他们利用中国工业企业 1998～2007 年调查数据考察了资本深化、所有制结构等因素与劳动收入份额之间的关联。结果显示，资本深化在劳动收入份额下降过程中起着重要作用。③ 然而，于泽等对这一问题却有不同的看法。他们将考察范围从制造业扩展到第一产业和第三产业，并认为资本深化会促进资本密集型部门增长，产品价格下跌，导致资本密集型部门向劳动密集型部门转变，由于我国资本密集型部门劳动收入份额最低，因此资本深化会提高总体劳动收入份额。此外，他们还考察了在产业结构变迁背景下技术进步对劳动收入占比的影响。经过实证分析发现，技术进步的作用在不同产业中有所不同，提高农业部门技术进步率会降低劳动收入份额，提高制造业部门技术进步率会提高劳动收入份额，提高服务业部门技术进步率对劳动收入份额没有明显影响。所以，可以通过提高第二产

---

① 吴俊培、赵斌：《人口老龄化、公共人力资本投资与经济增长》，载《经济理论与经济管理》2015 年第 10 期。
② 蔡昉、王美艳：《中国面对的收入差距现实与中等收入陷阱风险》，载《中国人民大学学报》2014 年第 3 期。
③ 罗楚亮、倪青山：《资本深化与劳动收入比重——基于工业企业数据的经验研究》，载《经济学动态》2015 年第 8 期。

业技术进步率来提高劳动收入份额。①

在对外开放程度不断加深和经济全球化的背景下，贸易自由化和国际分工等因素也会影响我国的劳动收入占比。余淼杰等利用中国制造业贸易企业1998~2007年的微观面板数据，使用倍差法进行回归分析，研究了贸易自由化对企业层面劳动收入份额的影响。结果显示，在制造业企业面临的劳动成本上升的背景下，中国的贸易自由化通过降低资本品成本、中间投入品价格和技术引进的成本，显著降低了企业层面的劳动收入份额。企业面临的关税水平下降幅度越大，其劳动收入份额减少越多。②

张少军考察了全球价值链对中国劳动收入份额的影响。中国承接着全球价值链中的劳动密集型生产环节，是全球最重要的外包制造平台。他从中国投入产出表中选取行业面板数据，证明了对于中国来说，全球价值链与劳动收入份额间存在着显著负相关关系。全球价值链通过价格驱动、低端锁定和世界劳动力市场一体化三条渠道，降低发展中国家劳动的工资及其在国民收入中的份额。③

张车伟等将经济区分为雇员经济和自雇经济，并重点考察雇员经济部门劳动收入份额的变动。研究发现，1978年以来雇员经济部门劳动报酬份额变化总体呈现下降趋势。但分阶段来看，其变化特征并不相同。1995年前的劳动报酬份额下降，主要是因为改革开放初期劳动报酬份额水平过高，其下降既代表了市场机制作用的方向，又在一定程度上矫正了过去不合理的收入分配格局。但1995年以后，劳动收入份额的波动下降更多是由于资本市场管制和垄断导致的资本要素收益超过边际产出。因此，要通过完善要素价格的市场形成机制提高劳动收入份额。④

目前多数研究都认为劳动收入份额与长期经济增长存在关系，如劳动收入份额随着长期经济增长呈现下降或"U"型趋势。上述各观点也是以此为假设前提。但是，马草原等则提出了不同的观点，他们利用1997~2012年中国省际面板数据，对劳动收入份额在长期增长趋势和短期经济

---

① 于泽、章潇萌、刘凤良：《我国产业结构变迁与劳动收入占比的演化》，载《中国人民大学学报》2015年第4期。
② 余淼杰、梁中华：《贸易自由化与中国劳动收入份额——基于制造业贸易企业数据的实证分析》，载《管理世界》2014年第7期。
③ 张少军：《全球价值链降低了劳动收入份额吗——来自中国行业面板数据的实证研究》，载《经济学动态》2015年第10期。
④ 张车伟、赵文：《中国劳动报酬份额问题——基于雇员经济与自雇经济的测算与分析》，载《中国社会科学》2015年第12期。

波动中的特征进行实证分析,证明了劳动收入份额的变动更多地受到短期经济波动中产出波动和价格波动的影响。随着产出增长率的上升,劳动收入份额以递减的速度下降;随着价格水平的上涨,劳动收入份额呈现先下降后上升的"U"型轨迹。20世纪90年代中期以来中国劳动收入份额的下降可能仅仅是一种短期"逆周期"现象。①

---

① 马草原、王美花:《经济波动与劳动收入份额——基于省际面板数据的分析》,载《财贸经济》2015年第9期。

第十一章 国防经济学研究新进展

2015年学者们针对国防经济学中的诸多热点问题，如军民融合、国防费、国防经济动员、国防经济安全等问题，进行了热烈的讨论，产出了一批有价值的成果，丰富和发展了国防经济学的研究内容，推进了国防经济学的学科建设。

一、军民融合

（一）军民融合的定位

姜鲁鸣认为，习主席将军民融合发展上升为国家战略，准确判明了我国军民融合发展所处的历史方位。习主席提出的"加快形成全要素、多领域、高效益的军民融合深度发展格局"，是军民融合国家战略所要实现的总体目标。习主席关于强化大局意识、强化改革创新、强化战略规划、强化法治保障的"四个强化"，确立了我国军民融合发展的根本路径。我们要按照"国家主导、需求牵引、市场运作、规划科学、管理规范、监督有力、系统配套"的要求，着眼"源头、过程、结果"的全程融合，推进我国军民融合的深度发展。[①]

（二）国防科技工业的军民融合

杜人淮认为，国防工业军民融合深度发展就是从更广领域、更高层次

[①] 姜鲁鸣：《深入实施军民融合发展战略的宏伟蓝图》，载《解放军报》2015年3月23日。

和更深程度上把国防工业与国家经济社会发展有机结合起来，组成一个动态开放和协调互动的国家工业体系，从而形成全要素、多领域、高效益军民融合发展格局。这就规定了国防工业军民融合深度发展必然是适应一定的环境条件，由不同要素、领域、深度的军民融合按照一定联系或内在逻辑所构成的多维网络系统。这个多维网络系统主要有广度维、层次维、深度维及相应的环境条件和联接方式等构成。① 此外，他还认为，加快推动我国国防科技工业全要素军民融合深度发展，就需要深入推进资源、产品、组织、制度和市场等要素军民融合深度发展。把握资源、产品、组织、制度和市场等要素的军民融合发展的内在规定性和各具特点的实现形式。②

张嘉国等提出，国防科技工业军民融合的核心是要解决寓军于民的武器装备科研生产体系问题，这就需要厘清国防科技工业能力布局调整与国家安全战略的关系、国防科技工业供给能力与国防和军队现代化建设需求的关系、国防科技工业与国家科技和工业的关系、国防科技工业开放与加强监管的关系、军民融合与国防动员的关系这五大关系，建设基于军政一致的供需体系、基于高效利用的军民科技资源共享体系、基于加速国防科技进步的协同创新体系和基于市场机制的武器装备科研生产竞争体系这四个体系。③

孙燕等提出，作为军民双向技术转移、成果孵化和国防科技产业化开发的实施平台，国防科技工业产业集聚区既是贯彻落实军民融合思想的产物，又是推动国防科技工业军民融合式发展的重要依托。当前国防科技工业产业集聚区建设已具备一定的基础，但是在体制、机制、企业等方面仍存在不足。要做大做强国防科技工业，发挥产业集聚区的聚集效应和带动辐射作用，必须加强政府的引导支持，转变职能，创新管理体制；以项目为牵引，整合"三种资源"，延伸产业链，形成规模效益；破除军民界限，做强龙头企业，使其成为国防科技工业产业集聚区的品牌与核心。④

---

① 杜人淮：《国防工业军民融合深度发展多维网络系统及其建构》，载《军事经济研究》2015年第6期。
② 杜人淮：《国防工业全要素军民融合深度发展及其实现机制》，载《南京政治学院学报》2015年第4期。
③ 张嘉国、钟庭宽、卓倬：《军民融合需要处理五大关系建设四个体系》，载《国防科技工业》2015年第2期。
④ 孙燕、张玉珍、胡小明等：《军民融合背景下国防科技工业产业集聚区建设的现状及对策》，载《军事经济研究》2015年第9期。

郑兴祥认为，当前推进国防科技工业领域军民融合深度发展亟待突破体制、法制、利益、人才和技术、资金五大障碍。从国家层面明确抓总部门对军民融合推进事项进行宏观统筹，将技术发展纳入国家科技创新体系，将资金保障纳入国家财政支付体系，将人才培养纳入国民教育体系，将制度建设纳入国家法制体系，将装备保障纳入国家保障体系，落实好国家主导、需求牵引。①

黄朝峰认为，改革开放以来我国国防科技工业的演进，可以根据国防科工委从隶属于中央军委到成为国务院组成部门，再到国防科工局的变迁分为三个主要阶段。这三个阶段始终围绕着体制上政企分开，精简机构，引入市场，鼓励竞争，吸引非公经济参与，发展军民融合而演进。②

贺琨等认为，将范围经济理论的研究基础、研究成果和研究方法用于军民融合机理分析，有助于加深对军民融合本质的认识，也有利于军民融合效率和融合边界等理论研究的深入和规范。军民融合的本质是资源在军民两大系统间的优化配置。从范围经济角度对军民融合机理进行解释，既是提升相关理论研究发展的需要，也是突破经济建设和国防建设资源约束的现实要求。推动军民融合式发展的范围经济效益，必须转变思想观念，通过技术渗透和制度保障消除融合障碍，优化路径选择。③

（三）国防科技的军民融合

蒋铁军等运用演化博弈理论，对军民合作技术创新的内在机理和动态演化过程进行分析。结果表明：系统演化为合作的稳定均衡状态取决于合作双方互补性共享技术总量、协同性影响程度和合作风险；当双方互补性共享技术总量的比值与协同性影响程度和合作风险满足一定条件时，系统向技术合作方向演化的概率最大；技术转化系数和技术转化成本系数对系统演化方向没有影响，但会影响合作双方的自身收益；通过鼓励双方共享互补性技术、合理搭配科研合作单位以及采用监管惩罚机制等手段可以促进系统合作稳定均衡状态的实现。他们在分析引入监管惩罚机制时，给出

---

① 郑兴祥：《推进军民融合深度发展亟待突破五大障碍》，载《国防科技工业》2015年第2期。
② 廖泽略、黄朝峰：《改革开放以来我国国防工业的演进历程——以国防科工委到国防科工局的转变为脉络》，载《工业设计》2015年第9期。
③ 贺琨、曾立：《军民融合机理的范围经济解释》，载《科技进步与对策》2015年第9期。

了惩罚力度的基本标准。①

江宣林等认为,军工科研院所是国防科技发展的主要载体。改革开放以来,军工科研院所已由封闭、单一的体制转向开放、军民两用体制,市场竞争意识明显增强,技术与经济实力、生存与发展能力得到较大提升,在完善国防科技工业创新体系建设,培养高层次军工人才等方面发挥了重要作用。但由于早期我国军工科研院所在计划经济体制下形成的国家统一管理、自成体系的状况尚未得到根本改变,当前我国军工科研院所发展仍然存在一些亟需解决的共性问题,迫切需要通过推进军工科研院所改革加以解决。②赵南飞认为,我国军工科研院所虽然纷纷走上产业化道路,但它们特有的体制、机制、模式、观念等影响了产业的良性发展。他在分析军工科研院所产业发展存在的问题的基础上,提出了解决思路。③

徐小奇等以美国国防高级研究计划局(DARPA)为研究对象,从创新主体、组织结构、运行机制三个方面总结了其军民融合式科技创新模式的基本特征,分析了DARPA维系科技创新供需双方之间的"纽带效应",得出它对我国科技创新军民融合的借鉴价值。④李斌等也认为,美国国防技术转移与技术转化是两个同等重要的概念。美国围绕国防技术转移与转化制定了一系列顶层战略和法律法规,形成了一套完善的组织管理体系,设置了完整的技术转移与转化计划,有力支撑了军民一体化建设,促进了产业创新能力的提高。⑤

(四)国民经济动员的军民融合

贺琨等认为,国民经济动员作为连接国防建设和经济发展的桥梁与纽带,是军民融合发展的重要内容之一。推进国民经济动员军民融合发展,

---

① 蒋铁军、王先甲、张怀强:《军民融合背景下合作技术创新演化博弈分析》,载《科技进步与对策》2015年第8期。
② 江宣林、姜明文、周华:《当前军工科研院所改革的几点思考》,载《中国机构改革与管理》2015年第6期。
③ 赵南飞:《军工科研院所产业发展存在的问题与思路探讨》,载《军民两用技术与产品》2015年第10期。
④ 徐小奇、钱振勤:《美国DARPA军民融合式科技创新发展路径探析》,载《国防科技》2015年第1期。
⑤ 李斌、裴大茗、李占:《美国国防技术转移及转化的主要做法及启示》,载《中国科技论坛》2015年第11期。

既是解决国民经济动员突出问题的根本途径，也是落实军民融合发展战略的重要举措。他们从国民经济动员能力溢出效应的基本内涵和主要表现形式出发，剖析其内在机理，分析国民经济动员能力溢出效应与军民融合发展的互动关系，提出从控制国民经济基础资产专用性、消除制度性障碍的不利影响和强化参与主体转化吸收能力三个方面，构建国民经济动员军民融合发展的基本途径。①

蒋光辉等认为，当前交通运输建设贯彻国防要求领域存在着制度不够健全、组织机构不够完善等问题，需要健全体制机制，加强交通法规建设，建立和完善交通应急保障体系，在提高多维立体远程投送能力上下功夫。②

唐文俊等认为，非战争军事行动卫生防疫保障对军队和地方来说，具有目标的一致性。从现有力量上看，军队卫生防疫救援力量具有作风过硬、反应速度快、机动能力强、装备水平高、核化生防疫防护能力突出等优势；而地方疾控体系的覆盖面广，掌握属地疫情、卫生防疫资源多，后续动员能力大。因此，坚持军民融合，构建非战争军事行动军地卫生防疫保障体系，对于强化遂行非战争军事行动任务部队的防疫保障具有十分重要的意义。要充分发挥顶层设计的主导作用、加强军地防疫力量的联合训练、研制军地通用的卫生防疫装备、实现军地一体化的防疫药材联合保障，构建非战争军事行动军民融合卫生防疫保障体系。③

(五) 军工企业的军民融合

胡红安等以航空航天制造产业为例，在分类并量化军民融合产业创新协同系统指标体系的基础上，运用复合系统协同度模型，对 2000～2012 年期间各年份的创新协同度进行实证分析。结果发现，我国军民融合产业创新主体与创新要素子系统的有序度趋势不协调，创新系统整体协同度处于低度协同水平。据此，他们提出了积极发挥好政府的引导作用，转变政府职能，从体制机制、法律规范、信息平台搭建等方面提升军民融合产业

---

① 贺琨、曾立、陈延敏：《基于溢出效应的国民经济动员军民融合发展研究》，载《科技进步与对策》2015 年第 20 期。
② 蒋光辉、郭建军：《交通运输建设贯彻国防要求存在的问题与对策》，载《军事经济研究》2015 年第 8 期。
③ 唐文俊、刘献朝、贾继民：《构建非战争军事行动军民融合卫生防疫保障体系的思考》，载《解放军预防医学杂志》2015 年第 5 期。

创新协同度等对策建议。①

赵存生等分析了基于核心保障能力的舰船装备军民融合保障的必要性，开展了基于核心保障能力的舰船装备军民融合保障内涵研究，提出了基于核心保障能力的舰船装备军民融合保障体系的建设目标与任务，最后从顶层规划、体制机制、法规制度、保障力量等方面探讨了基于核心保障能力的舰船装备军民融合保障体系的建设途径。②

段宇怀等按照推进专用移动通信系统军民融合发展的作用机理与方法，从战略规划、工程建设、体制机制、法规政策等方面提出了全面推进专用移动通信系统的军民融合建设与发展，持续推动我军移动通信能力跃升的对策和措施建议。

二、国防费

（一）国防开支与经济增长的关系

李琼认为，有两种分析"国防开支"与"经济增长"关系的思路：一是侧重研究国防开支对经济增长的影响。学者们建立了三种理论模型，分析了国防开支影响经济增长的途径。二是侧重分析经济增长对国防开支的反作用，这方面的研究缺乏成熟模型，多为经验性研究，但却为国防开支与经济增长关系的研究提供了新的角度。③

周东明整合了生产率指数（MPI）和构建统计推论模型，分析亚太经济合作组织（APEC）各国 1990~2010 年的国防支出对经济生产率的影响，结论显示适当的国防支出能够带动地区经济生产率增长，说明政府主导之下的有效国防支出战略对于促进国家经济生产率增长的重要性。④

---

① 胡红安、刘丽娟：《我国军民融合产业创新协同度实证分析——以航空航天制造产业为例》，载《科技进步与对策》2015 年第 3 期。
② 赵存生、何其伟、朱石坚：《基于核心保障能力的舰船装备军民融合保障研究》，载《中国工程科学》2015 年第 5 期。
③ 李琼：《国防支出对经济增长的外部性研究——基于 Feder-ram 两部门模型》，载《商》2015 年第 8 期。
④ 周东明：《基于 MPI 的国防支出与经济生产率关系研究》，载《军事经济研究》2015 年第 4 期。

旷毓君等借鉴国防开支与经济增长的两部门新古典经济学模型，刻画了军民融合经济运行的整体态势，并把两部门的要素边际生产率差值作为军民融合程度的衡量指标，分别采用统计局数据和斯德哥尔摩国际和平研究所数据，计算了不同发展阶段的军民要素边际生产率差值。从定量的角度衡量了中国军民两个经济系统之间的融合程度，发现军民两个子系统的要素边际生产率差值在逐步降低，这说明军民融合程度在逐步提升。

（二）国防开支与收入差距的关系

李湘黔等从凯恩斯主义、国防相关行业的劳动力报酬、国防开支具体结构、国防开支挤出效应等方面探讨了国防开支与收入差距相互影响的经济学理论机理。结合中国实际情况，从财政挤出效应、军事人员生活费、军工市场装备费、军人户籍、转业政策、国防研发、军事技术溢出效应、边远军事基地的区域拉动效应等方面分析了中国国防开支与改善收入差距的作用机理。他们采用协整分析和格兰杰因果检验方法对 1980 ~ 2010 年中国国防开支和基尼系数进行了实证分析。结果表明，中国国防开支构不成引致收入差距拉大的原因，相反在一定程度上改善了收入差距。从而提出在军民融合发展战略的指导下，统筹经济建设与国防建设，理顺国防开支与改善收入不平等的机理，更好地发挥国防开支的福利效应。[①]

（三）国防支出的合理性

李凌等认为，中国面临的安全困境具有明显的美国主导特色。美国、日本、韩国的军费支出与中国军费有显著的正相关关系，是中国安全困境的主要来源。实证研究表明，印度与越南暂时不是中国安全困境的主要来源。为缓解军费增长引发的安全困境效应，中国应当重视提高军费的配置效率，同时进一步通过互信、合作巩固良好的外交成果与多边关系。[②]

王梅等选取军人人均军费作为衡量军费需求规模的统计指标，发现世界各国军费投入的横截面数据呈正态分布。推行全球战略或区域霸权的国

---

① 李湘黔、孟斌斌：《国防开支与收入差距：中国 1980 ~ 2010 年的经验分析》，载《北京理工大学学报（社会科学版）》2015 年第 3 期。
② 李凌、邹晶：《基于军费支出的中国安全困境分析》，载《军事经济研究》2015 年第 1 期。

家军费适度规模大致在 11 万 ~ 25 万美元之间；主张区域主导的国家大致在 2 万 ~ 5 万美元之间；实行积极防御的国家大致在 1 万 ~ 1.4 万美元之间；实行本土防御的国家大致在 0.2 万 ~ 0.7 万美元之间。认为中国目前的军费投入是不够的，与国家利益拓展和实现军事战略的要求还有一定差距。①

夏庆等受劳伦·费拉拉（Laurent Ferrara, 2003）启发，选用 1978 ~ 2012 年实际国防费增长率时间序列作为实证数据，运用 MS - AR 模型对该时间序列进行结构转换分析，结果表明中国国防费增长大致经历了 4 个阶段：1980 ~ 1988 年，国防费处于负增长期，平均增长率约为 - 3.17%；1989 ~ 1996 年，国防费处于低增长期，平均增长率约为 4.69%；1989 ~ 2009 年，国防费处于补偿性增长期，平均增长率约为 11.99%；2010 ~ 2012 年，经济增速放缓，国防建设与之协调，其增长率明显减缓。实证结果表明，中国国防费增长具有补偿性、协调性以及防御性特征；2010 年以来中国国防费在经历持续多年的补偿性增长后，正从补偿性增长向协调性增长转变。②

常豪杰等对 1992 ~ 2013 年中国军费开支和 GDP 以及美国、日本、俄罗斯、印度的军费开支进行主成分分析后，认为虽然中国国防开支呈现了长期增长趋势，但只占 GDP 的 1.56%。中国的国防支出适应了国防压力和国内经济增长的需要，处于国民经济的可承受范围之内，并没有搞军事扩张。③

（四）国防费结构和效率

黄瑞新等分析了中国军费结构优化的影响因素与变化趋势，认为当前，影响中国军费结构优化的主要因素是军事战略目标、刹"四风"反腐败、军队编制体制调整、军事技术进步可能性和战场建设指向。未来中国军费结构优化趋势将呈现出：军费的军队能力结构目标牵引令人关注，军兵种军费支出结构优化进度加快，军费技术构成结构优化进程稳步推进，

---

① 王梅、毛飞：《基于军事需求的军费适度规模定量分析》，载《军事经济研究》2015 年第 5 期。
② 夏庆、孙兆斌、刘思琦：《公正解读中国国防费开支：从补偿性增长到协调性增长》，载《华东经济管理》2015 年第 3 期。
③ 常豪杰、李佳玉：《我国军费开支的影响因素分析》，载《决策与信息旬刊》2015 年第 9 期。

军费预算项目支出结构全面优化等。①

冯乐棋等提出,当前军费预算管理仍存在观念引导偏差、权责界定模糊、机制约束弱化等诸多问题。应强化军费预算编制的绩效评价观念,构建预算执行绩效评价指标体系,健全预算监督的绩效评价机制。②

孙兆斌等提出运用功效系数法评价国防支出结构,可按目标选择、标准设定、建立模型、确定指标的路径展开。他们选取美国、日本、印度和我国的国防支出结构进行静态横向比较,认为通常将陆军经费比例降低、海空军等技术军种经费比例提高,维持性经费比例降低、发展性经费比例提高,视为国防费结构优化的基本路径。③

三、国防经济动员

(一) 国防经济动员体制机制

娄纯泗认为,在新的历史条件下,国防经济动员形式、内容和范围等都发生了深刻变化,国防经济动员体制必须积极适应新形势新挑战,聚焦实战化标准和打胜仗要求,成规模抓好动员基础建设,成体系深化应急应战准备,提升持续动员保障能力。④

董博谋等从法规建设与完善、机构隶属关系和组织领导三个方面,阐述了我国国防经济动员机构设置,分析了它对我国动员力量建设,特别是寓军于民的经济动员潜力的作用。⑤

孔昭君等针对国防经济动员要求快速、敏捷、跨部门、跨行业地适应需求变化的特点,运用文献研究、现场调研、深度访谈、理论分析等方法,借鉴 IBM 公司集成产品开发理念,提出了集成动员概念。认为集成动

---

① 黄瑞新、李凌:《中国军费结构优化影响因素与变化趋势》,载《军事经济研究》2015年第5期。
② 冯乐棋、张雪松、和纪超:《基于绩效评价的军费预算管理研究》,载《军事经济研究》2015年第8期。
③ 孙兆斌、袁力:《国防支出结构优化评价的静态模型与实论研究》,载《军事经济研究》2015年第7期。
④ 娄纯泗:《大力加强经济动员成规模成体系规范化建设》,载《国防》2015年第2期。
⑤ 董博谋、山君亮、朱文娴:《浅谈我国新形势下国民经济动员机构设置》,载《时代报告(学术版)》2015年第4期。

员是敏捷动员的实现形式,是对国防经济动员理论架构和实践工作模式的新探索。①

(二) 国防经济动员效率

要按照实战化要求进行动员准备。霍炬认为,习主席强调指出,要按照"能打仗、打胜仗"的要求,把我军建设成为"召之即来、来之能战、战之必胜"的强大战斗队。国防经济动员作为联接经济与军事的桥梁和纽带,要贯彻落实好习主席上述重要指示精神,坚持保障军队能打胜仗这一根本标准和要求,瞄准实战,积极推进经济动员实战化准备建设,整体提升经济动员实战能力。②李露润认为,国防经济动员必须全面贯彻习主席关于军民融合深度发展的战略决策和"能打仗、打胜仗"的时代要求,向战斗力聚焦,向实战化发力;要理清建设思路,坚持军地齐抓共管,解决重点难点问题,构建区域性网状动员保障体系。③

要做好国防经济动员潜力调查这个基础性工作。刘鹤提出,当前我国国防经济动员潜力调查存在调查结果不系统、潜力数据空间信息流失、潜力数据属地管理制约、潜力调用的时效性等问题。应通过对潜力数据的科学分类、合理设置数据结构、科学设计系统构架,并开展扎实有效的潜力调查工作,构建基于 WebGIS 的国防经济动员潜力调查系统,提高国防经济动员潜力调查效率、增强潜力数据真实性和可用性。④

促进国防经济动员能力的溢出。贺琨等认为,国防经济动员是军民融合发展的重要内容之一。推进国防经济动员军民融合发展,既是解决国民经济动员突出问题的根本途径,也是落实军民融合发展战略的重要举措。因此,需要从国防经济动员能力溢出效应的基本内涵和主要表现形式出发,剖析其内在机理,揭示国防经济动员能力溢出效应与军民融合发展的互动关系。⑤

---

① 孔昭君、韩秋露:《论集成动员》,载《北京理工大学学报(社会科学版)》2015 年第 1 期。
② 霍炬:《论当前经济动员实战化准备》,载《中国军转民》2015 年第 6 期。
③ 李露润:《聚焦强军目标战略要求 不断推进国民经济动员实战保障能力建设》,载《国防》2015 年第 2 期。
④ 刘鹤:《基于 WebGIS 的国民经济动员潜力调查系统建设》,载《军事经济研究》2015 年第 3 期。
⑤ 贺琨、曾立、陈延敏:《基于溢出效应的国民经济动员军民融合发展研究》,载《科技进步与对策》2015 年第 20 期。

做好国防经济动员效率的评价。贺琨等认为，经济效率高低是衡量国防经济动员活动成功与否的重要标准。深入研究国防经济动员经济效率相关问题，既可以解决国防经济动员的现实问题，又可以满足市场经济对国防经济动员效率的要求。他们认为，国防经济动员效率是动员准备效率、动员实施效率和经济复员效率三个指标的综合体，国防经济动员各个阶段效率受技术、生产组织、制度、信息和时间等因素的共同影响，提升国防经济动员经济效率，需从军民融合、供需对接机制、法制建设和整体衔接等方面着手进行。①

董博谋等认为，西北地区是我国西部国防的重要门户，战略地位十分重要。做好西北地区经济动员工作，具有重大的战略意义和深远的历史意义。他们在分析当前西北地区经济动员工作面临问题和困难的基础上，从国防教育和动员意识培养、摸清家底和打基础、完善机构和理顺工作关系、理论研究和法规建设、加快储备和提高效能五个方面提出了建议和对策。②

四、国防经济安全

（一）国防经济地理安全

陈弓认为，美国军事战略重心东移具有突出亚太地区重点、核心军事能力、优势装备发展、巩固联盟伙伴关系等特征，其原因是美国经济实力相对下降、债务危机持续发酵、拓展亚太地区利益需要。应对美国军事战略重心东移，我国在增强综合国力的同时，还要优化国防力量结构，深化国防科技工业改革，完善军民融合的国防经济动员体制。③

叶卫平认为，我国"入世"后，对国际市场的依赖度越来越高，但"东出东进"的贸易地理结构使我国面临着重要海峡被禁止通过，从而不

---

① 贺琨、曾立：《国民经济动员经济效率相关问题研究》，载《北京理工大学学报（社会科学版）》2015年第6期。
② 董博谋、山君亮、朱文娴：《浅谈如何做好西北地区经济动员工作》，载《时代报告（学术版）》2015年第6期。
③ 陈弓：《美军事战略重心东移的经济动因及对我国防经济的影响》，载《军事经济研究》2015年第5期。

能进入国际市场的风险。2012年6月,美国国防部部长代表美国政府提出了"亚太再平衡战略",宣布将美国60%的海空力量部署在太平洋地区,以"抵消"中国自驻南大使馆被袭击以来的国防建设成果,其重点是通过"海空一体战"优势扼住中国进出口的海上通道特别是马六甲海峡咽喉。丝绸之路经济带通过打造新亚欧大陆桥、中蒙俄、中国—中亚—西亚、中国—中南半岛等国际经济合作走廊,降低了"亚太再平衡战略"对我国"东出东进"构成的风险,促进了我国进入国际市场的安全。①

(二) 国防产业安全

金露露等认为,2008年国际金融危机影响了我国宏观经济,也影响了我国国防经济,因此需要使用模糊综合评判法对我国国防经济存在的风险度进行评估。②

柴亚光等认为,欧美国防采购充分运用例外条款,实行国货优先、补偿贸易、中小企业优惠、非贸易壁垒等一系列政策,有效保护了本国产业。我国国防采购应借鉴欧美经验,明确战略性产业等重点保护对象,灵活运用国际规则,尽快完善中小企业预留、供应商预审、贸易补偿等政策,健全以《国防采购法》为核心的法规体系,维护国家安全利益。③

孙东宁结合军贸型号出口立项论证工作,对管控军贸产业安全提出建议:一是把国家军事安全性放在首位;二是保证我国在研、在役主战装备的比较优势;三是严防军事核心技术秘密外泄;四是加强与武器装备主管部门的沟通交流。④

徐晓军结合国家信息安全保密工作相关政策与规范,从信息安全风险评估、信息安全的自主可控、信息基础设施和重要信息系统建设、信息安全人才培养及信息安全建设投入四个方面提出了加强军工企业信息安全保密工作的对策和措施。⑤

---

① 叶卫平:《论"一带一路"构想对当前国内外经济安全的意义》,载《青海社会科学》2015年第6期。
② 金露露、任甜:《国防经济风险评估》,载《经营管理者》2015年第5期。
③ 柴亚光、万毅:《欧美国防采购保护本国产业政策述评》,载《军事经济研究》2015年第2期。
④ 孙东宁:《浅谈军贸出口立项产品安全风险管控》,载《航天工业管理》2016年第2期。
⑤ 徐晓军:《军工企业信息安全面临的形势及对策探讨》,载《网络安全技术与应用》2015年第6期。

费先志认为，网络信息安全已成为国家安全的重要组成部分。密码技术作为保障国家网络信息安全的基础支撑，已成为国际战略竞争的制高点。随着网络强国战略的提出，信息安全产业进入了最佳的发展机遇期，作为网络安全技术的重要提供者和实践者，信息安全产业肩负着义不容辞的历史责任。① 韩昱认为从整体上看，我国电子信息产业产业安全状况良好，但也存在一些问题：产业技术对外依赖性强，国内企业创新能力偏弱，许多领域被跨国公司垄断，一些涉及到国防保密等国家安全领域存在技术风险等。② 杨健认为，军工企业信息网络安全建设应遵循重点保护，技术手段与制度体系、流程管理相结合，安全产品选用，公众产品与涉密产品相结合的原则。③

---

① 费先志：《安全产业理应成为保障网络信息安全的中坚力量》，载《中国信息安全》2015年第7期。
② 韩昱：《当前我国电子信息产业安全面临的问题及对策》，载《天津科技》2015年第12期。
③ 杨健：《军工企业信息网络系统安全的研究和解决方案》，载《网络安全技术与应用》2015年第11期。